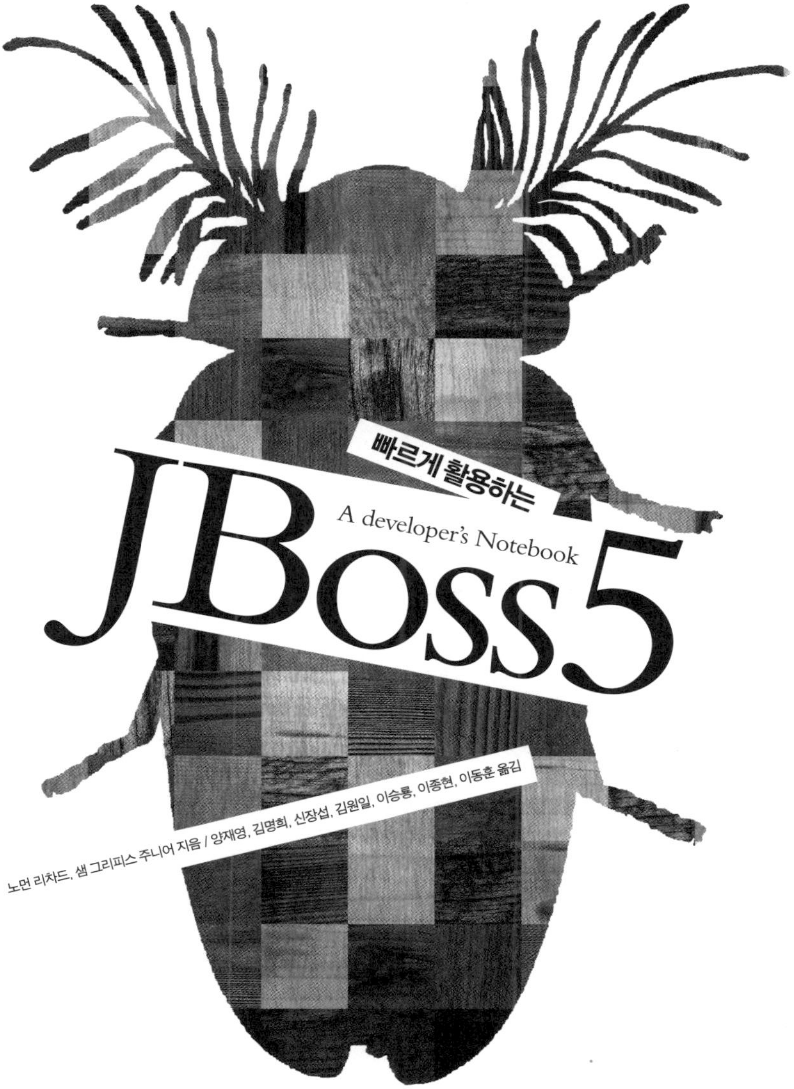

빠르게 활용하는

# JBoss 5
### A developer's Notebook

노먼 리차드, 샘 그리피스 주니어 지음 / 양재영, 김명희, 신장섭, 김원일, 이승룡, 이종현, 이동훈 옮김

# 빠르게 활용하는 JBoss 5

지은이 노먼 리차드, 샘 그리피스 주니어
옮긴이 양재영, 김명희, 신장섭, 김원일, 이승룡, 이종현, 이동훈
펴낸이 박찬규 | 엮은이 이대엽 | 표지디자인 아로와 & 아로와나
펴낸곳 위키북스 | 주소 경기도 파주시 교하읍 문발리 파주출판도시 535-7
전화 031-955-3658, 3659 | 팩스 031-955-3660
초판발행 2011년 07월 07일
등록번호 제406-2006-000036호 | 등록일자 2006년 05월 19일
홈페이지 wikibook.co.kr | 전자우편 wikibook@wikibook.co.kr

ISBN 978-89-92939-81-2

**JBoss : A Developer's Notebook**
Copyright © 2005 O'Reilly Media, Inc. All rights reserved.
This translation published under license.
Korean translation righes arranged with the original publisher O'Reilly Media, Inc. USA
Korean edition copyright © 2011 by WIKIBOOKS.

이 책의 한국어판 저작권은 저작권자와의 독점 계약으로 위키북스가 소유합니다.
신 저작권법에 의해 한국 내에서 보호를 받는 저작물이므로 무단 전재와 복제를 금합니다.
이 책의 내용에 대한 추가 지원과 문의는 위키북스 출판사 홈페이지 wikibook.co.kr이나
이메일 wikibook@wikibook.co.kr을 이용해 주세요.

「이 도서의 국립중앙도서관 출판시도서목록 CIP는 e-CIP 홈페이지 | http://www.nl.go.kr/cip.php에서 이용하실 수 있습니다.
CIP제어번호: CIP2011002462」

빠르게
활용하는
JBoss 5

# 목 차

감사의 글 .................................................................. xx
노먼의 감사의 글 ...................................................... xx
샘의 감사의 글 ......................................................... xxi
이 책의 표기 방법 .................................................... xxv
코드 예제의 사용 ..................................................... xxvi
의견과 질문 .............................................................. xxvii
번역서에 대한 의견과 질문 ....................................... xxvii

## 01장__ JBoss의 설치와 구동 .......................................... 1

### 1.1. 서버 설치 ........................................................... 1
설치 방법 .................................................................. 1
방금 뭘 했지? ........................................................... 2
이런 경우에는... ....................................................... 2

### 1.2. JBoss 구동 ......................................................... 3
어떻게 해야 할까? .................................................... 3

### 1.3. 서버 검사(JMX 콘솔) ......................................... 5
어떻게 해야 할까? .................................................... 6
방금 뭘 했지? ........................................................... 7

### 1.4. 서버 정지 ........................................................... 7
어떻게 해야 할까? .................................................... 7
방금 뭘 했지? ........................................................... 8

### 1.5. 서버 구성 설정 .................................................. 8
어떻게 해야 할까? .................................................... 10

### 1.6. 새로운 구성 생성 ............................................... 11

어떻게 해야 할까? ........................................................... 11
　　　이런 경우에는... .............................................................. 12

## 02장__ JBoss에 애플리케이션 배포하기 .............. 13

　2.1. Ant 설치 ..................................................................... 13
　　　어떻게 해야 할까? ........................................................... 14
　2.2. 애플리케이션 생성과 패키징 ............................................. 14
　　　어떻게 해야 할까? ........................................................... 15
　　　방금 뭘 했지? ................................................................ 20
　　　이런 경우에는... .............................................................. 21
　2.3. 애플리케이션 실행 .......................................................... 23
　　　어떻게 해야 할까? ........................................................... 23
　　　방금 뭘 했지? ................................................................ 24
　2.4. 배포된 애플리케이션 수정하기 .......................................... 25
　　　어떻게 해야 할까? ........................................................... 25
　　　이런 경우에는... .............................................................. 26
　2.5. 확장 배포 ..................................................................... 26
　　　어떻게 해야 할까? ........................................................... 26
　　　방금 뭘 했지? ................................................................ 27
　2.6. 관리 콘솔에서 애플리케이션 살펴보기 ................................. 27
　　　어떻게 해야 할까? ........................................................... 28
　　　방금 뭘 했지? ................................................................ 28
　2.7. 애플리케이션 제거 .......................................................... 29
　　　어떻게 해야 할까? ........................................................... 29

## 03장__ 완전한 애플리케이션 만들기 ...................31

- 3.1. EJB 티어 만들기 ................................................. 32
  - 어떻게 해야 할까? ............................................. 32
  - 방금 뭘 했지? ................................................... 44
  - 이런 경우에는... ................................................ 44
- 3.2. 웹 티어를 만들기 위한 XDoclet 사용 ................. 45
  - 어떻게 해야 할까? ............................................. 45
  - 방금 뭘 했지? ................................................... 48
- 3.3. 사용자 정의하기 ............................................... 48
  - 어떻게 해야 할까? ............................................. 48
  - 방금 뭘 했지? ................................................... 49
- 3.4. 애플리케이션 배포 ............................................ 49
  - 어떻게 해야 할까? ............................................. 50
  - 방금 뭘 했지? ................................................... 53
- 3.5. 데이터베이스 살펴보기 ..................................... 53
  - 어떻게 해야 할까? ............................................. 53
  - 방금 뭘 했지? ................................................... 55

## 04장__ 데이터베이스 연결 ....................................57

- 4.1. MySQL 준비 ..................................................... 57
  - 어떻게 해야 할까? ............................................. 58
  - 방금 뭘 했지? ................................................... 59
- 4.2. JDBC 드라이버 추가 ......................................... 59
  - 어떻게 해야 할까? ............................................. 60
  - 방금 뭘 했지? ................................................... 60
  - 이런 경우에는... ................................................ 61
- 4.3. 데이터소스 생성 ............................................... 62
  - 어떻게 해야 할까? ............................................. 62

　　　　방금 뭘 했지? ......................................................................................... 64
　　　　이런 경우에는... ....................................................................................... 66
　　4.4. 애플리케이션에 데이터소스 연결하기 ................................................ 66
　　　　어떻게 해야 할까? ................................................................................... 67
　　　　방금 뭘 했지? ......................................................................................... 68
　　4.5. 커넥션 풀 모니터링 .................................................................................. 70
　　　　어떻게 해야 할까? ................................................................................... 70
　　　　방금 뭘 했지? ......................................................................................... 72

# 05장__ 보안 적용 ............................................................73

　　5.1. 보안 도메인 정의 ...................................................................................... 73
　　　　어떻게 해야 할까? ................................................................................... 74
　　　　방금 뭘 했지? ......................................................................................... 76
　　5.2. 관계형 데이터베이스를 이용한 사용자 관리 ....................................... 76
　　　　어떻게 해야 할까? ................................................................................... 76
　　　　방금 뭘 했지? ......................................................................................... 78
　　5.3. 해쉬 비밀번호 사용 .................................................................................. 79
　　　　어떻게 해야 할까? ................................................................................... 79
　　　　방금 뭘 했지? ......................................................................................... 81
　　5.4. LDAP 서버를 이용한 사용자 관리 ........................................................ 83
　　　　어떻게 해야 할까? ................................................................................... 83
　　　　방금 뭘 했지? ......................................................................................... 86
　　5.5  로그인 모듈 조합하기 ............................................................................. 87
　　　　어떻게 해야 할까? ................................................................................... 87
　　　　방금 뭘 했지? ......................................................................................... 90
　　5.6. SSL 설정 .................................................................................................... 90
　　　　어떻게 해야 할까? ................................................................................... 90

## 06장__ 로깅 ........................................................93

### 6.1. log4j 설정 ................................................. 93
방금 뭘 했지? ........................................... 96

### 6.2. 로깅 카테고리 추가 ....................................... 96
어떻게 해야 할까? ........................................ 97

### 6.3. 로그 포맷 설정 ........................................... 99
어떻게 해야 할까? ........................................ 99

### 6.4. 새 로그 파일 생성 ...................................... 100
어떻게 해야 할까? ....................................... 100
방금 뭘 했지? ........................................... 102

### 6.5. 로그 파일 전환(rolling) ................................ 102
어떻게 해야 할까? ....................................... 103

### 6.6. JMX 콘솔에서 로깅 조정하기 .......................... 104
어떻게 해야 할까? ....................................... 104
방금 뭘 했지? ........................................... 105

### 6.7. HTTP 액세스 로그 ...................................... 106
어떻게 해야 할까? ....................................... 106
방금 뭘 했지? ........................................... 107

### 6.8. CMP를 대상으로 생성된 SQL 로깅 .................... 107
어떻게 해야 할까? ....................................... 107
방금 뭘 했지? ........................................... 108
이런 경우에는 … ........................................ 109

## 07장__ 영속성 설정 ..............................................111

### 7.1. 스키마 관리 ............................................. 111
어떻게 해야 할까? ....................................... 112
방금 뭘 했지? ........................................... 115

### 7.2. 객체 매핑 ................................................ 115

   어떻게 해야 할까? ........................................................................ 115

   방금 뭘 했지? .............................................................................. 120

 7.3. 관계 매핑 ................................................................................... 121

   어떻게 해야 할까? ........................................................................ 122

   방금 뭘 했지? .............................................................................. 127

   이런 경우에는 … .......................................................................... 127

 7.4. 감사 데이터 추가 ........................................................................ 127

   어떻게 해야 할까? ........................................................................ 128

   방금 뭘 했지? .............................................................................. 132

 7.5. 주키 생성 ................................................................................... 132

   어떻게 해야 할까? ........................................................................ 132

   방금 뭘 했지? .............................................................................. 135

   이런 경우에는 … .......................................................................... 135

## 08장 __ JBoss 관리와 모니터링 ........................... 137

 8.1. 웹 콘솔 시작하기 ........................................................................ 138

   어떻게 해야 할까? ........................................................................ 138

 8.2. 애플리케이션 모니터링하기 ......................................................... 139

   어떻게 해야 할까? ........................................................................ 139

   방금 뭘 했지? .............................................................................. 141

 8.3. MBean 다루기 ............................................................................ 141

   어떻게 해야 할까? ........................................................................ 141

   방금 뭘 했지? .............................................................................. 144

 8.4. MBean 모니터링 ........................................................................ 144

   어떻게 해야 할까? ........................................................................ 145

   방금 뭘 했지? .............................................................................. 146

 8.5. 스냅샷 만들기 ............................................................................. 146

   어떻게 해야 할까? ........................................................................ 147

8.6. 모니터 생성하기 .................................................. 148
    어떻게 해야 할까? ................................................ 148
    방금 뭘 했지? ...................................................... 151

8.7. 이메일 경고 생성 ................................................. 151
    어떻게 해야 할까? ................................................ 152
    방금 뭘 했지? ...................................................... 154

8.8. 명령줄을 이용한 JBoss 관리 ................................. 154
    어떻게 해야 할까? ................................................ 154
    방금 뭘 했지? ...................................................... 156

# 09장__ JBoss 운영환경 구성 .................................. 157

9.1. 관리 콘솔 보안 ................................................... 158
    어떻게 해야 할까? ................................................ 158
    방금 뭘 했지? ...................................................... 160

9.2. JMX Invoker 보안 ............................................. 160
    어떻게 해야 할까? ................................................ 161
    방금 뭘 했지? ...................................................... 162

9.3. HTTP Invoker 제거 ........................................... 162
    어떻게 해야 할까? ................................................ 163

9.4. JMS 설정 ......................................................... 163
    어떻게 해야 할까? ................................................ 163
    방금 뭘 했지? ...................................................... 165

9.5. 하이퍼소닉 삭제 ................................................. 165
    어떻게 해야 할까? ................................................ 166
    방금 뭘 했지? ...................................................... 167

9.6. 톰캣 커넥터의 설정 ............................................. 168
    어떻게 해야 할까? ................................................ 169
    방금 뭘 했지? ...................................................... 170

이런 경우에는… ....................................................................... 170
9.7. 루트 웹 애플리케이션 설정 ........................................................ 171
어떻게 해야 할까? ....................................................................... 171
방금 뭘 했지? ............................................................................... 172
9.8. 클래스 다운로드 서비스 제거 ................................................... 173
어떻게 해야 할까? ....................................................................... 173
방금 뭘 했지? ............................................................................... 174

# 부록A_ 이클립스에서 JBoss 애플리케이션 개발환경 설정하기 .......... 175

A.1. 이클립스 설치 ............................................................................ 175
A.2. JBoss Tools 설치 ....................................................................... 178
A.3. 웹 애플리케이션 배포 ............................................................... 181
A.4. 테스트 ......................................................................................... 188

# 부록B _ JPA 예제 애플리케이션 ............................ 189

B.1. MySQL 테이블 생성 ................................................................. 190
B.2. 이클립스로 EntityExampleWeb 웹 애플리케이션 만들기 191
B.3. 테스트 ......................................................................................... 207

# 부록C_ 메시지-드리븐 빈 예제 애플리케이션 .... 209

C.1. 행선지 만들기 ............................................................................ 210
C.2. 이클립스로 MessageDrivenBeanExample EJB 만들기 .... 211
C.3 이클립스로 MessageDrivenBeanExampleWeb
웹 애플리케이션 만들기 ............................................................ 213
C.4. 테스트 ......................................................................................... 217

## 부록D _ 웹서비스 예제 애플리케이션 ................... 219

D.1. 이클립스로 WebServiceExampleWeb
　　　웹 서비스 애플리케이션 만들기 ........................................... 219
D.2. 웹 서비스 올리기 ................................................................. 221
D.3. 클라이언트 웹 애플리케이션 만들기 ................................... 223
D.4. 테스트 ................................................................................. 229

## 부록E _ UTF-8 인코딩 ................................................... 231

E.1. 테스트 애플리케이션 개발하기 ............................................ 231
E.2. GET ..................................................................................... 234
E.3. POST ................................................................................... 235

## 부록F _ 클래스 충돌 해결 ............................................. 239

F.1. 테스트 애플리케이션 작성 ................................................... 239
F.2. Tattletale ............................................................................ 244
F.3. 클래스로딩 우선순위 ........................................................... 246

## 부록G _ 마이그레이션 사례 .......................................... 249

G.1. JBoss 설정 .......................................................................... 249
　　　설치 환경 ......................................................................... 249
　　　JBoss 인스턴스 설정 ....................................................... 251
　　　셸 스크립트 설정 ............................................................. 252
　　　네트워크 포트 설정 ......................................................... 255
　　　JBoss 메시징 클러스터 설정 ........................................... 256

- JBoss Web 설정 .................................................................. 256
- 웹 애플리케이션 세션 복제 ............................................... 257
- JBoss jmx-console 보안 설정 ............................................ 257
- JBoss web-console 보안 설정 ............................................ 257
- HTTP 커넥션 스레드 최대값 설정 ................................... 257
- 오라클 JDBC 드라이버 설치 ............................................. 258
- 예제 애플리케이션 .............................................................. 258

G.2. 애플리케이션 마이그레이션 ................................................ 259
- 오라클 데이터소스 설정 ..................................................... 259
- web.xml 설정 변경 ............................................................. 260
- jboss-web.xml 파일 설정 ................................................... 262
- 애플리케이션 설정 파일 변경 ........................................... 262
- Invoker Servlet 설정 ........................................................... 263
- WEB-INF/lib에 들어 있는 JAR 파일의 추가 및 삭제 ........ 264
- WEB-INF/classes의 하위 디렉터리 삭제 .......................... 265
- 마이그레이션 시 발생한 에러 및 특이사항 ..................... 266

G.3. 주요 기능의 개념 검증 ......................................................... 269
- 테스트 환경 구성 ................................................................ 270
- EJB3 기능 테스트 ................................................................ 271
- JMS 기능 테스트 ................................................................. 274
- 하이버네이트 기능 테스트 ................................................. 276
- 분산 트랜잭션 기능 테스트 ............................................... 282
- 세션 클러스터링 테스트 ..................................................... 286
- 실패극복 기능 테스트 ......................................................... 291

# 추천사

리눅스로부터 시작된 오픈소스 소프트웨어는 학계는 물론 공공기관, 중소기업 및 대기업에 이르기까지 빠르게 확산되고 있다. 품질 대비 저렴한 비용과 빠른 릴리스 사이클 등을 강점으로 하는 오픈소스 소프트웨어 중에서도 Java EE 애플리케이션 서버 분야는 이미 비 오픈소스 제품과의 차이를 느끼기 어려울 정도로 기술이 성숙된 분야로 평가되고 있다.

오픈소스 Java EE 애플리케이션 서버 중에서도 JBoss는 자타가 공인하는 가장 대표적인 제품으로서 지금도 그러하지만 앞으로도 더욱 널리 확산될 것으로 예측된다. 국내에서도 이미 유수의 기업에서 JBoss를 도입하여 TCO를 개선하고 있으나, 상대적으로 국내에는 전문가가 부족하고 개발자나 학생이 쉽게 접할 수 있는 한글로 된 관련 서적이 부족한 현실이다.

이 책은 JBoss를 처음 접하는 초보자도 쉽게 실습을 토대로 습득할 수 있게 구성돼 있고 핵심 기능을 중심으로 편집되어 분량이 많지 않다는 것이 가장 큰 장점이라 할 수 있다. 국내의 개발자들과 학생들이 이 책을 통해 더 쉽게 JBoss를 익히고 현장에서 잘 활용할 수 있게 되리라 믿어 의심치 않는다.

- LG CNS 솔루션사업본부장 김태극 전무

오픈소스를 어디에 어떻게 사용할 것인가를 논의하는 일은 이제는 무의미해졌다고 할 만큼 오픈소스에 의한 혁명이 진행되고 있다. 대표적인 오픈소스인 리눅스가 운영체제 및 가상화와 같은 인프라에 집중하고 있다면, JBoss는 자바 기반 소프트웨어 개발 및 운영에 필요한 미들웨어를 오픈소스 형태로 제공한다.

개발자나 운영자 또는 엔지니어로서 소프트웨어 소스 코드를 들여다 볼 수 있다는 것은 대단한 혜택이자 권리라고 할 수 있다. 개발자들은 해당 분야 전문가들이 작성해 놓은 코드를 분석하며 전문 지식을 빠르게 습득할 수 있으며, 운영자들은 시스템 장애 상황에서 블랙박스 같은 소스 내부를 추측하기 위한 수많은 테스트 과정 없이 소스 코드를 직접 분석하고 디버깅해서 장애 원인을 더욱 빠르고 정확하게 진단하는 것이 가능해진다.

JBoss는 J2EE 1.4, 1.5 인증을 받은 애플리케이션 서버로서 북미와 유럽에서는 이미 가장 많이 사용되는 애플리케이션 서버로 자리잡고 있으며, 이제는 전 세계적으로 상용 애플리케이션 서버를 대체하고자 기능과 품질 면에서 치열하게 경쟁하고 있다.

이 책은 JBoss 기반 시스템을 효율적으로 개발하고 운영하는 데 필요한 지식을 세밀하고 균형 있게 설명하고 있으며, 단계별 실습을 토대로 JBoss의 기능을 신속하게 이해할 수 있게 구성돼 있다. JBoss 서버의 설치 및 애플리케이션 배포, 보안 처리, 관리 및 모니터링, 성능 튜닝까지 JBoss를 사용하려는 아키텍트, 개발자, 운영자에게 반드시 필요한 모든 요소들을 설명하고 있다. 특히 JBoss를 현장감 있게 완전히 이해하고자 하는 모든 개발자에게는 필독을 권할 만한 책이다.

— 한국레드햇 황인찬 전무

# • 옮긴이 글 •

2006년은 국내에서 공개SW 활성화 정책에 따라 공공 분야를 중심으로 주로 리눅스가 보급되던 시기였다. 이때 해외에서 오픈소스 WAS로는 JBoss가 가장 유명하다고 해서 원서를 하나 구입했는데, 실습 위주로 되어 있어 지루하지 않게 따라가다 보면 쉽게 익힐 수 있고 분량도 많지 않아서 참 괜찮은 책이라고 생각했다. 그게 바로 이 책이다.

최근 JBoss가 국내 프로젝트에도 다수 도입되면서, 이 책을 번역하면 많은 사람들이 좀 더 쉽게 JBoss에 입문할 수 있을 것으로 생각했고, 그래서 뜻있는 팀원들과 함께 작업하게 되었다. 그런데 원서는 JBoss4로 되어 있어 번역하면서 최신 버전인 JBoss5 기준으로 일일이 직접 테스트해보고 코드도 변경하느라 좀 고생스러웠다. 하지만 막상 책이 출판되니 모두 보람 있었던 일로 기억에 남는다.

이 책은 JBoss 설치부터 애플리케이션 운영을 위한 환경 구성 및 시스템 관리까지의 전 영역에 걸쳐 JBoss를 처음 접하는 시스템 관리자가 실습을 통해 쉽게 JBoss를 익혀 나갈 수 있게 구성돼 있다.

또한, 이 책의 뒷부분에 수록돼 있는 부록은 원서에는 포함되지 않은 내용으로, 역자들이 국내에서 JBoss를 실제 프로젝트에 적용하면서 발생한 문제의 해결방법과 JBoss 관련 지식을 정리한 것이다. 이러한 프로젝트 적용 사례는 JBoss를 운영환경에 적용하려는 개발자와 시스템 관리자들에게 유용한 운영지식으로 활용될 것이다.

이 책이 출판되기까지 여러모로 도와주신 양재권 팀장님, 응원해 준 팀원 여러분들, 꼼꼼히 리뷰해 준 김홍기 사원, 그리고 마지막으로 가족분들께 감사드린다.

# 옮긴이 소개

### 양재영
조지아 공대에서 컴퓨터 과학 석사 학위를 받은 후 1996년부터 LG CNS에서 데이터 웨어하우스, 비즈니스 인텔리전스, 오픈소스 소프트웨어 등에 대한 연구 개발 및 기술 지원 업무를 수행하고 있으며, 정보관리기술사 및 정보시스템수석감리원으로 활동하고 있다.

### 김명희
1995년부터 LG CNS의 기술연구부문 및 기술서비스부문에서 데이터 아키텍처 및 응용시스템 분석설계 분야의 기술지원 및 연구개발 업무를 담당하고 있다.

### 신장섭
1998년부터 LG CNS에서 WAS, EAI 등 미들웨어에 대한 SI 구축 및 해외 적용을 연구하고 있으며, 특히 교통분야에 대한 오픈소스 적용방안에 관심이 많으며 정보관리기술사 및 정보시스템수석감리원으로 활동하고 있다.

### 김원일
조지 워싱턴 대학교에서 통신 및 정보 시스템 석사 학위를 받았다. 2002년에 LG CNS에 입사해서 시스템 아키텍트로서 각종 프로젝트에 참여했으며, 2009년부터는 아키텍처의 컨설팅 업무를 수행하고 있다.

### 이승룡

1995년에 LG CNS에 입사해서 경찰청/대법원 프로젝트에서 애플리케이션 분석/설계/개발 업무를 수행했고, 이후 미들웨어 전문가로서 국민카드/외환은행 차세대 시스템 구축과 산업은행/LG CNS 전사 아키텍처 진단 등의 업무를 수행했다. 그리고 아키텍처 컨설턴트로서 EDS NewZealand TDY/한국스마트카드진단/일본최고재판소 진단/철도산업정보센터 ISP/글로비스 ISP 등의 프로젝트를 수행하였으며, 현재 BC카드 차세대 시스템 구축 프로젝트에서 아키텍처 총괄 업무를 담당하고 있다.

### 이종현

2000년부터 LG CNS에서 응용 및 S/W 아키텍트로 활동하며, 아키텍처 설계/구축 및 아키텍처 성능개선, 문제해결, 진단 활동을 수행했으며, 현재는 아키텍처컨설팅 업무를 담당하고 있다.

### 이동훈

2000년부터 LG CNS 기술 서비스 부분에서 S/W 아키텍트로서 국방 및 대법원 등의 다양한 대형 프로젝트를 수행했으며, 현재는 대형 금융 프로젝트에서 아키텍처 총괄 역할을 수행하고 있다.

# 지은이 소개

### 노먼 리차드 (Norman Richards)

노먼 리차드는 10년 이상 코드 자동 생성 기법을 활용해 소프트웨어를 개발해오고 있다. 그는 XDoclet의 열렬한 사용자이자 전도사다. 그는 텍사스 오스틴에 살고 있다.

### 샘 그리피스 주니어 (Norman Richards, Jr.)

샘 그리피스는 1987년부터 객체지향 프로그래밍을 해 온 객체지향 설계/개발/교육자다. 그는 오브젝티브 C, C++, 스몰토크, 오브젝트 파스칼, 오브젝트 Forth, CLOS 및 기타 객체지향 시스템을 사용해오고 있다.

## 감사의 글

이런 책을 쓴다는 것은 쉬운 일이 아니다. 다른 많은 사람들의 도움이 없었다면 이 책을 완성하지 못했을 것이다. 우리는 이 책이 출간되도록 도와준 O'Reilly의 모든 분들께 감사드린다. 이 책이 빨리 출간될 수 있게 신속하게 편집해 준 Colleen Gorman과 Audrey Doyle에게 감사하며, 이 책을 믿고 우리에게 책을 쓸 기회를 준 Mike Loukides 편집장에게 감사한다.

이 책의 초안을 읽고 피드백을 준 Chris Bono, Rhys Ulerich, Alex McCarrier, Ivelin Ivanov에게 감사한다. 우리가 좋은 책을 만들기 위해 노력할 때 이분들은 많은 도움이 되었다. 감사한다.

마지막으로 좋은 애플리케이션 서버를 만들어 냈다는 것과 우리가 책을 쓸 수 있는 재료를 제공해 주었다는 점에서 JBoss 커뮤니티에 감사한다.

## 노먼의 감사의 글

빈센트: 이 책에 많은 시간을 할애하는 데 대해 불평하지 않아줘서 고맙게 생각한다. 내가 일과 여가 시간 사이의 균형을 잘 잡지 못하는 걸 잘 알고 있지만 항상 노력하고 있다.

사라: 지난 몇 달간 나에게 영감을 불어넣어줬고, 계속 작업할 수 있게 활력을 전해줬다. 당신의 책에도 행운이 함께 하기를. 조만간 출간된 책을 보고 싶다. 크게 성공할 것이라 믿는다.

크리스: 리뷰해줘서 고맙다. 정말 잘해줬다!

평규: 여기서 감사하지 않으면 나에게 화낼 것을 알기에 감사한다.

줄리: 아직까지 친구라는 사실에 감사한다. 지난 번 로또 번호가 맞지 않은 것에 미안하다. 결국 나는 초능력자가 아닌 것 같다.

서니: 텍사스에서 다시 만나기를 바란다.

마곳: 최종적으로 내가 완료할 수 있게 해준 데 대해 감사한다.

JBoss: JBoss를 위해 일하게 된 것은 꿈에도 그리던 일이었다. 앞으로도 JBoss와 같이 특별한 오픈소스 소프트웨어를 위해 일하면서 돈을 받게 될 수 있을지 모르겠다. 내게

휴가를 준 마크와 앤디에게 감사하며, 사무실에 돌아가는 것을 두렵지 않게 만들어준 오스틴 사무실에 있는 모든 동료들(이블린, 라이언, 스티브, 마이클, 클레베트, 찰스)에게 감사한다.

노트: 나에게 이렇게 책의 여백에 끄적거릴 수 있게 책을 구성해준 O'Reilly에 감사한다.

오스틴: 세상에서 가장 살기 좋은 도시라는 것에 감사한다. 브리토[1]와 무료 Wi-Fi가 넘쳐나는 기회의 땅이다. 이렇게 활발한 기술자 커뮤니티를 키워낸 것에 감사한다. 그것이 바로 이 모든 차이를 만들어낸 것이다.

## 샘의 감사의 글

아카데미 시상식인 것 같다. 나한테 주어진 시간은 딱 1분인가요? 나는 이 글을 최소한 3번은 썼고 항상 길어져서 이번에는 그냥 두기로 했다. 이 사람들에게 영광을 돌리겠다.

노먼: 나에게 기회를 주지 않았다면 이 작업에 참여하지도 못했을 것이다. 이제 와서 알게 된 사실은 내게는 오히려 사람들 앞에 나가서 말하는 게 훨씬 더 쉽다는 것이다. 이 책을 쓰는 데 멘토 역할을 해 준 데 대해 감사하며, 작업이 가능하도록 내 업무를 정리해 준 것에 대해 감사한다.

모건: 태어날 때부터 내게 영감을 불어넣어 주었다. 지난 가을부터 노먼과 내가 이 일을 시작했을 때부터 혼자 놀아야 하는데도 잘 참아줬다. 이따금 모건은 내게 뭐하냐고, 왜 하느냐고 묻곤 했다. 이제 그 '무엇'에 해당하는 것을 실제 책으로 보게 될 것이다. '왜'는 좀 설명하기 어려운데 바로 이런 이유들 때문이다. 노먼이 내게 부탁했기 때문이고, 국회 도서관에서 내 이름을 보고 싶기 때문이며, 서점에 가서 내 이름이 책에 적혀 있는 것을 보고 싶기 때문이다. 하지만 무엇보다도 아빠가 책을 썼다는 것을 네가 말할 수 있게 됐을 때 나를 자랑스러워 하길 바라기 때문이다. 아빠는 너를 사랑한단다. 그리고 이 책을 읽을 만큼 컸을 때 내 인생에서 네가 어떤 동기 유발이 되는지 이해할 수 있기를 희망한다. 튼튼하고 건강하게 자라다오. 나도 네가 훌륭한 아들인 것처럼 훌륭한 아빠가 되기를 바란단다. 정말 정말 사랑한다!

---

[1] 옥수수 가루로 만든 또띠아에 고기, 콩 등을 싼 멕시코 음식

아버지와 어머니: 내가 무엇을 하고, 어디로 가는지 몰라도 항상 나를 믿어주신 데 감사드린다. 오래 전에 TI-994A와 매킨토시 컴퓨터를 사주신 것에 대해 감사드린다. 그 덕분에 오늘날의 내가 있다고 생각한다! 부모님, 사랑합니다.

수잔: 당신은 친구로서 지금까지, 그리고 지금도 계속 영감을 준다. 당신이 이따금 내게 해주는 격려는 오랫동안 내게 힘이 되었다. 함께 해준 것에 감사하며, 친구라는 것에 감사한다. 나와 항상 함께해줬으면 좋겠다.

내가 감사해야 할 분들이 아직도 많다. 이 사람들은 멘토로서, 트레이너로서, 프로그래머로서, 친구로서, 인간으로서 내가 성장하는 데 기여했다. 이유를 설명할 만큼의 지면은 할애할 수 없다. 바로 이분들인데 특별한 순서는 없다. Grady Clendenning, Joyce Crocker, Tony Gibson, Christine Kungel, Melba Sanchez, Alex Nghiem, Kevin Wittkopf, Perry Anderson, Laura Whitehead, Blaine Buxton, Rose Wang, Leroy Mattingly, Deb Ayers, David Shelor, Ron Smith, Scott Shattuck, Lance Bledsoe, Ray Garton, William Edney, Wayne Hearn, John Head, Tina Gilbert, Ross Gorde, Dick Norton, Geoff Kaiser, Sunny Adams, Allen Keirn, Andy Littman, Mark Morrison, Kelly Edwards, Tee McNamara, Ron Smith, Scott Boyd, Greg Marriot, Jay Zaback, Andrew Donahoe, Larry Turcotte, Bill Dudney, Jackson 내외, Mauck 가족, Rebecca Redwood, 그리고 마지막으로 나의 상사. 당신들 모두에게 감사한다. 분명 내가 몇 분을 빠트렸을 텐데 그 분들께도 감사드린다. 몇 년 전에 주소록을 잃어버려서 기억에 의존해서 이 글을 썼다. 만약 이름의 철자가 틀렸다면 죄송하게 생각한다. 내 기억력이 예전만 못하다.

마지막으로 이 책을 쓰는 작업은 즐거웠지만 한편으로는 내게 버거운 일이었다. 나는 말하는 것처럼 쓰는 경향이 있다.

이런 글쓰기 스타일은 매우 긴 문장들을 만들어 냈다. 편집자인 마이크는 종종 내게 이런 긴 문장에 대해 피드백을 주었고, 덕분에 조금씩 나아지고 있다. 글쓰기는 내게 쉽거나 자연스러운 일은 아니지만 이 책을 쓰면서 앞으로 글을 더 많이 써야겠다고 결심했다. 몇몇 명언들이 이 책을 저술할 때 나의 심경을 잘 표현해 준다.

만약 어떤 사람이 거리의 청소부라고 한다면, 미켈란젤로가 그림을 그리고 베토벤이 작곡을 하고 셰익스피어가 시를 쓸 때 그는 거리를 청소해야 한다. 하늘과 땅의 주인이 멈춰 서서 그가 위대한 청소부였다고 말할 수 있도록 잘 청소해야 한다.

– 마틴 루터 킹

인간애를 높이는 모든 노동은 존엄함과 중요함을 지니고 있어서 고통을 수반하는 탁월함으로 수행되어야 한다.

– 마틴 루터 킹

노먼과 나는 이 책을 쓰는 데 최선을 다했기 때문에 독자들이 이 책의 좋은 점들을 발견해주기를 바란다. 우리는 둘 다 일에 치이고, 휴가 기간에 바쁘고 언제나 시간이 부족했다. 하지만 이 모든 어려움에도 편집자의 수많은 동기부여에 힘입어 우리는 스스로 자랑스러워할 만한 작품을 완성했다고 생각한다.

# 들어가며

1999년에 소수의 개발자들이 모여서 오픈소스 EJB 컨테이너 개발 프로젝트를 시작했다. 6년 뒤 JBoss 4.0이 출시되면서 이전 버전과는 비교할 수 없을 만큼 크게 개선됐다. JBoss는 여전히 오픈소스 커뮤니티에 의해 개발되는 프로젝트이지만, 단순한 EJB 컨테이너를 넘어섰다. JBoss 4.0은 완전한 J2EE 1.4 인증[1] 애플리케이션 서버로서, 기능과 품질 면에서 유수 상용 애플리케이션 서버와 어깨를 나란히 하게 됐고 시장 점유율 1위를 차지하게 되었다.

JBoss는 평범한 오픈소스 프로젝트가 아니다. 오픈소스의 근간을 해치지 않고도 상업적으로 성공을 거둔 몇 안 되는 오픈소스 프로젝트 중 하나다. JBoss는 JBoss, Inc[2]라는 회사에서 지원하는데, 이 회사는 JBoss 프로젝트의 지속적인 개발을 추진하는 100명 이상의 정규 직원이 근무하는 고속 성장 기업이다. JBoss는 어떤 용도로든 무료로 사용할 수 있지만, 강력한 벤더 지원이 필요한 사용자에게는 기술 지원과 교육을 유료로 제공한다.

JBoss는 단순한 J2EE 애플리케이션 서버가 아니다. JBoss는 혁신의 첨병으로서 오늘날 유행하는 경량화된 마이크로컨테이너(microcontainer)[3]와 플러그인 가능한 서비스들을 제공한다. JBoss가 스마트 프록시(smart proxy)[4]나 인터셉터 스택(interceptor stack)[5] 등 유명한 기술들을 모두 자체적으로 개발했다고는 할 수 없지만 JBoss가 항상 새로운 기술 적용을 선도해왔다는 사실과 앞으로도 지속적으로 J2EE의 첨병으로서의 역할을 다 할 것이라는 점에는 의심의 여지가 없다.

---

1  JBoss 5는 Java EE 5 인증도 받았다.
2  JBoss, Inc.는 2005년 Redhat에 의해 인수 합병됐다.
3  JBoss 5부터 마이크로커널(microkernel)이 마이크로컨테이너(microcontainer)로 바뀌었다.
4  클라이언트 가상 머신에 생성되어 원격 객체의 레퍼런스를 갖는 클래스. RMI stub처럼 객체의 원격 인터페이스를 제공하고 이 인터페이스에 대한 호출을 원격 객체로 전달하는데, 각 메서드 호출 시 네트워크 부하를 줄이기 위해 로컬 캐싱 등의 기능도 제공할 수 있다.
5  인터셉터는 스트럿츠2에 도입된 중요한 요소 가운데 하나로 Action 객체가 실행하기 전/후에 호출되며, 인터셉터 스택은 다수의 인터셉터들을 묶어 정의함으로써, 하나 이상의 인터셉터가 일괄적으로 적용되게 해준다.

JBoss는 단지 J2EE 서버가 아니다. 대부분의 사람들이 J2EE 애플리케이션 서버가 필요해서 JBoss를 도입하기는 하지만 JBoss의 다이내믹한 아키텍처는 J2EE 표준이 제공하는 것 이상의 기능도 가능하게 한다. JBoss는 완벽하게 공인된 J2EE 컨테이너를 제공하며, 또한 J2EE를 개발자가 원하는 방식대로 작동하게끔 서비스를 변경할 수 있다. 심지어 J2EE를 완전히 없애고, AOP[6]나 하이버네이트[7] 같은 기술을 사용해서 좀 더 낮은 레벨이나 높은 레벨의 서비스를 제공할 수도 있다. 개발자는 JBoss를 원하는 만큼 무겁게 혹은 가볍게 구성할 수 있다. 높은 이식성을 얻기 위해 J2EE 사양을 고집할 수도 있고 최대한의 민첩성과 성능을 얻기 위해 동작 방식을 바꿀 수도 있다. 이러한 선택은 모두 개발자에게 달렸다!

JBoss를 일반적인 애플리케이션 서버로 생각하고 있다면 이 책을 읽는 동안 우리가 JBoss에 대해 느꼈던 흥분을 느낄 수 있기를 바란다. JBoss는 작업을 쉽게 수행하는 방법을 찾고자 고생하면서 저주를 퍼붓게 만들었던 복잡한 제품이 아니라는 사실을 알게 됐으면 좋겠다. JBoss는 쉽게 구축이 가능한 유연한 플랫폼을 제공해 줌으로써 정말 중요한 일, 즉 애플리케이션에 더 많은 시간을 할애할 수 있게 만들어줄 것이다.

## 이 책의 표기 방법

이 책에서는 아래의 표기 방법을 따른다.

### 일반 텍스트

메뉴 제목, 메뉴 옵션, 메뉴 버튼, 키보드 단축키(Alt + Ctrl 등)를 표시.

---

[6] 문제를 해결하기 위한 핵심 관심사항과 전체에 적용되는 공통 관심사항을 분리해서 프로그래밍함으로써 공통 모듈을 여러 코드에 쉽게 적용할 수 있게 하는 개념. 핵심 로직을 구현한 코드에서 공통 기능을 직접 호출하지 않고, 핵심 로직을 구현한 코드를 컴파일하거나 컴파일된 클래스를 로딩하거나, 로딩된 클래스의 객체를 생성할 때 AOP가 적용되어 핵심 로직 구현 코드에 공통 기능이 삽입된다. 따라서 공통 기능이 변경되더라도 핵심 로직을 구현한 코드를 변경할 필요가 없다.

[7] 객체와 데이터베이스 정보의 관계를 매핑해서 데이터를 객체지향적으로 처리할 수 있는 프레임워크. 하이버네이트를 이용하면 자바 개발자는 데이터베이스를 쉽고, 간편하게 다룰 수 있다.

이탤릭체

새로운 용어, URL, 이메일 주소, 파일명, 파일 확장자, 경로명, 디렉터리, 유닉스 유틸리티를 표시.

고정폭 글꼴

명령어, 옵션, 스위치, 변수, 어트리뷰트, 키, 함수, 타입, 클래스, 네임스페이스, 메서드, 모듈, 프로퍼티, 매개변수, 값, 객체, 이벤트, 이벤트 핸들러, XML 태그, HTML 태그, 매크로, 파일의 내용, 명령의 결과물을 표시.

진하게 표시된 고정폭 글꼴

사용자가 직접 입력해야 하는 명령어나 텍스트를 표시.

이탤릭체의 고정폭 글꼴

사용자가 제공하는 값으로 교체되는 텍스트 표시.

팁

팁, 추천, 또는 일반적인 참고 사항을 표시

경고

경고나 주의사항을 표시

## 코드 예제의 사용

이 책의 코드는 여러분의 프로그램이나 문서에 사용해도 된다. 코드의 상당한 부분을 인용하지 않는 이상 허락을 얻기 위해 우리에게 연락을 취할 필요는 없다. 예를 들어, 이 책의 예제를 사용해서 프로그램을 작성할 때 우리에게 허락을 받을 필요가 없다. 하지만 O'Reilly 책에 있는 예제 CD-ROM을 판매하거나 배포하려면 사전 허락이 필요하다. 이 책을 인용하거나 예제 코드를 인용해서 질문에 대해 답하는 것은 허락이 필요

없지만, 이 책에 있는 여제의 상당 부분을 포함해서 여러분이 출시하는 제품의 문서에 포함시킬 경우에는 사전 허락이 필요하다.

이 책을 인용할 경우 출처를 명시한다면 고맙게 생각하지만 명시적으로 요구하지는 않는다. 출처를 명시할 때는 일반적으로 도서명, 저자, 출판사와 ISBN을 포함한다. 예를 들어, "JBoss: A Developer's Notebook, by Norman Richards and Sam Griffith, Jr. Copyright 2005 O'Reilly Media, Inc., 0-596-10007-8."와 같이 작성한다.

예제 코드의 사용이 공정한 사용 범위를 넘어선다고 판단되면, permissions@oreilly.com를 통해 언제든지 편하게 우리에게 연락하기 바란다.

## 의견과 질문

우리는 이 책에 대한 오류 교정, 예제 및 추가적인 정보를 제공하는 웹사이트를 운영하고 있다. 이 웹사이트는 아래 주소로 방문하면 된다.

http://www.oreilly.com/catalog/jbossadnx

의견이나 기술적인 문의 사항이 있으면 아래 이메일 주소로 연락하면 된다.

hbookquestions@oreilly.com

우리 책이나 콘퍼런스, 리소스 센터 및 O'Reilly Network에 대한 정보가 필요하면 아래 웹 사이트를 살펴보기 바란다.

http://www.oreilly.com

## 번역서에 대한 의견과 질문

번역서 대한 의견과 질문은 아래 웹사이트를 살펴보기 바란다.

http://www.wikibook.co.kr

# 01
# JBoss의 설치와 구동

먼저 JBoss를 설치하고 서버를 구동하는 것부터 시작하겠다. 각 과정을 수행함에 따라 JBoss를 사용하는 것이 얼마나 쉬운지 알게 될 것이다. 리눅스든 매킨토시든 윈도우를 사용하든 상관없다. 단 몇 분만에 JBoss를 구동하게 될 것이다. 자, 시작하자.

## 1.1. 서버 설치

JBoss를 설치하는 것은 너무 쉬워서 초보자는 뭔가 빠뜨린 것이 없는지 걱정하기도 한다. 하지만 이런 단순함 때문에 기능이 부족하거나 설정 가능한 부분이 적은 것으로 오해하지는 않길 바란다. 우선 시작하기 전에 자바 5 또는 자바 6이 설치돼 있는지 확인해야 하는데, 이것이 JBoss 5가 요구하는 유일한 설치 요건이다. 준비가 되면 이제 시작하자.

### 설치 방법

JBoss는 JBoss 다운로드 사이트(http://www.jboss.org/jbossas/downloads.html)에서 내려 받을 수 있다. 최신 버전은 6.0이지만 아직 안정적인 버전이 아니며, 현재로서는 5.1이 안정적인 최신 버전이다. JBoss 5.1은 자바 5용과 자바 6용이 구분돼 있으므로 자바 5 환경에서는 jboss-5.1.0.GA.zip를 내려 받고, 자바 6 환경에서는 jboss-5.1.0.GA-jdk6.zip를 내려 받으면 된다.

*이 책에서는 예제를 모두 자바 6을 기준으로 한다.*

JBoss 4 이전까지만 해도 JSP 파일들을 컴파일하려면 JDK가 설치돼 있어야 했지만, JBoss 4 이후로는 자바 컴파일러가 포함된 톰캣(Tomcat)이 사용되므로 JRE만 설치돼 있으면 된다.

소스코드를 보고 싶다면 jboss-5.1.0.G-src.tar.gz 파일을 내려 받으면 된다. 이 책에서는 jboss-5.1.0.GA-jdk6.zip 파일을 사용한다.

JBoss를 설치하고자 하는 디렉터리에 내려 받은 파일의 압축을 푼다. 이 책에서는 C:\book\jboss-5.1.0.GA 디렉터리에 설치했다. 압축을 풀고 나면 C:\book\jboss-5.1.0.GA\bin 디렉터리는 다음과 같다.

```
C:\book\jboss-5.1.0.GA\bin>dir /w
[.]                     [..]                    classpath.sh
jbosssvc.exe            jboss_init_hpux.sh      jboss_init_redhat.sh
jboss_init_suse.sh      password_tool.sh        probe.bat
probe.sh                README-service.txt      run.bat
run.conf                run.conf.bat            run.jar
run.sh                  service.bat             shutdown.bat
shutdown.jar            shutdown.sh             twiddle.bat
twiddle.jar             twiddle.sh              wsconsume.bat
wsconsume.sh            wsprovide.bat           wsprovide.sh
wsrunclient.bat         wsrunclient.sh          wstools.bat
wstools.sh
```

> 유닉스 장비에 설치할 예정이라면 파일의 권한이 정확하게 보존되는 jboss-5.1.0.GA-jdk6.tar.gz 파일을 내려 받기 바란다.

> 쓸만한 zip 도구가 없다면 자바에서 제공하는 jar 프로그램으로도 zip 압축 파일을 풀 수 있다.

## 방금 뭘 했지?

우리는 방금 현존하는 가장 강력한 애플리케이션 서버 중 하나를 설치했다. 대부분의 강력한 툴은 복잡한 설치와 설정 과정을 거치게 마련이다. 하지만 JBoss는 그렇지 않다. 자, 이제 JBoss를 실행해보자.

## 이런 경우에는...

JBoss를 네트워크상의 다른 장비에 설치했다면?

우선 해당 장비의 방화벽 설정을 체크해봐야 한다. 테스트 대상 장비의 8080 포트가 열려 있어야 JBoss 웹 서버에 접근할 수 있다. 만약 로컬 장비에 JBoss가 설치돼 있다면 이를 걱정할 필요가 없다.

> **경고**
>
> 경고: 외부에서 인터넷을 통해 접근 가능한 장비에 JBoss를 설치할 때는 주의해야 한다. JBoss는 기본적으로 외부 사용자도 서버 관리 모듈에 접근할 수 있게 설정된 상태로 설치도 기 때문이다.

## 1.2. JBoss 구동

처음에는 서버를 설정하고 구동하기가 복잡하고 시간이 많이 소요된다고 생각할 것이다. 사실 JBoss 자체는 복잡한 서버이지만, JBoss를 구동하고 설정하고 관리하기는 복잡하지 않다. 이 책의 후반부에서 여러 종류의 설정과 관리 옵션을 살펴보겠지만, 지금은 일단 JBoss를 구동하는 데 집중하자.

### 어떻게 해야 할까?

JBoss를 구동하려면 bin 디렉터리에 있는 스크립트를 사용하면 된다. 유닉스 장비에서는 run.sh 스크립트를, 윈도우 장비에서는 run.bat 파일을 사용한다. 해당 스크립트를 실행하면 다음과 같은 출력 결과를 볼 수 있다.

> run.sh 파일이 실행 불가능한 상태라면 chmod 명령어로 실행 가능 상태로 바꾸거나, sh run.sh로 실행하면 된다.

```
C:\book\jboss-5.1.0.GA\bin>run.bat

Calling C:\book\jboss-5.1.0.GA\bin\run.conf.bat
=========================================================================

JBoss Bootstrap Environment

JBOSS_HOME: C:\book\jboss-5.1.0.GA

JAVA: C:\Users\jayyang\software\jdk1.6.0_13\bin\java

JAVA_OPTS: -Dprogram.name=run.bat -Xms128M -Xmx512M -XX:MaxPermSize=256M
-Dsun.rmi.dgc.client.gcInterval=3600000 -Dsun.rmi.dgc.server.
gcInterval=3600000 -Dorg.jboss.resolver.warning=true -server

CLASSPATH: C:\book\jboss-5.1.0.GA\bin\run.jar
```

```
================================================================
07:49:46,447 INFO  [ServerImpl] Starting JBoss (Microcontainer)...
07:49:46,448 INFO  [ServerImpl] Release ID: JBoss [The Oracle] 5.1.0.GA
(build: SVNTag=JBoss_5_1_0_GA date=200905221634)
07:49:46,449 INFO  [ServerImpl] Bootstrap URL: null
07:49:46,449 INFO  [ServerImpl] Home Dir: C:\book\jboss-5.1.0.GA
07:49:46,449 INFO  [ServerImpl] Home URL: file:/C:/book/jboss-5.1.0.GA/
07:49:46,449 INFO  [ServerImpl] Library URL: file:/C:/book/jboss-5.1.0.GA/
lib/
07:49:46,450 INFO  [ServerImpl] Patch URL: null
07:49:46,451 INFO  [ServerImpl] Common Base URL: file:/C:/book/jboss-5.1.0.
GA/common/
07:49:46,451 INFO  [ServerImpl] Common Library URL: file:/C:/book/jboss-5.1.
0.GA/common/lib/
07:49:46,451 INFO  [ServerImpl] Server Name: default
07:49:46,451 INFO  [ServerImpl] Server Base Dir: C:\book\jboss-5.1.0.GA\
server

(생략)

07:50:57,464 INFO  [SessionSpecContainer] Starting jboss.j2ee:jar=profileser
vice-secured.jar,name=SecureProfileService,service=EJB3
07:50:57,465 INFO  [EJBContainer] STARTED EJB: org.jboss.profileservice.ejb.
SecureProfileServiceBean ejbName: SecureProfileService
07:50:57,478 INFO  [JndiSessionRegistrarBase] Binding the following Entries
in Global JNDI:
SecureProfileService/remote - EJB3.x Default Remote Business Interface
SecureProfileService/remote-org.jboss.profileservice.spi.ProfileService -
EJB3.x Remote Business Interface

07:50:57,919 INFO  [TomcatDeployment] deploy, ctxPath=/admin-console
07:50:58,399 INFO  [config] Initializing Mojarra (1.2_12-b01-FCS) for context
'/admin-console'
07:51:05,126 INFO  [TomcatDeployment] deploy, ctxPath=/
07:51:05,408 INFO  [TomcatDeployment] deploy, ctxPath=/jmx-console
07:51:05,760 INFO  [Http11Protocol] Starting Coyote HTTP/1.1 on http-127.0.
0.1-8080
07:51:05,804 INFO  [AjpProtocol] Starting Coyote AJP/1.3 on ajp-127.0.0.1-
8009
07:51:05,816 INFO  [ServerImpl] JBoss (Microcontainer) [5.1.0.GA (build:
SVNTag=JBoss_5_1_0_GA date=200905221634)] Started in 1m:19s:359ms
```

끝났다! 마지막 줄에서 JBoss가 잘 구동됐음을 알 수 있다. 이를 확실히 확인하려면 웹 브라우저에서 http://localhost:8080/로 가보자. 그림 1-1과 같이 JBoss의 환영 페이지가 나타날 것이다.

> JBoss의 거의 모든 서비스는 호출될 때 출력 값을 로깅한다. 추가적인 로그 출력은 server.log 파일에 기록된다.

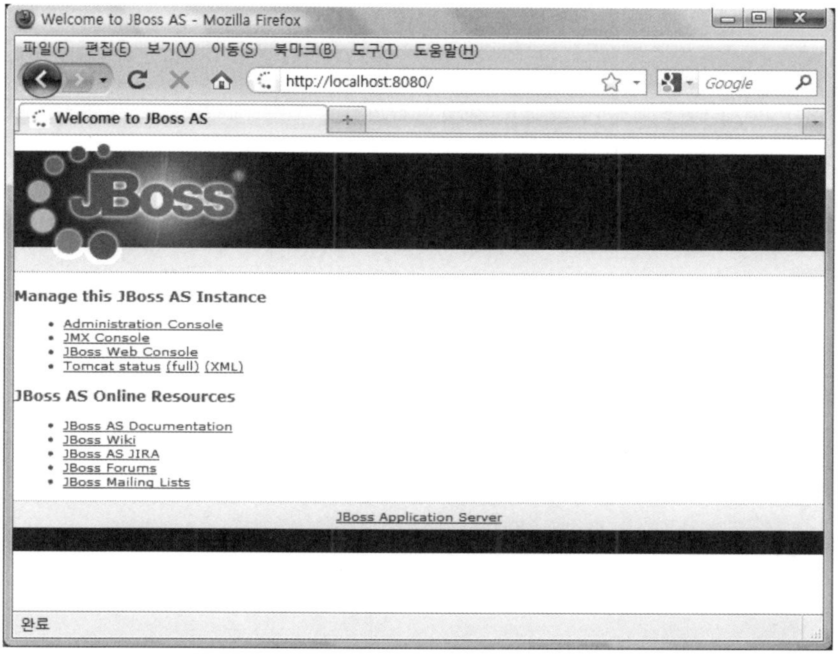

그림 1-1 | JBoss의 환영 페이지

축하한다! 이제 JBoss가 구동되고 있다.

## 1.3. 서버 검사(JMX 콘솔)

JBoss는 서버 내부에 배포(deploy)되어 구동 중인 서비스들을 살펴보고 조작할 수 있는 관리 애플리케이션을 제공한다. JBoss 자체는 관리 빈(MBeans, managed beans)으로 구성된 마이크로커널(microkernel)로 구현돼 있다. MBean은 애플리케이션 서버에 배포된 리소스와 애플리케이션을 관리할 수 있는 수단을 제공하는데, 이를 통해 애플리케이션을 모니터링하고 변경할 수 있다. JMX 콘솔은 어떤 MBean들을 가지고 있는지를 도메인이나 타입(서비스, 데이터베이스 등)에 따라 조직화해서 보여준다. MBean을 하나 선택하면 해당 MBean의 속성을 보고 편집하거나 해당 MBean이 제공하는 오퍼레이션을 호출할 수 있는 페이지가 열린다.

## 어떻게 해야 할까?

메인 웹 페이지(http://localhost:8080)를 열고 나서 JMX Console 링크를 선택하면 JBoss의 JMX 콘솔(http://localhost:8080/jmx-console)에 접근할 수 있다(그림 1-2).

> 모든 JBOSS 서비스들은 JMX 콘솔로 제어할 수 있다. 사용자가 자신의 서비스에 대한 MBean을 제공하면 해당 MBean도 볼 수 있다.

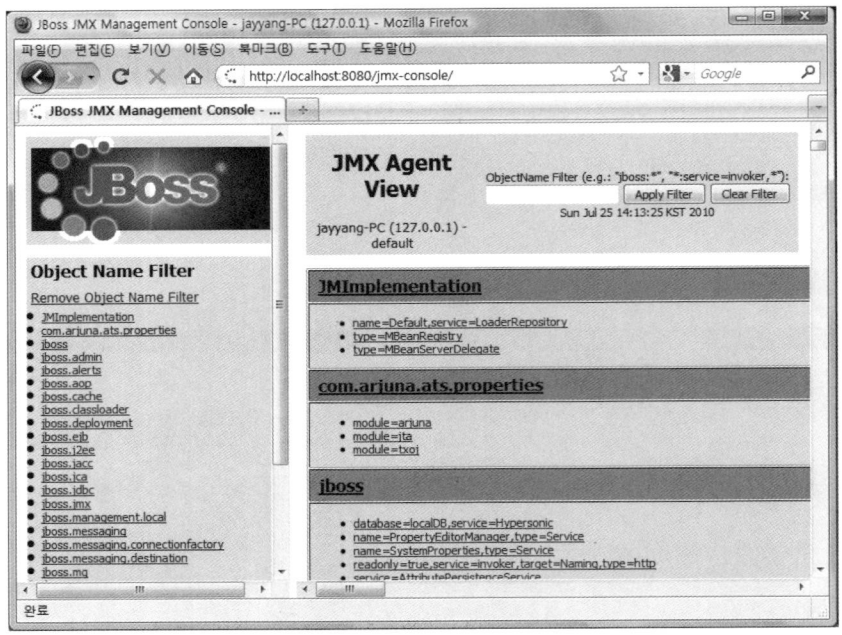

그림 1-2 | JMX 콘솔

JBoss는 서버 정보를 볼 수 있는 MBean을 제공하는데, 이 MBean을 살펴보려면 왼쪽 프레임에서 jboss.system 도메인을 선택한 후 오른쪽 프레임에서 type=ServerInfo 링크를 클릭하면 된다. 이 ServerInfo MBean 페이지는 그림 1-3과 같다.

> 호기심이 많은 독자라면 다른 MBean도 살펴보고 어떤 종류의 정보를 제공하는지 살펴보기 바란다.

여기서는 어떤 운영체제상의 어떤 JVM에서 JBoss가 실행되고 있는지 살펴볼 수 있는데, 이러한 정보는 특히 원격지의 JBoss를 모니터링할 때 유용하다.

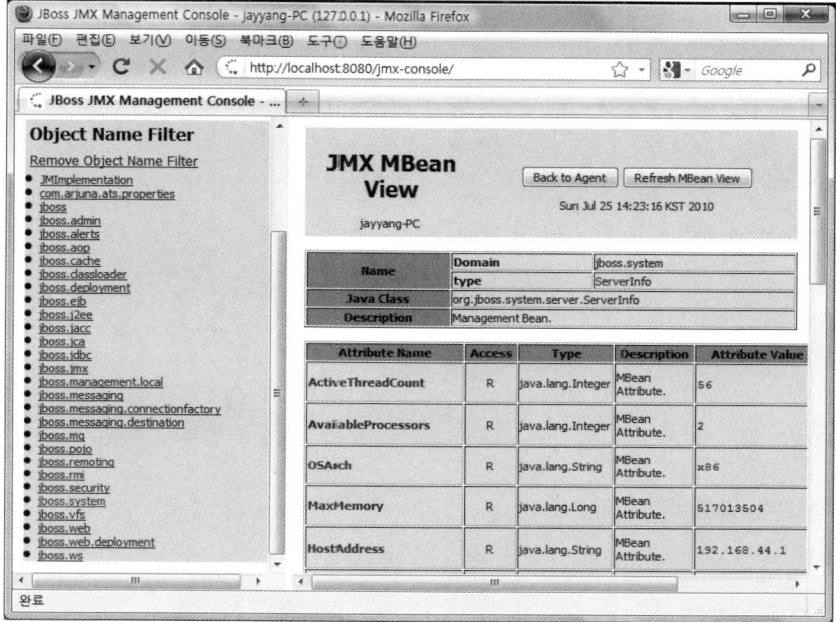

그림 1-3 | ServerInfo JMX 콘솔 뷰

## 방금 뭘 했지?

방금 JBoss 서버의 JMX 콘솔을 열어 ServerInfo MBean을 살펴봤으며, MBean 은 그것이 속한 도메인에 따라 정렬돼 있다. 지금은 한눈에 안 들어오겠지만 이 책을 읽어나가다 보면 금방 익숙해질 것이다.

## 1.4. 서버 정지

지금까지 서버를 시작하는 방법과 JMX 콘솔을 통해 서비스의 상태를 살펴보는 방법을 알아봤으니, 이번에는 어떻게 서버를 정지하는지 알아보자. 이건 정말 아주 쉽다. 이제 알아보자.

## 어떻게 해야 할까?

서버를 정지하는 방법은 두 가지가 있다.

> - Run 스크립트(run.bat이나 run.sh)가 있는 디렉터리의 shutdown 스크립트(shutdown.bat 또는 shutdown.sh)를 실행한다.
> - JBoss를 구동한 콘솔에서 **Ctrl-C**를 누른다.

JBoss가 멈추면 다음과 같은 메시지가 나타난다.

```
15:05:42,401 INFO  [ServerImpl] Shutdown complete
```

웹 브라우저로 서버에 접근해보면 JBoss가 정지된 것을 확인할 수 있다. 서버가 더는 실행되고 있지 않으므로 접속이 되지 않는다.

### 방금 뭘 했지?

예상대로 애플리케이션 서버가 정지됐다. 여기서는 JBoss를 정지하는 두 가지 방법을 배웠는데, 경우에 따라 어떤 방법을 선택하는 것이 좋을까?

개발 환경에서는 **Ctrl-C**를 사용하는 방법이 간편하다. 왜냐하면 이미 JBoss를 실행하는 터미널 창이 열려 있기 때문이다. 하지만 JBoss가 서비스로서 원격 장비에서 실행되고 있다면 다른 방법을 사용하는 편이 더 낫다. 원격 장비의 셸에 직접 접근할 수 있다면 원격 장비의 shutdown 스크립트를 실행하면 된다. 또한 로컬 장비의 shutdown 스크립트로도 원격지의 JBoss 인스턴스를 정지할 수 있다.

> *shutdown 스크립트는 startup 스크립트와 함께 bin 디렉터리에 있다. twiddle 스크립트는 원격지에 있는 JBOSS 서버를 제어하는 프로그램이다.*

## 1.5. 서버 구성 설정

JBoss는 그 자체로서도 강력할 뿐 아니라 매우 다양하게 설정할 수 있다. JBoss의 중심에는 JMX 마이크로커널이 있어 서버의 다양한 서비스들을 제어하는 MBean을 관리한다. JBoss 문서에서는 마이크로커널을 척추로 묘사하는데, 이는 적절한 비유다. 최소한으로 설정된 JBoss는 마치 척추 위에 자리잡은 뇌간과 같으며, 모든 필수적인 자율 기능을 제공한다. 척추는 뇌간 및 다른 모듈과 통신하려는 MBean의 접점이 된다. 이러한 구조는 강력한 기간망을 제공하는 동시에 최소한의 상태로도 동작할 수 있게 해준다. 이런 이유로 JBoss는 매우 작은 임베디드 애플리케이션에서부터 여러 가지 기능을 모두 갖춘 엔터프라이즈 서버 애플리케이션에 이르기까지 모든 종류의 애플리케이션에 적합하다.

유연한 아키텍처가 제공되더라도 그러한 유연성을 활용하지 않는다면 아무 의미가 없다. JBoss는 Java EE 기능이 전혀 없는 서버 구성부터 단일 애플리케이션에서는 전부 사용하기 어려울 정도로 많은 서비스가 포함된 서버 구성까지 다양한 종류의 구성을 제공한다. 그림 1-4는 5가지 표준 서버 구성을 보여준다.

그림 1-4 | 서버 구성

각 서버 구성은 다음과 같다.

## minimal

로깅, JNDI 네이밍 서버, URL 배포 스캔 등 가장 간단한 애플리케이션에서 필요로 하는 필수 서비스만 제공한다. 가용한 메모리가 충분하지 않은 경우나 JMX를 이용해 정확하게 어떤 MBean이 언제 어떻게 로딩될지 제어하고 싶을 때 사용한다. 이 구성은 EJB, 웹 애플리케이션, JMS[1] 등을 제공하지 않는다. 그야말로 제품화 단계 이전의 마이크로커널 자체다.

---

1 JMS(Java Message Service)는 둘 이상의 클라이언트 간에 메시지를 주고받기 위한 API로서, Java EE 명세의 일부로 정의돼 있다.

### web

아직 표준이 완전히 정해지지 않은 Java EE 6 표준에 맞게 바뀔 예정인 실험적인 구성이다. 서블릿/JSP 컨테이너와 JPA를 지원한다.

### default

대부분의 사람들이 사용하는 경량화된 Java EE 구성이다. 대부분의 Java EE 서비스를 제공하지만 IIOP[2], JAXR[3], 클러스터링 등은 제공하지 않는다.

### standard

Java EE 5를 모두 준수하는 구성이다. RMI-IIOP[4]와 jUDDI[5] 등을 지원한다.

### all

JBoss가 제공하는 모든 서비스를 포함하는 구성이다.

### 어떻게 해야 할까?

Run 스크립트를 실행할 때 -c 명령어를 지정해서 특정 구성을 지정할 수 있다. 예를 들어 minimal 구성을 실행하고 싶다면 다음과 같이 -c minimal이라고 명시하면 된다.

```
C:\book\jboss-5.1.0.GA\bin>run.bat -c minimal
```

---

[2] IIOP(Internet Inter-ORB Protocol)는 인터넷상에서 ORB(Object Request Broker) 간의 통신을 규정하는 프로토콜로서 인터넷 객체 요구 매개자 간 프로토콜이라고도 한다. CORBA의 핵심 요소로서 분산 객체 간의 메시지를 전달할 수 있는 전송 메커니즘을 제공하며, 인터넷 프로토콜인 TCP/IP 네트워크 환경에서 사용된다.

[3] JAX(Java API for XML)는 XML 데이터 처리를 위한 자바 응용 프로그램 인터페이스를 말하며, XML 파서를 얻기 위한 표준 인터페이스인 JAXP(Java API for XML Procession), 메시징 프로토콜의 기초를 제공하는 JAXM(Java API for XML Messaging), 단순 객체 접근 프로토콜(SOAP) 명세에 따른 메시지를 만들고 소비하게 하는 SAAJ(SOAP with Attachments API for Java), XML을 기반으로 한 자바 원격 프로시저 호출 API인 JAX/RPC(Java API for XML-based RPC), XML 레지스트리에 저장된 웹 서비스 정보에 접근하는 방법을 제공하는 JAXR(Java API for XML Registries)로 구성된다.

[4] RMI over IIOP는 CORBA 시스템에서 Java RMI 인터페이스의 역할을 하는 프로토콜로서, CORBA의 장점을 활용하면서 CORBA에서의 응용 프로그램 개발의 어려움을 단순화하기 위해 고안된 것이다.

[5] 아파치 재단에서 만든 웹 서비스 UDDI(Universal Description, Discovery, and Integration)의 자바 구현체

## 1.6. 새로운 구성 생성

JBoss가 제공하는 5가지 구성에만 얽매일 필요는 없다. 필요없는 서비스가 로딩되어 메모리와 CPU를 낭비하는 것보다는 정확하게 본인의 필요에 부합하는 서비스만 로딩되도록 자신만의 구성을 만들 수 있다. 사실 이런 맞춤식 구성을 만들기는 전혀 어렵지 않다.

### 어떻게 해야 할까?

가장 쉬운 방법은 기존의 구성 중 하나를 복사해서 이름을 바꾸는 것이다. 복사해서 새로운 구성을 만든 다음 새로운 JAR 파일이나 리소스를 해당 폴더에 추가하면 된다.

minimal 구성에 기반해서 새로운 구성을 생성하고 싶다고 하자. server 폴더에 있는 minimal 폴더를 복사해서 my_server_config라는 폴더를 만들면 된다. 유닉스에서는 이렇게 하면 된다.

```
cp -R minimal my_server_config
```

새로운 구성을 실행하려면 다음과 같이 하면 된다.

```
C:\book\jboss-5.1.0.GA\bin>run.bat -c my_server_config
```

이제 새로운 구성으로 서버를 구동하면 다음과 같은 화면이 나온다.

```
Calling C:\book\jboss-5.1.0.GA\bin\run.conf.bat
=========================================================================

  JBoss Bootstrap Environment

  JBOSS_HOME: C:\book\jboss-5.1.0.GA

  JAVA: C:\Users\jayyang\software\jdk1.6.0_13\bin\java

  JAVA_OPTS: -Dprogram.name=run.bat -Xms128M -Xmx512M -XX:MaxPermSize=256M
  -Dsun.rmi.dgc.client.gcInterval=3600000 -Dsun.rmi.dgc.server.gcInterval=
  3600000 -Dorg.jboss.resolver.warning=true -server

  CLASSPATH: C:\book\jboss-5.1.0.GA\bin\run.jar
```

```
========================================================================
17:26:19,870 INFO  [ServerImpl] Starting JBoss (Microcontainer)...
17:26:19,872 INFO  [ServerImpl] Release ID: JBoss [The Oracle] 5.1.0.GA
(build: SVNTag=JBoss_5_1_0_GA date=200905221634)
17:26:19,872 INFO  [ServerImpl] Bootstrap URL: null
17:26:19,872 INFO  [ServerImpl] Home Dir: C:\book\jboss-5.1.0.GA
17:26:19,873 INFO  [ServerImpl] Home URL: file:/C:/book/jboss-5.1.0.GA/
17:26:19,873 INFO  [ServerImpl] Library URL: file:/C:/book/jboss-5.1.0.GA/
lib/
17:26:19,874 INFO  [ServerImpl] Patch URL: null
17:26:19,874 INFO  [ServerImpl] Common Base URL: file:/C:/book/jboss-5.1.0.
GA/common/
17:26:19,874 INFO  [ServerImpl] Common Library URL: file:/C:/book/jboss-5.1.
0.GA/common/lib/
17:26:19,875 INFO  [ServerImpl] Server Name: my_server_config
17:26:19,875 INFO  [ServerImpl] Server Base Dir: C:\book\jboss-5.1.0.GA\
server
17:26:19,875 INFO  [ServerImpl] Server Base URL: file:/C:/book/jboss-5.1.0.
GA/server/
(생략)
17:26:29,671 INFO  [ServerImpl] JBoss (Microcontainer) [5.1.0.GA (build:
SVNTag=JBoss_5_1_0_GA date=200905221634)] Started in 9s:792ms
```

이제 새로운 구성이 구동됐다.

## 이런 경우에는...

구성에 서비스를 추가하거나 제거하려면?

새로운 구성을 만들면 별도의 분리된 공간에서 작업하게 되므로 좋긴 하지만 원래 새로운 구성을 만드는 이유는 가용한 서비스를 커스터마이징하는 데 있다. 이러한 커스터마이징을 위해서는 더 많은 배경 지식이 필요하다. 이 책 전반에 걸쳐 서비스들을 커스터마이징하다 보면 자신만의 구성을 설정할 수 있게 될 것이다.

지금까지 JBoss를 구동하는 것이 매우 쉽고 서버의 새로운 구성을 만드는 것도 어렵지 않다는 사실을 알게 됐을 것이다. 여기까지 온 것을 환영한다. 이제 다음 장으로 넘어가서 간단한 애플리케이션을 패키징하고 배포하는 방법을 알아보자.

# 02

# JBoss에 애플리케이션 배포하기

1장에서는 애플리케이션 서버를 구동하고 실행하는 법을 살펴봤다. 이제 간단한 하나의 웹 애플리케이션을 빌드해서 서버상에서 실행하고 모니터링하는 방법을 살펴보겠다. **빌드-설치-테스트-모니터링** 패턴은 소프트웨어 공학에서 표준적인 프로세스다.

이 장에서는 이와 같은 작업들이 JBoss에서 어떤 방법으로 수행되는지 알아본다. 'The Great Albert Einstein Quote Machine'이라는 이름의 애플리케이션은 재미있는 인용문을 제공하는 JBoss상의 웹 애플리케이션으로서, 여기서는 이를 어떻게 배포하는지 보여주겠다.

## 2.1. Ant 설치

Ant는 자바용 빌드 도구로 자바 개발자들에게 자바 환경과 사상에 적합한 도구를 제공한다. Ant는 확장성 있는 오픈소스 도구로서 최신 자바 표준을 지원하기 위해 끊임없이 개선되고 확장되는 중이다. 이 장에서는 웹 애플리케이션을 배포하는 표준인 WAR 파일이 무엇이고 왜 중요한지 살펴보겠다.

> WAR는 Web Application Archive를 의미한다.

Ant는 자바 환경에서 가장 선호되는 빌드 도구가 되기 위해 열정적으로 노력하는 활발한 커뮤니티에 의해 만들어지고 개선되고 있다. 그래서 우리도 이 책의 예제에 Ant를 사용하기로 했다. 이 책을 다 읽고 나면 여러분도 Ant의 지지자나 기여자 중 한 명이 될지도 모르겠다.

## 어떻게 해야 할까?

Ant는 소스와 바이너리로 두 가지 형태로 제공되는데, 이 책에서는 바이너리 형태의 Ant를 사용하겠다. Ant를 구하려면 http://ant.apache.org/bindownload.cgi로 가서 바이너리 형태의 배포본을 내려 받은 후 운영체제에 적합한 바이너리 포맷을 선택한다.

**팁**

유닉스 계열 시스템을 사용한다면 /usr/local 디렉터리에, PC를 사용한다면 C:\ 드라이브의 최상위 디렉터리에 Ant를 설치하는 것이 일반적이다.

> Ant에 대해 더 많이 알고 싶다면 Ant: The Definitive Guide(O'Reilly)를 참고하기 바란다.

일단 내려 받은 파일을 풀면 Ant가 위치한 디렉터리를 가리키도록 ANT_HOME 환경 변수를 C:\book\apache-ant-1.8.1로 설정한다. 또한 Path 환경 변수에 Ant의 bin 디렉터리인 C:\book\apache-ant-1.8.1\bin을 추가해야 한다. http://ant.apache.org/manual/에서 Ant 구성과 설치와 관련된 더 많은 정보를 확인할 수 있다.

명령줄에 ant -version을 입력하면 Ant가 동작하는지 간단하게 확인할 수 있다.

```
C:\> ant -version
Apache Ant version 1.8.1 compiled on April 30 2010
```

## 2.2. 애플리케이션 생성과 패키징

애플리케이션의 이름은 'The Great Albert Einstein Quote Machine'으로 빌드 파일을 포함한 다섯 개의 파일로 구성돼 있다.

**팁**

조금이라도 타이핑을 줄이려면 위키북스 웹사이트(http://www.wikibook.co.kr)에서 이 책의 예제 코드를 내려 받는다.

이번 절에서는 기본적인 JBoss 웹 애플리케이션을 만드는 데 필요한 파일과 이를 패키지화하는 데 필요한 빌드 파일을 살펴보겠다. 빌드 파일은 JBoss상에서 웹 애플리케이션을 실행하는 데 필요한 관련 파일들을 패키지화한다.

## 어떻게 해야 할까?

웹 애플리케이션은 서버에 배포되기 위해 WAR 파일로 패키징된다. WAR 파일은 압축된 하나의 파일로서 그 안에는 JSP, HTML, 라이브러리와 메타데이터가 들어 있다(그림 2-1). WAR 파일에 들어가는 파일을 살펴보자. 각 파일에 대해 얘기할 때 해당 파일이 WAR 파일에서 어디에 위치하는지도 알려주겠다.

```
▼ 웹 애플리케이션 이름
  • jsp 파일들
  • html 파일들
  • 다른 정적 데이터
  ▼ WEB-INF/
      • Web.xml
      • lib/
      • classes/
```

그림 2-1 | 표준 WAR 파일 구조

첫 번째 파일인 **quote.jsp**는 예제 애플리케이션에서 가장 핵심적인 파일이다.

```
<%@ taglib prefix="c" uri="http://java.sun.com/jsp/jstl/core" %>
<%@ page import="java.util.ArrayList" %>
<%@ page import="java.util.Random" %>

<%
  //명언 리스트
  String[] quotes = {
  "Before God we are all equally wise - and equally foolish",
  "I never think of the future - it comes soon enough",
  "Imagination is more important than knowledge...",
  "Reality is merely an illusion, albeit a very persistent one",
  "The important thing is not to stop questioning",
  "The secret to creativity is knowing how to hide your sources",
  "Science without religion is lame, religion without science is blind",
  "Everything that is really great and inspiring is created by" +
  "the individual who can labor in freedom"
  };
```

```
        ArrayList list = new ArrayList(Arrays.asList(quotes));
        Random r = new Random( );
        int x = r.nextInt(list.size( ));
        String saying = (String)list.get(x);
        saying = saying + " -- Albert Einstein";
        pageContext.setAttribute("saying", saying);
    %>

    <html>
      <head>
        <title>JBoss Notebook Chapter 2 Demo 1</title>
      </head>
      <body>
        <br>
        <c:set var="sessionCount" scope="session"
               value="${sessionCount + 1}" />
        <c:set var="applicationCount" scope="application"
               value="${applicationCount + 1}" />
        <h1>
          <font color="#1230cb">The Great Albert Einstein Quote Machine</font>
        </h1>
        <h3>
          <spacer size="32" type="horizontal">
          <font color="#a6a6a6">
                ${saying}
          </font>
        </h3>
        <br><br>
        You've visited this application ${sessionCount}
        times in this session
        <br>
        and the application has been visited ${applicationCount}
        times by you and others.
      </body>
    </html>
```

> 여기서는 JSTL 태그를 사용하고 있다. JBOSS에는 자체적으로 JSTL 태그를 처리하는 기능이 탑재돼 있으므로 애플리케이션 내에 별도로 JSTL 태그를 처리하는 자바 라이브러리(jstl.jar 파일 등)를 포함하지 않아도 된다.

이 애플리케이션은 아인슈타인의 명언 배열로부터 무작위로 명언 하나를 출력한다. 명언을 선택하는 코드는 페이지 상단의 JSP 스크립틀릿[1]에서 볼 수 있다.

---

[1] JSP에서 〈% 와 %〉 사이에 집어 넣는 자바 코드. JBoss에 의해 JSP가 컴파일될 때 _jspService() 메서드로 변환됨

스크립틀릿에 코드를 두는 방법은 시연 목적으로는 나쁘지 않지만 규모가 큰 애플리케이션에서 사용하기에는 좋지 않다. 이 애플리케이션은 또한 히트 수를 관리한다. 이것은 나중에 애플리케이션이 언제 재배포(redeploy)됐는지 확인할 때 유용할 것이다.

JSP 파일과 HTML 파일은 WAR 파일 내의 최상위 디렉터리에 위치한다. 따라서 quote.jsp 파일은 quotes 디렉터리 구조의 최상위에 위치한다.

다음 파일은 web.xml로 WEB-INF 디렉터리에 위치한다. web.xml 파일은 웹 컨테이너가 어떻게 웹 애플리케이션을 배포해야 하는지를 기술한다.

```xml
<?xml version="1.0" ?>
<web-app xmlns="http://java.sun.com/xml/ns/j2ee"
   xmlns:xsi="http://www.w3.org/2001/XMLSchema-instance"
   xsi:schemaLocation="http://java.sun.com/xml/ns/j2ee
                       http://java.sun.com/xml/ns/j2ee/web-app_2_4.xsd"
   version="2.4">

   <servlet>
      <servlet-name>QuoteServlet</servlet-name>
      <jsp-file>/quote.jsp</jsp-file>
   </servlet>
   <servlet-mapping>
      <servlet-name>QuoteServlet</servlet-name>
      <url-pattern>/quote</url-pattern>
   </servlet-mapping>
</web-app>
```

<servlet> 태그에 의해 quote.jsp 파일이 QuoteServlet이라는 이름의 서블릿[2]으로 연결되는 것을 볼 수 있다. 이것은 quote.jsp 파일이 외부로 노출될 때의 서블릿 이름이다. 그 아래에 있는 <servlet-mapping> 태그에서는 웹 브라우저상에서 서블릿을 참조할 때 사용하는 URL 경로명을 볼 수 있다.

웹 애플리케이션에서 사용하는 라이브러리 JAR 파일은 lib 디렉터리에 위치하고 classes 디렉터리에는 애플리케이션에서 사용되는 빈(bean)[3]이나 서블릿이 들어간다.

---

[2] 자바를 사용해서 웹 페이지를 동적으로 생성하는 서버 측 프로그램 혹은 그 사양

[3] 자바로 작성된 재사용 객체로서 대부분 데이터를 저장하는 용도로 사용된다. setXXX, getXXX 형태로 정의된 세터 및 게터 메서드에 의해 프로퍼티 형태로 값을 저장하고 읽어온다.

이제 소스와 라이브러리로부터 WAR 파일을 만드는 Ant 빌드 파일을 살펴보자. 그림 2-2에서 소스 디렉터리의 구성을 볼 수 있다.

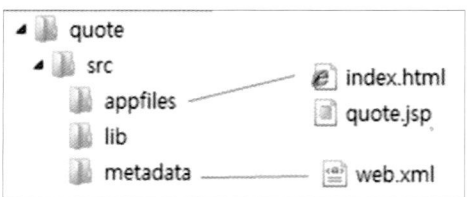

그림 2-2 | Quote 소스 디렉터리

Ant 빌드 파일인 build.xml은 애플리케이션에 필요한 모든 리소스를 모아 WAR 파일을 만든다. 이 빌드 파일은 배포, 배포 취소(undeploy) 및 초기화(cleaning) 등의 기능도 제공한다.

```xml
<?xml version="1.0"?>

<!-- 2장 빌드 파일 -->
<project name="Hello World Buildfile" default="main" basedir=".">
  <!-- 표준 속성 -->
  <property name="top.dir" value="."/>
  <property name="src.dir" value="${top.dir}/src"/>
  <property name="lib.dir" value="${top.dir}/src/lib"/>
  <property name="jboss.dir" value="C:/book/jboss-5.1.0.GA"/>
  <property name="jboss.deploy.dir"
            value="${jboss.dir}/server/default/deploy"/>

  <target name="clean">
    <echo message="In clean"/>
    <delete file="${top.dir}/quote.war"/>
  </target>

  <target name="main">
    <echo message="In main"/>
    <war warfile="quote.war" webxml="${src.dir}/metadata/web.xml">
        <fileset dir="${src.dir}/appfiles"/>
        <lib dir="${lib.dir}"/>
    </war>
    <antcall target="deploy"/>
  </target>
```

```xml
<target name="deploy">
  <echo message="In deploy"/>
  <copy file="${top.dir}/quote.war" todir="${jboss.deploy.dir}"/>
</target>

<target name="undeploy">
  <echo message="In undeploy"/>
  <delete>
    <fileset id="quote_wars" dir="${jboss.deploy.dir}"
             includes="*quote*.war"/>
  </delete>
</target>

</project>
```

build.xml 파일이 작동하려면 jboss.dir 속성이 JBoss가 설치된 디렉터리를 가리키도록 변경해야 한다.

> 명령줄에서 -D 옵션을 사용하거나 Ant 속성 파일을 통해 jboss.dir 속성을 설정할 수 있지만 직접 빌드 파일을 수정하는 편이 더 편리하다.

터미널 창을 열고 quotes 디렉터리로 이동한 후 빌드를 시작하기 위해 ant를 입력한다. 이 명령어는 project 태그의 default 속성에 명시된 기본 빌드 순서에 따라 작동된다. Ant 빌드 파일에서 default는 main 타깃을 호출하고, main 타깃은 deploy 타깃을 실행한다. 이를 통해 애플리케이션이 하나의 WAR 파일로 패키징된 후, 서버의 deploy 디렉터리로 복사된다.

이번 예제의 build.xml 파일에서 가장 중요한 부분은 main 타깃 내의 war 태그다. 이 war 태그는 조금 전에 살펴본 web.xml 파일과 JSP를 패키징해서 배포할 WAR 파일을 생성한다.

```
C:\book\quote> ant
Buildfile: C:\book\quote\build.xml

main:
     [echo] In main
     [war] Building war: C:\book\quote\quote.war

deploy:
     [echo] In deploy
     [copy] Copying 1 file to C:\book\jboss-5.1.0.GA\server\default\deploy

BUILD SUCCESSFUL
```

```
Total time: 0 seconds
```

**경고**
웹 애플리케이션은 JBoss상에서 WAR 파일 형식으로 배포해야 한다. WAR 파일 밖에 있는 콘텐츠를 웹 애플리케이션에 손쉽게 포함시키는 방법은 없다.

JBoss가 실행 중인 터미널 창에서는 아래와 유사한 메시지가 나타날 것이다.

```
11:21:06,231 INFO  [TomcatDeployment] undeploy, ctxPath=/quote
11:21:06,404 INFO  [TomcatDeployment] deploy, ctxPath=/quote
```

출력 결과를 보면 서버가 구동된 후 바로 애플리케이션을 배포한 것을 알 수 있다. 어떠한 스택 트레이스도 없고(좋은 징조), deploy라는 단어가 [TomcatDeployment] 바로 뒤에 나온다. 이미 동일한 이름의 WAR 파일이 있다면 JBoss는 이미 배포된 애플리케이션을 배포 취소하고 새로운 버전의 애플리케이션을 재배포한다.

이 예제에서는 애플리케이션을 이미 배포했다. 애플리케이션을 다시 빌드하고 재배포했을 때 JBoss는 이전 버전을 제거하고 새로운 버전을 넣었다. 이를 긴급배포(hot deploy)라고 한다. 이 기능을 이용하면 서버를 중단하지 않고도 애플리케이션을 업그레이드할 수 있다.

## 방금 뭘 했지?

앞서 quote.jsp와 web.xml 파일이 포함된 WAR 파일을 생성하는 빌드 스크립트를 실행해봤다. 빌드 스크립트를 실행함으로써 서버의 기본 구성인 deploy 디렉터리로 WAR 파일이 복사되는 것을 확인할 수 있었다.

그러고 나서 웹 애플리케이션이 배포된 서버에 기본적으로 로깅되는 결과를 확인했고, 긴급배포를 통해 구동 중인 서버에 애플리케이션을 재배포하는 과정을 살펴봤다.

WAR 파일을 deploy 디렉터리로 복사하는 빌드 스크립트가 없다면 수작업으로도 가능하다. 이 경우에도 서버의 터미널 창에 애플리케이션이 배포되는 것을 볼 수 있다. 빌드 스크립트는 WAR 파일을 배포 디렉터리로 복사하는 것 외에 아무 일도 하지 않으며 특별한 구성도 필요하지 않다. JBoss는 단지 배포될 새로운 파일이 지정된 디렉터리에 있음을 감지하고 배포서술자(deployment descriptor)를 찾기 위해 WAR 파일을 스캔하고 나머지 할 일을 수행한다.

## 이런 경우에는...

배포 에러?

에러가 났다면 콘솔 로그에 표시됐을 것이다. 에러 로그에서 원인을 파악하기 쉽게 스택 트레이스(stack trace)[4]나 다른 문맥 정보들도 확인할 수 있다. 어떤 에러 메시지도 없었다면 애플리케이션이 성공적으로 배포됐다고 생각하면 된다.

예를 들어 유효하지 않은 web.xml 파일이 담긴 WAR 파일을 배포하려고 하면 아래와 같은 에러 메시지가 나타난다.

```
13:07:44,686 ERROR [AbstractKernelController] Error installing to Parse:
name=vfszip:/C:/book/jboss-5.1.0.GA/server/default/deploy/quote.war/
state=Not Installed mode=Manual requiredState=Parse
org.jboss.deployers.spi.DeploymentException: Error creating managed object
for vfszip:/C:/book/jboss-5.1.0.GA/server/default/deploy/quote.war/
...
13:07:44,702 WARN  [HDScanner] Failed to process changes
org.jboss.deployers.client.spi.IncompleteDeploymentException: Summary of
incomplete deployments (SEE PREVIOUS ERRORS FOR DETAILS):

*** DEPLOYMENTS IN ERROR: Name -> Error

vfszip:/C:/book/jboss-5.1.0.GA/server/default/deploy/quote.war/ -> org.
jboss.deployers.spi.DeploymentException: Error creating managed object for
vfszip:/C:/book/jboss-5.1.0.GA/server/default/deploy/quote.war/


DEPLOYMENTS IN ERROR:
Deployment "vfszip:/C:/book/jboss-5.1.0.GA/server/default/deploy/quote.
war/" is in error due to the following reason(s): org.jboss.xb.binding.
```

> 빌드 스크립트의 실행은 배포 스캔 서비스(deployment scanner service)에 의해 제어된다. 다른 모든 서비스와 마찬가지로 여러 가지 구성이 가능하다. 이를 통해 JBoss가 애플리케이션을 어디서 찾아야 하고 얼마나 자주 업데이트를 체크해야 할지 제어할 수 있다.

---

4  함수/메서드 간의 연쇄적 호출의 계층적 표현

무엇이 로깅되는지 모니터링하기 위해 UNIX에서는 tail 명령어를 사용해 로그 파일을 모니터링할 수 있다.

```
JBossXBRuntimeException: {http://www.w3.org/2001/XMLSchema}string type of
element {http://java.sun.com/xml/ns/j2ee}servlet-name should be complex and
contain {http://java.sun.com/xml/ns/j2ee}jsp-file as a child element.
...
```

출력 결과는 여기서 본 것보다 훨씬 상세하며, 에러 메시지는 무엇이 잘못됐는지 매우 명확하게 보여준다.

그럼 배포 프로세스에 대한 상세 정보는 어떻게 얻을까?

서버 로그 파일인 server/default/logs/server.log에는 배포 프로세스에 대한 더욱 상세한 로그가 기록된다. 심각하지 않은 배포 에러를 추적할 경우 이 로그에 있는 정보가 크게 도움될 수 있다.

아래는 상세하게 보기로 로깅 옵션을 조정했을 때 출력되는 로그다.

```
2010-08-12 13:33:30,630 DEBUG [org.jboss.deployers.plugins.main.
MainDeployerImpl] (HDScanner) Add deployment: vfszip:/C:/book/jboss-
5.1.0.GA/server/default/deploy/quote.war/
2010-08-12 13:33:30,630 DEBUG [org.jboss.deployers.plugins.main.
MainDeployerImpl] (HDScanner) Scheduling deployment: vfszip:/C:/book/jboss-
5.1.0.GA/server/default/deploy/quote.war/ parent=null
2010-08-12 13:33:30,630 DEBUG [org.jboss.deployers.plugins.deployers.
DeployersImpl] (HDScanner) Deploying vfszip:/C:/book/jboss-5.1.0.GA/server/
default/deploy/quote.war/
2010-08-12 13:33:30,630 DEBUG [org.jboss.xb.util.JBossXBHelper] (HDScanner)
Parsing file: quote.war/WEB-INF/web.xml for type: class org.jboss.metadata.
web.spec.WebMetaData
...
(HDScanner) Dynamic class root for vfszip:/C:/book/jboss-5.1.0.GA/server/
default/deploy/quote.war/ is vfsmemory://4sm734-ruvkwd-gcr3ymnc-1-gcr4697p-
9u
2010-08-12 13:33:30,661 DEBUG [org.jboss.classloading.spi.dependency.
Domain] (HDScanner) org.jboss.classloading.spi.dependency.
Domain@48c9bb{vfszip:/C:/book/jboss-5.1.0.GA/server/default/deploy/quote.
war/} add module VFSDeploymentClassLoaderPolicyModule vfszip:/C:/book/
jboss-5.1.0.GA/server/default/deploy/quote.war/:0.0.0
2010-08-12 13:33:30,661 DEBUG [org.jboss.classloader.spi.
ClassLoaderSystem] (HDScanner) DefaultClassLoaderSystem@4d41e2 registered
domain=ClassLoaderDomain@e047b7{name=vfszip:/C:/book/jboss-5.1.0.GA/server/
default/deploy/quote.war/ parentPolicy=AFTER_BUT_JAVA_BEFORE parent=ClassLo
```

```
aderDomain@20807c{DefaultDomain}}

...
2010-08-12 13:33:30,756 DEBUC [org.jboss.deployers.plugins.deployers.
DeployersImpl] (HDScanner) Fully Deployed vfszip:/C:/book/jboss-5.1.0.GA/
server/default/deploy/quote.war/
```

web.xml 파일이 파싱되고 클래스로더가 도메인을 등록하는 등의 상세한 내용이 보이는데, 여기서는 지면 관계상 일부만 발췌했다. 하지만 로그에는 더욱 많은 내용이 들어 있으며, 꼭 살펴봐야 한다.

## 2.3. 애플리케이션 실행

애플리케이션을 실행하려면 먼저 애플리케이션에 접근하기 위한 URL을 알아야 하는데, 이는 web.xml 파일과 build.xml 파일을 보면 알 수 있다. URL에서 사용할 경로는 WAR 파일명과 web.xml 파일의 servlet-mapping 영역의 url-pattern에 토대를 둔다. 예제의 경우 WAR 파일명은 quote.war이고 서블릿 매핑은 quote이다. 이 경우 경로는 /quote/quote이며, 여기에 host와 port 부분을 합쳐서 URL을 만든다.

### 어떻게 해야 할까?

웹 브라우저를 열고 http://localhost:8080/quote/quote를 입력하면 그림 2-3과 같은 화면이 나타날 것이다.

다음 실습에서도 사용할 수 있게 웹 브라우저를 열어두자. 브라우저의 새로고침 버튼을 클릭하면 페이지상의 숫자가 증가하는 것을 볼 수 있다. 이를 몇 번 더 실행한 후 빌드를 다시 실행한다. 빌드와 배포가 완료된 후 브라우저의 새로고침 버튼을 몇 번 더 클릭한다. 이제 숫자가 달라질 것이다(그림 2-4).

서블릿이 다시 로드될 때마다 애플리케이션 숫자가 초기화되는데, 이 같은 현상은 애플리케이션을 배포할 때마다 일어난다. 그러나 세션 상태는 초기화되지 않으므로 서버는 상태를 유지할 수 있고, 재배포할 때 세션 정보를 잃지 않는다. 긴급배포가 이를 가능하게 한다.

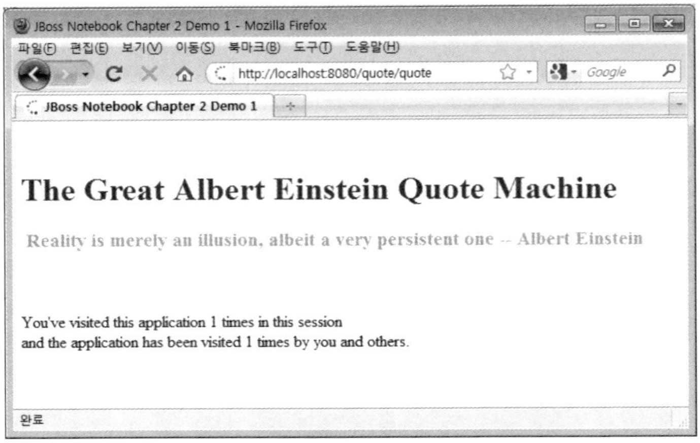

그림 2-3 | Einstein quote 서버

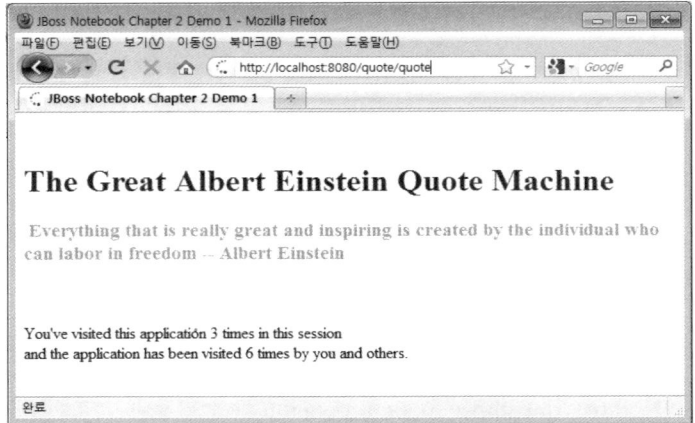

그림 2-4 | 카운트 변화

## 방금 뭘 했지?

애플리케이션을 실행하기 위해 URL로 접근하면 애플리케이션은 web.xml 파일의 servlet 영역에 설정된 내용을 기반으로 서블릿을 컴파일한다. 그러고 나면 해당 서블릿을 배포하고 web.xml 파일의 servlet-mapping 영역을 기반으로 매핑을 수행한다. URL은 빌드(build.xml 참조)에 의해 생성된 WAR 파일명과 web.xml 파일의 URL 패턴 매핑을 기초로 한다. 또한 긴급배포가 동작하는 것을 봤고 위대한 아인슈타인에게서 약간의 충고도 받았다.

## 2.4. 배포된 애플리케이션 수정하기

긴급배포 덕택에 애플리케이션을 deploy 디렉터리에 넣기만 해도 애플리케이션이 배포된다. JBoss가 주기적으로 deploy 디렉터리를 체크해서 자동으로 배포하긴 하지만 아무리 사소한 변경사항이라도 배포 프로세스에 의한 지연 없이 실행 중인 애플리케이션에 반영되는 방법이 가장 이상적일 것이다.

### 어떻게 해야 할까?

JBoss는 J2EE 아카이브[5]를 tmp 디렉터리에 푼다. tmp/4sm734-hwauzy-gcr539dm-1-gcr5ngw8-a1/quote.war와 같이 tmp 하위 디렉터리에서 quote.war 라는 이름의 디렉터리를 찾아볼 수 있다. 이 디렉터리는 배포 디렉터리에 있는 quote.war 파일의 압축이 풀린 것이다. 애플리케이션을 재배포할 때마다 JBoss는 현재의 디렉터리를 제거하고 tmp 내의 다른 디렉터리에 quote.war 디렉터리를 생성한다.

>  **경고**
>
> tmp 디렉터리에는 lib와 deploy 디렉터리에 있는 모든 리소스의 임시 복사본이 생성되는데, JBoss는 그러한 디렉터리 내의 어떤 파일에 대해서도 핸들*을 연 상태로 유지하지 않는다. 사용 중인 파일의 락을 유지하는 운영체제에 JBoss가 설치돼 있다면 이러한 특성은 매우 중요하다.

*파일을 연 상태에서 해당 파일에 접근하기 위한 일종의 포인터. 일반적으로 쓰기 용도로 파일을 여는 경우 다른 프로세스는 해당 파일을 쓰기 용도로 열 수 없다.

어떤 버전의 애플리케이션이 배포됐는지 확인하려면 tmp 디렉터리를 확인한다. 그곳에서 JBoss가 현재 배포한 애플리케이션을 확인할 수 있다.

확장된 quote.war 디렉터리의 quote.jsp 파일을 수정하면 다음 번에 애플리케이션에 접근할 때 반영된 변경사항을 확인할 수 있다. 이런 식으로 실행 중인 웹 애플리케이션에 대한 소소한 변경사항을 테스트하곤 한다. 이러한 방식으로 JSP와 정적 웹 콘텐츠는 수정할 수 있지만 아쉽게도 배포서술자[6]는 수정할 수 없다. 배포서술자를 변경하려면 전체 애플리케이션을 재배포해야 한다.

---

5   WAR 파일, EAR 파일, JAR 파일 등 배포를 목적으로 패키징된 압축 파일
6   애플리케이션 서버에 컴포넌트, 모듈, 애플리케이션 등이 배포될 때 어떻게 배포돼야 하는지를 설정하는 파일이다. 웹 애플리케이션의 web.xml 파일, EAR 패키지의 application.xml 파일 등을 말한다.

### 이런 경우에는...

컴파일된 JSP?

컴파일된 JSP를 살펴봐야 하는 문제가 생기면 work/jboss.web/localhost/ 디렉터리를 보면 된다. 웹 애플리케이션이 서비스하는 컨텍스트명을 딴 하위 디렉터리에서 생성된 자바 코드를 볼 수 있다.

## 2.5. 확장 배포

앞서 JBoss가 압축이 해제된 아카이브를 보관하고 있는 임시 디렉터리에 접근할 수 있는 방법을 살펴봤다. JBoss는 이러한 기능을 좀 더 쉽게 사용할 수 있게 확장 배포(exploded deploy)라는 개념을 지원한다.

확장 배포를 이용하면 아카이브된 형태로 애플리케이션을 배포하는 대신 압축이 풀린, 펼쳐진 디렉터리로 배포할 수 있으며 JBoss가 아카이브 파일을 일일이 임시 디렉터리로 복사하는 문제를 해결할 수 있다.

### 어떻게 해야 할까?

확장 WAR 디렉터리는 일반 WAR 파일과 구조가 같다. WAR 파일이 아닌 WAR 디렉터리를 빌드하려면 빌드 파일을 수정할 수도 있지만 이미 아카이브된 WAR 파일을 가지고 있으므로 그것을 이용해 보자.

deploy 디렉터리에서 jar 명령어를 써서 quote.war를 새로운 WAR 디렉터리로 푼다.

```
\deploy> mkdir quote2.war
\deploy> cd quote2.war
\quote2.war> jar xvf ..\quote.war
 created: META-INF/
extracted: META-INF/MANIFEST.MF
extracted: quote.jsp
 created: WEB-INF/
 created: WEB-INF/lib/
extracted: WEB-INF/web.xml
```

```
\quote2.war> dir /b
META-INF
WEB-INF
quote.jsp
```

콘솔 로그를 확인하면 애플리케이션이 배포된 것을 볼 수 있다. 새로운 애플리케이션이 quote2.war 이름으로 배포됐으므로 아래와 같이 이전과 약간 다른 URL로 접근한다.

```
http://localhost:8080/quote2/quote
```

지난 실습에서 한 것처럼 운영 중인 애플리케이션의 quote.jsp를 수정할 수 있다. 흥미로운 점은 지금은 배포서술자도 수정할 수 있다는 것이다. JBoss가 web.xml 파일에 대한 변경사항을 탐지하면 전체 애플리케이션을 재배포한다. quote.jsp를 위한 또 다른 서블릿 매핑을 추가해보고 애플리케이션이 재배포되는지 확인해 보자.

> 확장된 상태로 애플리케이션이 배포되면 tmp 디렉터리에서 애플리케이션 복사본을 볼 수 없다. 그럴 필요가 없기 때문이다.

## 방금 뭘 했지?

앞에서 JBoss에서 확장 형식으로 애플리케이션을 배포하는 방법을 살펴봤다. 이는 WAR 파일에만 국한되지 않는다. 어떠한 J2EE 아카이브도 확장 형식으로 배포될 수 있다. EAR 파일 내의 WAR 파일과 같은 중첩 아카이브도 중첩된 디렉터리로 배포될 수 있다. JBoss는 애플리케이션을 언제 재배포할지 판단하기 위해 최상위의 J2EE 배포서술자(EAR 파일 예제의 경우 application.xml)를 모니터링한다.

## 2.6. 관리 콘솔에서 애플리케이션 살펴보기

지금까지 애플리케이션을 배포하고 실행해봤다. JBoss 콘솔에는 뭐가 보이는지 살펴보자.

지금은 콘솔을 간단하게 살펴보고 나중에 좀 더 자세히 다루겠다.

> JBOSS에서는 중첩 아카이브를 러시아 인형* 패키징이라고 한다. JBOSS는 임의의 중첩 아카이브를 지원한다. 즉, 어떤 패키지 타입도 다른 패키지에 포함될 수 있다. 예를 들면 EAR 파일 안에 다른 EAR 파일도 포함할 수도 있다.
>
> *속이 비어 있어 그 안에 같은 모양의 인형이 여러 개 차곡차곡 들어 있음

## 어떻게 해야 할까?

JBoss 콘솔에서 애플리케이션을 보기 위해 웹 브라우저를 열고 http://localhost:8080/admin-console/로 이동한다. 사용자로는 admin을, 비밀번호로는 admin을 입력한다. 왼쪽 프레임에서 quote.war의 //localhost/quote를 클릭하고 오른쪽 프레임에서 Metrics 탭을 누르면 그림 2-5와 같은 화면이 나타난다.

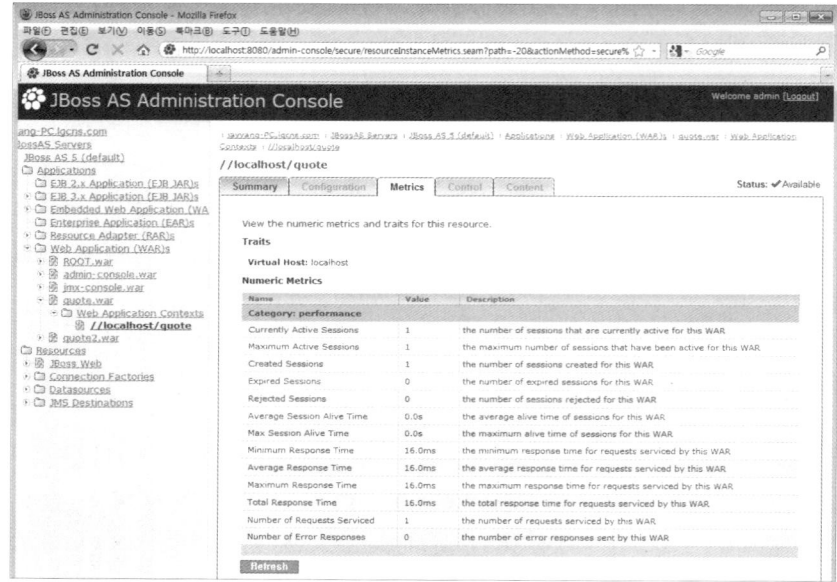

그림 2-5 | 애플리케이션 통계

웹 브라우저를 닫지 않았다면 http://localhost:8080/quote/quote로 애플리케이션을 몇 번 다시 불러오고 Admin Console의 Metrics 탭 하단에 있는 Refresh 버튼을 누르면 통계 정보가 바뀌는 것을 확인할 수 있다.

## 방금 뭘 했지?

JBoss Admin Console과 서버상에 배포된 애플리케이션을 살펴봤다. 애플리케이션을 다시 실행할 때 Admin Console이 변경된 상태를 보여주는 것을 확인했다. 나중에 다른 콘솔에 대해서도 많은 시간을 할애할 것이다. 그러나 지금은 간단하게 살펴보고 그 가능성을 확인했다.

## 2.7. 애플리케이션 제거

세상의 모든 좋은 것들이 그러하듯 지금까지 주목받은 우리의 애플리케이션도 그 생을 마감할 때가 왔다. 애플리케이션은 즐거움과 정보 제공이라는 소기의 목적을 달성했고 이제 배포 취소할 준비가 됐다. JBoss에서는 이를 어떻게 하는지 살펴보자.

### 어떻게 해야 할까?

deploy 디렉터리에 애플리케이션을 넣기만 해도 배포되므로 deploy 디렉터리에서 그것을 삭제하기만 하면 애플리케이션이 제거되리라고 논리적으로 유추할 수 있을 텐데 실제로도 그렇다. quote.war 파일을 삭제하면 JBoss는 이 변화를 알아채서 실행 중인 애플리케이션을 제거한다. 로그에는 다음과 같은 내용이 나타난다.

```
14:09:18,118 INFO  [TomcatDeployment] undeploy, ctxPath=/quote
```

애플리케이션 제거를 위해 예제 Ant 빌드 파일에서는 undeploy 타깃을 제공한다. 보다시피 빌드 파일은 단지 deploy 디렉터리에서 파일을 삭제할 뿐이다.

```
\quote> ant undeploy
Buildfile: C:\quote\build.xml

undeploy:
     [echo] In undeploy

BUILD SUCCESSFUL
Total time: 0 seconds
```

이게 전부다. 우리의 애플리케이션은 사라졌다. 이것은 매우 단순한 웹 애플리케이션이었지만 다음 장에서는 좀 더 완전한 J2EE 애플리케이션을 만들어보겠다.

# 03
# 완전한 애플리케이션 만들기

단순한 웹 애플리케이션에서 이제는 웹과 EJB 컴포넌트를 포함하는 완전한 J2EE 애플리케이션으로 크게 한걸음 내디딜 것이다. J2EE 애플리케이션을 구동하려면 복잡하고 많은 설정을 해야 한다고 알려져 있다. 이 말이 완전히 틀리진 않다. 그러나 J2EE에서도 여러 복잡한 부분을 쉽게 처리하는 것이 가능하다.

이를 위해 여기서는 두 가지 도구를 사용하겠다. 첫 번째는 XDoclet이다. XDoclet은 코드 자동 생성 도구로서 개발자가 EJB를 위한 수많은 관련 클래스 개발에 신경 쓰는 대신 단순히 빈 클래스(bean class)[1]만으로 작업할 수 있게 해준다. 이 모델은 EJB3에서 도입된 단순화된 EJB 개발 모델과 비슷하다. 단, 메타데이터가 자바 언어 차원에서 어노테이션(annotation)[2]으로 작성되는 것이 아니라 자바 언어의 주석에 작성된다는 점이 다르다. 또한 XDoclet은 J2EE와 각 애플리케이션 서버에 특화된 배포서술자 생성도 제어한다.

두 번째 도구는 JBoss 자체다. JBoss는 극히 개발자 친화적이어서 데이터베이스 연결이나 보안, 기타 애플리케이션 개발을 더디게 하는 상세한 설정에 신경 쓰지 않고도 애플리케이션을 신속히 배포할 수 있다. 이렇게 애플리케이션을 빠르게 개발해서 배포해 보는 것이 지금 우리가 하려는 접근방법이다. 개발에 방해되는 요소들을 영원히 무시하지는 않을 테지만, 지금 우리는 이를 지나치고 대신 JBoss가 그 공백을 채우게 할 것이다.

> 일단 J2EE 애플리케이션에 집중한다. 그러나 JBOSS가 단지 J2EE 서버라고만 생각해서는 안 된다. JBOSS는 AOP, 하이버네이트 및 MBeans 등 훨씬 많은 것들을 지원한다.

---
1 데이터를 표현하는 것을 목적으로 하는 자바 클래스
2 자바 5에서 처음 도입된 것으로 @으로 시작하는 구문

여기서는 웹 기반의 할일(ToDo) 목록 관리자 애플리케이션을 만들어보겠다. 사용자는 애플리케이션에 로그인해서 작업 중인 개인 할일 목록을 관리한다. 웹 애플리케이션은 백엔드의 Enterprise JavaBeans를 호출하는 JavaServer Faces[3] 애플리케이션이다. 구조적으로는 매우 단순해 보여도 실제로 이보다 복잡한 구조의 J2EE 애플리케이션은 그리 흔치 않다.

애플리케이션 소스 코드는 예제 코드의 todo 디렉터리에 있다. 코드에 대해서는 집중적으로 설명하지 않을 것이므로 예제를 살펴볼 때 애플리케이션 코드를 함께 참조하기 바란다. 주로 JBoss에서 애플리케이션을 실행하기 위해 수행해야 하는 일에 집중할 것이므로 애플리케이션 코드는 그다지 관심을 신경 쓰지 않아도 된다. 이번 예제를 살펴보면서 예전에 개발했던 임의의 J2EE 애플리케이션을 상상해 볼 수도 있겠다. 이것으로 이야기는 충분하다. 이제 애플리케이션을 동작시켜보자.[4]

## 3.1. EJB 티어 만들기

ToDo 애플리케이션은 다른 J2EE 애플리케이션과 같다. EJB가 포함된 EJB JAR 파일과 웹 애플리케이션 코드로 구성된 WAR 파일로 구성되는데, 이 둘은 모두 엔터프라이즈 애플리케이션을 구성하는 EAR 파일에 담긴다. 웹 티어(Tier)는 EJB 티어에 의존적이므로 EJB 티어부터 살펴보자.

### 어떻게 해야 할까?

EJB 티어는 두 개의 로컬 CMP 엔티티 빈인 TaskBean 및 CommentBean과 로컬 세션 빈인 TaskMasterBean으로 구성된다. src/com/oreilly/jbossnotebook/todo/ejb 디렉터리에서 모든 빈에 대한 소스 코드를 찾을 수 있다.

일반적으로 작성해야 하는 십여 개의 소스 파일 대신 세 개의 엔터프라이즈 빈을 위한 오직 세 개의 소스 파일만 있다는 데 주목하자. XDoclet이 개발자를 대

---

3   UI 개발을 쉽게 하기 위한 컴포넌트 기반의 웹 애플리케이션 프레임워크
4   여기서도 ant를 사용하는데, todo 폴더에서 ant를 실행하면 todo 폴더 아래에 build, dd, gensrc라는 세 폴더가 생성된다. build/jars에는 배포 가능한 todo.ear 파일이 만들어진다. JBoss에 배포할 때는 이 파일을 JBoss의 deploy 폴더에 복사해 넣으면 된다.

신해서 수많은 지원 클래스들을 생성해줄 뿐 아니라 그 외의 필요한 모든 J2EE 인터페이스를 생성해준다.

>  **팁**
>
> XDoclet은 단지 EJB 애플리케이션만을 개발하기 위한 도구가 아니다. JBoss 서버 자체를 개발하는 데도 사용된다. JBoss의 소스 코드 곳곳에서 XDoclet 속성을 찾아볼 수 있다.

build.xml 파일은 ejbdoclet 타깃을 포함하는데, 이는 XDoclet이 제공하는 ejbdoclet 태스크를 호출한다. 이렇게 EJB 코드를 생성하는 명령은 컴파일 명령어 바로 앞에 위치해야 한다.

```xml
<target name="ejbdoclet" depends="init" unless="skip.xdoclet">
  <mkdir dir="dd/ejb" />

  <ejbdoclet destdir="${gen.src.dir}" ejbSpec="2.1">
    <fileset dir="${src.dir}">
      <include name="**/*Bean.java"/>
    </fileset>

    <deploymentdescriptor destdir="dd/ejb"/>

    <homeinterface/>
    <remoteinterface/>
    <localinterface/>
    <localhomeinterface/>

    <utilobject includeGUID="true" cacheHomes="true" />
    <valueobject pattern="{0}"/>
    <entitycmp/>
    <session/>

  </ejbdoclet>
</target>
```

build.xml 파일에서 XDoclet 태스크를 불러오는 데 필요한 taskdef 오퍼레이션을 살펴보자.

EJB 표준 자체가 이렇게 많은 클래스를 생성할 필요가 없다면 좋을 것이다. 하지만 XDoclet을 사용하면 EJB 표준이 요구하는 클래스들을 생성하기가 그리 어렵지 않다.

ejbdoclet 태스크 내의 각 서브 태스크는 XDoclet이 제공하는 코드 생성 태스크를 나타낸다. 우리는 이를 통해 9가지 유형의 클래스를 생성할 것이다.

XDoclet이 무엇을 수행하는지 엔티티빈 중 하나를 살펴보자. 모든 메타데이터와 빈에 대한 설정은 javadoc 주석[5] 내의 특별한 태그를 사용해 이뤄진다(예제 3-1).

#### 예제 3-1. TaskBean 엔티티 빈

```
package com.oreilly.jbossnotebook.todo.ejb;

import java.util.Date;
import java.util.Set;

import javax.ejb.CreateException;
import javax.ejb.EntityBean;

import org.apache.log4j.Logger;

/**
 * Entity bean representing a blog entry.
 *
 * @ejb.bean name="Task"
 *           type="CMP"
 *           cmp-version="2.x"
 *           view-type="local"
 *           primkey-field="id"
 *           reentrant="false"
 *
 * @ejb.finder signature="java.util.Collection findAll()"
 *             query="SELECT OBJECT(t) FROM Task AS t"
 *
 * @ejb.finder signature="java.util.Collection findTasksForUser(java.lang.String user)"
 *             query="SELECT OBJECT(t) FROM Task AS t WHERE t.user = ?1"
 *
 * @ejb.value-object name="Task"
 *
 * @ejb.permission unchecked="true"
 *
 * @xx-ejb.permission role-name="User"
```

*[여백 메모: XDoclet 속성은 EJB3에서 사용되는 어노테이션 모델과 매우 유사하다.]*

---

[5] Javadoc 주석은 자바 코드로부터 author, version 등의 정보를 추출하는 데 사용하는 표준으로 일반 자바 주석이 /*으로 시작하는 것과 달리 /**으로 시작해야 한다.

```
   */

public abstract class TaskBean
    implements EntityBean
{
    Logger logger = Logger.getLogger(TaskBean.class);

    /** @ejb.create-method */
    public String ejbCreate(String user, String name)
        throws CreateException
    {
...
    }

    public void ejbPostCreate(String name, String user)
        throws CreateException
    {
    }


    /**
     * @ejb.pk-field
     * @ejb.persistence
     * @ejb.interface-method
     */
    public abstract String getId();
    public abstract void setId(String id);

    /**
     * @ejb.persistence
     * @ejb.interface-method
     */
    public abstract String getName();
    /** @ejb.interface-method */
    public abstract void setName(String name);

    /**
     * @ejb.persistence
     * @ejb.interface-method
     */
    public abstract String getUser();
```

```java
                /** @ejb.interface-method */
                public abstract void setUser(String topic);

                /**
                 * @ejb.persistence
                 * @ejb.interface-method
                 */
                public abstract Date getStartedDate();
                /** @ejb.interface-method */
                public abstract void setStartedDate(Date date);


                /**
                 * @ejb.persistence
                 * @ejb.interface-method
                 */
                public abstract Date getCompletedDate();
                /** @ejb.interface-method */
                public abstract void setCompletedDate(Date date);


                /**
                 * @ejb.interface-method
                 *
                 * @ejb.relation name="task-comment"
                 *               role-name="task-has-comments"
                 * @ejb.value-object
                                    aggregate="com.oreilly.jbossnotebook.todo.ejb.Comment"
                 *                  aggregate-name="Comment"
                 *                  members="com.oreilly.jbossnotebook.todo.ejb.CommentLocal"
                 *                  members-name="Comments"
                 *                  relation="external"
                 *                  type="java.util.Set"
                 *
                 */
                public abstract Set getComments();

                /** @ejb.interface-method */
                public abstract void setComments(Set comments);
```

> 배포서술자를 신경 쓰지 않아도 된다면 container-managed persistence가 훨씬 간편하다.

```
    /** @ejb.interface-method */
    public abstract Task getTask();
    /** @ejb.interface-method */
    public abstract void setTask(Task task);
}
```

빈과 관련 있는 모든 내용은 해당 빈 클래스에서 선언된다. @ejb.create-method와 @ejb.finder 속성은 XDoclet에게 로컬 홈 인터페이스를 어떻게 생성해야 할지 알려준다. 예제 3-2는 XDoclet에 의해 자동 생성된 인터페이스를 보여준다.

#### 예제 3-2. 자동 생성된 로컬 홈 인터페이스

```
package com.oreilly.jbossnotebook.todo.ejb;

/**
 * Local home interface for Task.
 */
public interface TaskLocalHome
    extends javax.ejb.EJBLocalHome
{
    public static final String COMP_NAME="java:comp/env/ejb/TaskLocal";
    public static final String JNDI_NAME="TaskLocal";

    public com.oreilly.jbossnotebook.todo.ejb.TaskLocal
        create(java.lang.String user , java.lang.String name)
        throws javax.ejb.CreateException;

    public java.util.Collection findAll(  )
        throws javax.ejb.FinderException;

    public java.util.Collection findTasksForUser(java.lang.String user)
        throws javax.ejb.FinderException;

    public com.oreilly.jbossnotebook.todo.ejb.TaskLocal
        findByPrimaryKey(java.lang.String pk)
        throws javax.ejb.FinderException;
}
```

> localhomeinterface 서브 태스크는 로컬 홈 인터페이스를 생성한다.

> localinterface 서브 태스크는 로컬 인터페이스를 생성한다.

로컬 인터페이스는 @ejb.interface-method로 표시된 메서드를 참조해서 자동 생성된다. 예제 3-3은 자동 생성된 로컬 인터페이스다.

#### 예제 3-3. 자동 생성된 로컬 인터페이스

```
package com.oreilly.jbossnotebook.todo.ejb;

/**
 * Local interface for Task.
 */
public interface TaskLocal
    extends javax.ejb.EJBLocalObject
{
    public java.lang.String getId( );
    public java.lang.String getName( );
    public void setName(java.lang.String name);
    public java.lang.String getUser( );
    public void setUser(java.lang.String topic);
    public java.util.Date getStartedDate( );
    public void setStartedDate(java.util.Date date);
    public java.util.Date getCompletedDate( );
    public void setCompletedDate(java.util.Date date);
    public java.util.Set getComments( );
    public void setComments(java.util.Set comments);
    public com.oreilly.jbossnotebook.todo.ejb.Task getTask( );
    public void setTask(com.oreilly.jbossnotebook.todo.ejb.Task task);
}
```

엔티티 빈이 웹 티어까지 전달되게 하려면 값 객체(value object)[6]를 통해 엔티티 값을 설정하고 가져올 수 있게 해야 한다. @ejb.value-object 속성은 어떤 필드와 어떤 관계가 값 객체로 표현돼야 할지를 결정한다. 예제 3-4는 자동 생성된 값 객체다.

#### 예제 3-4. 자동 생성된 값 객체

```
package com.oreilly.jbossnotebook.todo.ejb;
```

---

[6] 값 객체는 프레젠테이션, 비즈니스, 데이터의 각 레이어 사이에 데이터를 전달하는 데 사용된다. 값 객체에는 멤버 변수와 멤버 변수의 값을 설정하고 가져오기 위한 세터 및 게터 메서드만 존재한다.

```java
/**
 * Value object for Task.
 *
 */
public class Task
    extends java.lang.Object
    implements java.io.Serializable
{
    // [... 전용 인스턴스 변수들 ...]

    public Task( ) { }

    public Task(java.lang.String id,
                java.lang.String name,java.lang.String user,
                java.util.Date startedDate,
                java.util.Date completedDate)
    {... }

    public Task( Task otherValue ) { ... }

    public java.lang.String getPrimaryKey( ) { ... }
    public void setPrimaryKey( java.lang.String pk ) { ... }

    public java.lang.String getId( ) { ... }
    public void setId(java.lang.String id) { ... }
    public boolean idHasBeenSet( ) { ... }

    public java.lang.String getName( ) { ... }
    public void setName(java.lang.String name) { ... }
    public boolean nameHasBeenSet( ) { ... }

    public java.lang.String getUser( ) { ... }
    public void setUser(java.lang.String user) { ... }
    public boolean userHasBeenSet( ) { ... }

    public java.util.Date getStartedDate( ) { ... }
    public void setStartedDate(java.util.Date startedDate) { ... }
    public boolean startedDateHasBeenSet( ) { ... }

    public java.util.Date getCompletedDate( ) {... }
    public void setCompletedDate( java.util.Date completedDate ) {... }
    public boolean completedDateHasBeenSet( ) {... }
```

> 값 객체에 있는 멤버 변수 값이 이미 설정된 상태인지 확인하는 메서드나 기본키와 같은 엔티티 간의 관계와 관련된 메서드는 매우 복잡해 보인다. 우리가 직접 이러한 메서드를 작성할 필요가 없다니 기쁘지 않은가?

```
    public java.util.Set getAddedComments( ) { return addedComments; }
    public java.util.Set getOnceAddedComments( ) { return onceAddedComments; }
    public java.util.Set getRemovedComments( ) { return removedComments; }
    public java.util.Set getUpdatedComments( ) { return updatedComments; }
    public void setAddedComments(java.util.Set addedComments) { ... }
    public void setOnceAddedComments(java.util.Set onceAddedComments) { ... }
    public void setRemovedComments(java.util.Set removedComments) { ... }
    public void setUpdatedComments(java.util.Set updatedComments) { ... }

    public com.oreilly.jbossnotebook.todo.ejb.Comment[ ] getComments( ) {
... }
    public void setComments(com.oreilly.jbossnotebook.todo.ejb.Comment[ ]
Comments) { ... }
    public void clearComments( ) { ... }

    public void addComment(com.oreilly.jbossnotebook.todo.ejb.Comment added)
{ ... }
    public void removeComment(com.oreilly.jbossnotebook.todo.ejb.Comment
removed) { ... }
    public void updateComment(com.oreilly.jbossnotebook.todo.ejb.Comment
updated) { ... }
    public void cleanComment( ) { ... }
    public void copyCommentsFrom(com.oreilly.jbossnotebook.todo.ejb.Task
from) { ... }
    public String toString( ) { ... }
    protected boolean hasIdentity( ) { ... }
    public boolean equals(Object other) { ... }
    public boolean isIdentical(Object other) { ... }
    public int hashCode( ) { ... }
}
```

> toString(), equals(), hashcode()와 같은 메서드는 엔티티 빈이 변경되면 동기화하기가 매우 번거롭다. XDoclet은 이러한 메서드가 항상 일치되게끔 보장해준다.

값 객체의 인스턴스가 생성되는 곳은 어디인가? XDoclet은 엔티티 빈의 라이프사이클 메서드 생성 외에도 값 객체를 관리하는 메서드를 제공하는 CMP 하위 클래스도 함께 생성해 줄 수 있다. 값 객체 관리는 복잡한 작업이므로 이러한 CMP 하위 클래스 생성 태스크는 중요한 XDoclet 태스크 중 하나다.

예제 3-5는 자동 생성된 CMP의 하위 클래스다.

### 예제 3-5. 자동 생성된 CMP의 하위 클래스

```java
package com.oreilly.jbossnotebook.todo.ejb;

/**
 * CMP layer for Task.
 */
public abstract class TaskCMP
    extends com.oreilly.jbossnotebook.todo.ejb.TaskBean
    implements javax.ejb.EntityBean
{

    public void ejbLoad(   ) { }
    public void ejbStore(   ) { }
    public void ejbActivate(   ) { }
    public void ejbPassivate(   ) {... }
    public void setEntityContext(javax.ejb.EntityContext ctx) { }
    public void unsetEntityContext(   ) { }
    public void ejbRemove(   )
        throws javax.ejb.RemoveException
    {   }

    /* Value Objects BEGIN */

    public void addComments(com.oreilly.jbossnotebook.todo.ejb.Comment added)
        throws javax.ejb.FinderException
    {... }

    public void removeComments(com.oreilly.jbossnotebook.todo.ejb.Comment removed)
        throws javax.ejb.RemoveException
    {... }

    private com.oreilly.jbossnotebook.todo.ejb.Task Task = null;

    public com.oreilly.jbossnotebook.todo.ejb.Task getTask(   )
    {... }
    public void setTask(com.oreilly.jbossnotebook.todo.ejb.Task valueHolder)
    {... }

    /* Value Objects END */

    public abstract java.lang.String getId(   ) ;
```

> entitycmp 태스크는 CMP의 하위 클래스를 생성한다. 값 객체를 생성하고 소비하는 실제 작업은 getTask()와 setTask()가 수행한다.

```
        public abstract void setId( java.lang.String id ) ;
        public abstract java.lang.String getName( ) ;
        public abstract void setName( java.lang.String name ) ;
        public abstract java.lang.String getUser( ) ;
        public abstract void setUser( java.lang.String user ) ;
        public abstract java.util.Date getStartedDate( ) ;
        public abstract void setStartedDate( java.util.Date startedDate ) ;
        public abstract java.util.Date getCompletedDate( ) ;
        public abstract void setCompletedDate( java.util.Date completedDate ) ;
    }
```

> utilobject 서브 태스크는 EJB 유틸리티 클래스를 생성한다.

마지막으로 XDoclet은 JNDI로부터 로컬 홈 인터페이스를 찾거나 DB에서 대체 키로 사용할 수 있는 UUID를 생성하는 등의 유용한 메서드를 제공하는 유틸리티 클래스도 생성한다. 예제 3-6은 긴 UUID 코드가 생략된 TaskUtil 클래스다.

#### 예제 3-6. 자동 생성된 EJB 유틸리티 클래스

```
package com.oreilly.jbossnotebook.todo.ejb;

/**
 * Utility class for Task.
 */
public class TaskUtil
{
```

> 빈은 JNDI명을 이용해서 생성된 로컬 홈 객체에 접근할 수 있다.

```
   /** Cached local home (EJBLocalHome). Uses lazy loading to obtain
    * its value (loaded by getLocalHome( ) methods).
    */
   private static com.oreilly.jbossnotebook.todo.ejb.TaskLocalHome
               cachedLocalHome = null;

   private static Object lookupHome(java.util.Hashtable environment,
                                    String jndiName, Class narrowTo)
      throws javax.naming.NamingException
   {... }

   // UUID 코드 삭제
}
```

지금까지는 TaskBean에 대한 코드만 살펴봤지만 이와 유사한 코드가 CommentBean과 TaskMasterBean에 대해서도 생성된다. wc 명령어로 살펴보면 14개 파일에 걸쳐 1,403 줄의 코드가 자동으로 생성됐음을 확인할 수 있다.

```
[ejb]$ wc -l *
    202 Comment.java
     96 CommentCMP.java
     31 CommentLocal.java
     24 CommentLocalHome.java
    116 CommentUtil.java
    387 Task.java
    169 TaskCMP.java
     39 TaskLocal.java
     27 TaskLocalHome.java
     25 TaskMasterLocal.java
     18 TaskMasterLocalHome.java
     37 TaskMasterSession.java
    116 TaskMasterUtil.java
    116 TaskUtil.java
   1403 total
```

*위에서 자동 생성된 코드들을 살펴보면 코드의 양이 많을 뿐 아니라 내용이 매우 반복적이라는 사실을 알 수 있다. 이런 대량의 반복적인 특성은 코드 생성 자동화의 대상으로 적합하다.*

XDoclet을 위한 작업이 하나 더 남았다. 바로 ejb-jar.xml을 생성하는 태스크다. 이 배포서술자는 J2EE 표준이므로 여기서 살펴보지는 않겠다. 다만 XDoclet이 모든 영속 필드와 관계, 쿼리 그리고 보안과 트랜잭션 선언 등을 위한 정보를 자동 생성한다는 점만 명심하기 바란다. 클래스에 상세 사항을 기술하지 않을 경우 XDoclet은 합리적인 기본값을 가정한 상태에서 소스 코드를 생성한다.

*JBOSS에 특화된 배포서술자도 생성할 수 있는데 여기서는 애플리케이션 실행을 위해 JBOSS에 특화된 어떠한 설정도 필요하지 않다.*

EJB 티어 전체가 완료됐으므로 컴파일하고 배포서술자에 따라 EJB JAR 파일에 이를 넣는다.

```
\ejb> jar tf build/jars/todo.jar
    META-INF/
    META-INF/MANIFEST.MF
    META-INF/ejb-jar.xml
    com/
    com/oreilly/
    com/oreilly/jbossnotebook/
    com/oreilly/jbossnotebook/todo/
    com/oreilly/jbossnotebook/todo/ejb/
    com/oreilly/jbossnotebook/todo/ejb/Comment.class
    com/oreilly/jbossnotebook/todo/ejb/CommentBean.class
    com/oreilly/jbossnotebook/todo/ejb/CommentCMP.class
    com/oreilly/jbossnotebook/todo/ejb/CommentLocal.class
```

```
com/oreilly/jbossnotebook/todo/ejb/CommentLocalHome.class
com/oreilly/jbossnotebook/todo/ejb/CommentUtil.class
com/oreilly/jbossnotebook/todo/ejb/Task.class
com/oreilly/jbossnotebook/todo/ejb/TaskBean.class
com/oreilly/jbossnotebook/todo/ejb/TaskCMP.class
com/oreilly/jbossnotebook/todo/ejb/TaskLocal.class
com/oreilly/jbossnotebook/todo/ejb/TaskLocalHome.class
com/oreilly/jbossnotebook/todo/ejb/TaskMasterBean.class
com/oreilly/jbossnotebook/todo/ejb/TaskMasterLocal.class
com/oreilly/jbossnotebook/todo/ejb/TaskMasterLocalHome.class
com/oreilly/jbossnotebook/todo/ejb/TaskMasterSession.class
com/oreilly/jbossnotebook/todo/ejb/TaskMasterUtil.class
com/oreilly/jbossnotebook/todo/ejb/TaskUtil.class
```

## 방금 뭘 했지?

코드가 300 줄이 약간 넘는 완전한 EJB 애플리케이션이 만들어졌다.

> 작성한 대부분의 코드는 단지 메타데이터에 불과하다.

```
[ejb]$ wc -l *
    87 CommentBean.java
   117 TaskBean.java
   129 TaskMasterBean.java
   333 total
```

XDoclet과 같은 도구를 사용하지 않았다면 이 EJB 애플리케이션을 개발하기가 얼마나 어려웠을지 쉽게 상상할 수 있다. EJB 애플리케이션을 작성할 때 코드를 직접 작성하지 말고 반드시 자동으로 생성하기만 해야 한다고 주장하지는 않겠지만 최소한 복잡한 일을 대신해 줄 수 있는 XDoclet 같은 도구를 사용하는 것은 생산성 측면에서 바람직한 일이다.

## 이런 경우에는...

### JBoss 전용 배포서술자는?

XDoclet는 JBoss 전용 배포서술자 생성도 지원한다. 하지만 지금까지 개발한 애플리케이션에는 JBoss에 특화된 구성이 필요하지 않았다. JBoss의 기본값들이 일반적인 개발 환경과 잘 부합하기 때문이다. 이후의 장에서는 JBoss 커스터마이징에 관련한 내용도 많이 다루겠다.

## 3.2. 웹 티어를 만들기 위한 XDoclet 사용

애플리케이션의 웹 티어는 EJB 티어 위에 만든다. 또한 ToDo 아이템을 관리하기 위한 간단한 웹 인터페이스를 사용자에게 제공한다. 애플리케이션은 컨트롤러로써 JavaServer Faces를 사용한다.

웹 애플리케이션은 백엔드 EJB에 대한 인터페이스를 제공하기 위해 간단한 지원 빈과 뷰를 구성하는 JSP 페이지를 제공한다. JSP는 매우 표준적이므로 상세하게 살펴보진 않겠다. 대신 어떻게 웹 티어를 만들고 배포하는지 살펴보겠다.

*deployment-descriptor 서브 태스크는 web.xml 파일을 생성한다.*

### 어떻게 해야 할까?

이번에도 XDoclet은 애플리케이션을 가능한 한 빨리 개발하고 실행하는 데 도움될 것이다. 웹 티어에서는 XDoclet이 EJB 티어에서만큼 크게 도움되진 않지만 훌륭한 배포서술자를 생성하는 데는 도움될 것이다. webdoclet 태스크가 이를 위해 XDoclet을 호출한다.

```xml
<target name="webdoclet" depends="init">
    <mkdir dir="dd/web" />
    <webdoclet destdir="${gen.src.dir}" mergedir="${merge.dir}">
        <fileset dir="${src.dir}">
            <include name="**/*Servlet.java"/>
            <include name="**/*Filter.java"/>
        </fileset>

        <deploymentdescriptor servletspec="2.4"
                              destdir="dd/web"
                              distributable="false"/>
    </webdoclet>
</target>
```

ToDo 애플리케이션에서 개별 설정 항목을 나누려면 XDoclet의 병합 파일(merge file)을 사용한다. 병합 파일은 작은 코드나 배포서술자 조각으로서 자동 생성되는 문서 내에 삽입될 수 있다. 병합 파일은 merge 디렉터리에서 불러온다.

*병합 파일을 메타데이터로 생각하라. 이것은 어떤 특별한 자바 클래스와 관련이 있는 것이 아니다.*

servlet.xml 파일은 JSF 컨트롤러 서블릿을 위한 서블릿 정의를 제공한다:

```xml
<servlet>
    <servlet-name>Faces Servlet</servlet-name>
    <servlet-class>javax.faces.webapp.FacesServlet</servlet-class>
    <load-on-startup>1</load-on-startup>
</servlet>
```

servlet-mapping.xml 파일은 모든 .faces 리소스를 faces 서블릿에 매핑한다.

```xml
<servlet-mapping>
    <servlet-name>Faces Servlet</servlet-name>
    <url-pattern>*.faces</url-pattern>
</servlet-mapping>
```

web-security.xml 파일은 애플리케이션에 접근할 때 로그인을 요구하고 애플리케이션에 접근하기 위한 User 권한을 애플리케이션에 할당되도록 선언한다.

```xml
<security-constraint>
    <web-resource-collection>
        <web-resource-name>AllFiles</web-resource-name>
        <url-pattern>/*</url-pattern>
        <http-method>GET</http-method>
        <http-method>POST</http-method>
    </web-resource-collection>
    <auth-constraint>
        <role-name>User</role-name>
    </auth-constraint>
</security-constraint>

<login-config>
    <auth-method>BASIC</auth-method>
    <realm-name>ToDo Application</realm-name>
</login-config>
```

> JBoss에서는 Security 역할을 선언하지 않아도 되지만 다른 웹 애플리케이션 서버에서 실행할 수 있게 선언하는 것이 좋다.

web-sec-roles.xml 파일에서는 User라는 역할을 선언한다.

```xml
<security-role>
    <role-name>User</role-name>
</security-role>
```

그리고 마지막으로 web-ejbrefs-local.xml 파일에서는 TaskMaster 세션 빈에 대한 링크를 제공한다. 지원 빈은 세션 빈 facade를 통해 EJB 티어와 통신한다.

```
<ejb-local-ref>
    <ejb-ref-name>ejb/TaskMasterLocal</ejb-ref-name>
    <ejb-ref-type>Session</ejb-ref-type>
    <local-home></local-home>
    <local></local>
    <ejb-link>TaskMaster</ejb-link>
</ejb-local-ref>
```

지원 빈 코드는 src/com/oreilly/jbossnotebook/servlet 디렉터리에 있고, JSP는 web 디렉터리에 있다. web 디렉터리에는 애플리케이션에 필요한 약간의 추가적인 설정 파일이 담긴다. 가장 중요한 파일은 faces-config.xml로서, 이 파일은 애플리케이션 컨트롤러의 동작을 결정하기 위해 JavaServer Faces가 사용한다. 애플리케이션을 빌드하면 웹 애플리케이션은 todo.war로 만들어진다.

```
\todo> jar tf build/jars/todo.war
    META-INF/
    META-INF/MANIFEST.MF
    WEB-INF/
    WEB-INF/lib/
    WEB-INF/classes/
    WEB-INF/classes/com/
    WEB-INF/classes/com/oreilly/
    WEB-INF/classes/com/oreilly/jbossnotebook/
    WEB-INF/classes/com/oreilly/jbossnotebook/todo/
    WEB-INF/classes/com/oreilly/jbossnotebook/todo/servlet/
    WEB-INF/classes/com/oreilly/jbossnotebook/todo/servlet/CreateTaskBean.class
    WEB-INF/classes/com/oreilly/jbossnotebook/todo/servlet/DebugBean.class
    WEB-INF/classes/com/oreilly/jbossnotebook/todo/servlet/TaskBean.class
    WEB-INF/classes/com/oreilly/jbossnotebook/todo/servlet/UserBean.class
    WEB-INF/classes/com/oreilly/jbossnotebook/todo/messages.properties
    WEB-INF/classes/roles.properties
    WEB-INF/classes/users.properties
    WEB-INF/faces-config.xml
    WEB-INF/web.xml
    debug.jsp
    front.jsp
    list.jsp
    style.css
    task.jsp
```

이것으로 완전한 웹 애플리케이션이 완성됐다.

## 방금 뭘 했지?

우선 어떤 일이 일어났는지 확인하는 것부터 시작하자. EJB 티어 코드의 어떤 내용도 WAR 파일에 포함되지 않았고, 웹 애플리케이션 내에 EJB 인터페이스나 값 객체도 포함되지 않았다. JBoss 클래스로더는 빈을 포함하는 EJB JAR 파일에 대한 정보를 웹 애플리케이션이 쉽게 파악할 수 있게 제공한다. JBoss 덕분에 쉽게 패키징이 완료됐다. 또한 JBoss에 특화된 배포서술자도 없다. 역시 JBoss 기본값은 애플리케이션 개발에 매우 합리적이다.

## 3.3. 사용자 정의하기

JBoss가 대부분의 경우 유용한 기본값을 제공한다는 규칙은 보안에 관해서만 예외다. JBoss는 특정 애플리케이션에 접근하는 데 필요한 사용자명과 비밀번호를 어떻게 체크해야 할지 알고 있어야 한다. 언뜻 보기에는 JBoss가 사용자명과 비밀번호를 저장하는 전역 저장소를 제공해 줄 것으로 기대할지도 모르겠다. 보안에 필요한 것이 사용자명과 비밀번호뿐이라도 제대로 동작은 하겠지만 J2EE 애플리케이션은 역할 기반의 인증 개념을 가지고 있다. 사용자명은 유효해야 할 뿐 아니라 배포서술자에 정의된 특별한 역할을 할당받아야 한다. 하지만 사용자를 임의 역할에 일방적으로 매핑할 수 있는 일반적인 기준은 없다. 그래서 애플리케이션에서 역할 매핑 정보를 제공해야 한다.

## 어떻게 해야 할까?

역할의 이름은 오직 애플리케이션에서만 의미가 있다. JBoss에는 사용자 역할, 관리자 역할 등의 특별한 전역적인 역할이라는 개념이 없다.

JBoss의 기본 보안 도메인은 애플리케이션 내의 프로퍼티 파일에서 사용자 정보를 찾는다. 첫 번째 속성 파일은 users.properties로서 이 파일에서는 사용자명과 비밀번호를 제공한다.

이 파일은 web/WEB-INF/classes/ 디렉터리에서 찾을 수 있다.

```
pinky=duh
brain=conquest
```

프로퍼티 이름(등호 기호를 기준으로 왼쪽)은 사용자명이고 프로퍼티 값은 비밀번호다. 사용자를 파일에 추가해 보자.

다른 중요한 파일은 roles.properties다. 이 파일에서는 사용자와 역할을 매핑한다. 애플리케이션에서는 User라는 역할을 요구하도록 web-security.xml 병합 파일에 선언한 바 있다. 여기서는 애플리케이션 사용자가 해당 역할을 가지고 있게 하자.

```
pinky=User
brain=User
```

프로퍼티 이름은 사용자명이고 프로퍼티 값은 해당 사용자에게 할당된 역할이다. ToDo 애플리케이션에서는 오직 하나의 역할만 사용한다. 그러나 역할이 하나 이상이라면 그것들을 톤마로 구분하면 된다.

```
brain=User,Admin
```

roles.properties 파일에 적절한 줄을 추가해서 새로운 사용자를 User 역할에 할당할 수 있다.

*애플리케이션 보안에 관해서는 5장에서 자세히 살펴보겠다.*

## 방금 뭘 했지?

방금 기본적인 프로퍼티 파일 기반의 인증 메커니즘을 사용해서 ToDo 애플리케이션에 사용자를 추가했다. JBoss가 애플리케이션에 보안을 적용하는 자유로운 구성 방법을 제공하지는 않지만 기본 메커니즘을 이용하면 JBoss를 아무것도 변경하지 않아도 된다.

## 3.4. 애플리케이션 배포

애플리케이션의 웹 부분과 EJB 부분이 모두 준비됐다. 이제 생성된 WAR와 EJB JAR 파일을 직접 JBoss에 배포하는 것이 가능하다. 그러나 애플리케이션의 두 부분을 함께 연결하려면 별도의 단계가 더 필요하다. 즉, 배포를 위해 하나의 EAR 파일로 애플리케이션을 합칠 것이다. 이는 애플리케이션을 통합해서 관리하기 위한 더욱 나은 설계일뿐더러 배포하기도 훨씬 쉽다.

## 어떻게 해야 할까?

애플리케이션을 빌드하면 todo.ear 파일이 build/jars 디렉터리에 생성된다. EAR 파일은 todo.jar와 todo.war 아카이브를 더 큰 패키지 하나로 묶는다. 구조는 단순하다.

```
\todo> jar tf build/jars/todo.ear
    META-INF/
    META-INF/application.xml
    todo.jar
    todo.war
```

J2EE 배포서술자 파일인 application.xml 파일만 만들면 적용에 필요한 모든 파일이 갖춰진다. application.xml은 XDoclet이 자동으로 생성해 주지는 않지만 직접 만들어도 될 정도로 간단하다.

```xml
<application xmlns="http://java.sun.com/xml/ns/j2ee" version="1.4"
    xmlns:xsi="http://www.w3.org/2001/XMLSchema-instance"
    xsi:schemaLocation="http://java.sun.com/xml/ns/j2ee
            http://java.sun.com/xml/ns/j2ee/application_1_4.xsd">
    <display-name>JBoss Notebook ToDo Application</display-name>
    <description>JBoss Notebook ToDo Application</description>
    <module>
        <ejb>todo.jar</ejb>
    </module>
    <module>
        <web>
            <web-uri>todo.war</web-uri>
            <context-root>todo</context-root>
        </web>
    </module>
</application>
```

> <context-root>에 별도의 설정이 없으면 JBoss는 컨텍스트 루트 디렉터리로 WAR 파일의 기본 이름(base name)을 사용한다.

배포서술자에는 아카이브를 나열하고, WAR 파일의 경우 JBoss에 애플리케이션이 서비스할 URL 스페이스가 무엇인지 알려줘서 애플리케이션 컨텍스트 루트 디렉터리로 추가된다. <context-root>는 todo로 설정하는데, 이곳에 JBoss가 todo.war 파일을 별도로 배포할 것이다.

애플리케이션을 배포하려면 EAR 파일을 JBoss의 deploy 디렉터리로 확장하는 작업이 필요하다. 이 작업을 수행하려면 Ant 빌드 파일의 jboss.dir 속성을 JBoss 설치 디렉터리 위치로 지정해야 한다.

```
<property name="jboss.dir" location="C:/book/jboss-5.1.0.GA" />
```

ant 명령어를 통해 deploy 타깃을 실행하면 EAR 파일은 default 구성의 deploy 디렉터리로 확장된다.

```
\todo> ant deploy
Buildfile: C:\todo\build.xml

deploy:
     [copy] Copying 1 file to C:\book\jboss-5.1.0.GA\server\default\deploy

BUILD SUCCESSFUL
Total time: 0 seconds
```

이때 콘솔 창에서 배포 결과를 확인할 수 있다.

> JBoss에서 배포는 단지 단순한 복사라는 사실을 기억하자.

```
19:59:40,911 INFO  [Ejb3DeperdenciesDeployer] Encountered deployment Abst
ractVFSDeploymentContext@316€4259{vfszip:/C:/book/jboss-5.1.0.GA/server/
default/deploy/todo.ear/todo.jar/}
19:59:40,911 INFO  [Ejb3DeperdenciesDeployer] Encountered deployment Abst
ractVFSDeploymentContext@31664259{vfszip:/C:/book/jboss-5.1.0.GA/server/
default/deploy/todo.ear/todo.jar/}
19:59:40,911 INFO  [Ejb3DeperdenciesDeployer] Encountered deployment Abst
ractVFSDeploymentContext@31664259{vfszip:/C:/book/jboss-5.1.0.GA/server/
default/deploy/todo.ear/todo.jar/}
19:59:40,926 INFO  [EjbDeployer] installing bean: ejb/todo.
jar#TaskMaster,uid10514536
19:59:40,926 INFO  [EjbDeployer]    with dependencies:
19:59:40,926 INFO  [EjbDeployer]    and supplies:
19:59:40,926 INFO  [EjbDeployer]      jndi:local/TaskMaster@17501040
19:59:40,926 INFO  [EjbDeployer]      jndi:TaskMaster
19:59:40,926 INFO  [EjbDeployer] installing bean: ejb/todo.
jar#Task,uid20179539
19:59:40,926 INFO  [EjbDeployer]    with dependencies:
19:59:40,926 INFO  [EjbDeployer]    and supplies:
19:59:40,926 INFO  [EjbDeployer]      jndi:Task
19:59:40,926 INFO  [EjbDeployer]      jndi:local/Task@1845049
19:59:40,926 INFO  [EjbDeployer] installing bean: ejb/todo.
jar#Comment,uid22879724
```

```
19:59:40,926 INFO  [EjbDeployer]   with dependencies:
19:59:40,926 INFO  [EjbDeployer]   and supplies:
19:59:40,926 INFO  [EjbDeployer]    jndi:local/Comment@5449429
19:59:40,926 INFO  [EjbDeployer]    jndi:Comment
19:59:41,099 INFO  [EjbModule] Deploying TaskMaster
19:59:41,115 WARN  [EjbModule] EJB configured to bypass security. Please
verify if this is intended. Bean=TaskMaster Deployment=vfszip:/C:/book/
jboss-5.1.0.GA/server/default/deploy/todo.ear/todo.jar/
19:59:41,115 INFO  [EjbModule] Deploying Task
19:59:41,130 WARN  [EjbModule] EJB configured to bypass security. Please
verify if this is intended. Bean=Task Deployment=vfszip:/C:/book/jboss-
5.1.0.GA/server/default/deploy/todo.ear/todo.jar/
19:59:41,130 INFO  [EjbModule] Deploying Comment
19:59:41,130 WARN  [EjbModule] EJB configured to bypass security. Please
verify if this is intended. Bean=Comment Deployment=vfszip:/C:/book/jboss-
5.1.0.GA/server/default/deploy/todo.ear/todo.jar/
19:59:41,208 INFO  [BaseLocalProxyFactory] Bound EJB LocalHome 'TaskMaster'
to jndi 'local/TaskMaster@17501040'
19:59:41,208 INFO  [BaseLocalProxyFactory] Bound EJB LocalHome 'Task' to
jndi 'local/Task@1845049'
19:59:41,208 INFO  [BaseLocalProxyFactory] Bound EJB LocalHome 'Comment' to
jndi 'local/Comment@5449429'
19:59:41,224 INFO  [TomcatDeployment] deploy, ctxPath=/todo
```

JBoss가 배포된 각 빈에 대한 로그 메시지를 생성하는 것을 볼 수 있다. Deploying Task, Deploying Comment 및 Deploying Taskmaster 메시지는 해당 빈이 성공적으로 배포됐음을 보여준다. 마지막 줄을 보면 Tomcat deployer가 /todo 컨텍스트 루트로 웹 애플리케이션을 배포했음을 알 수 있다.

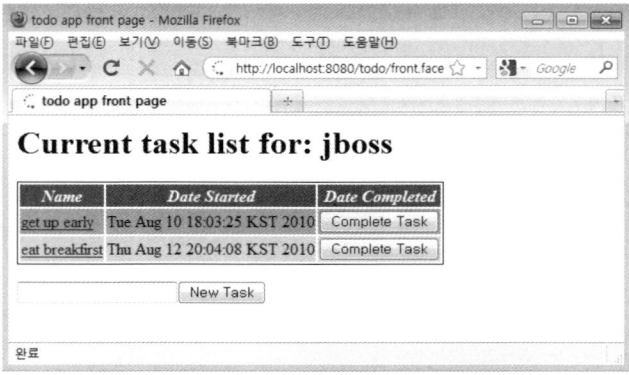

그림 3-1 | ToDo 애플리케이션

이제 애플리케이션에 접근해보기만 하면 된다. 애플리케이션이 /todo 컨텍스트 루트로 서비스 중이므로 애플리케이션은 http://localhost:8080/todo/로 접근할 수 있다. 로그인 프롬프트가 뜨면 users.properties 파일에 명시한 사용자명과 비밀번호를 입력한다. 로그인이 완료되면 애플리케이션이 나타난다(그림 3-1).

이 애플리케이션은 작업에 대한 주석과 약간의 단순한 기능들을 지원한다. 어쨌든 중요한 것은 애플리케이션이 JBoss에 진짜로 구동되어 실행된다는 것이다.

> 설정이 없는 J2EE? 그것은 거의 불가능해 보인다.

## 방금 뭘 했지?

ToDo 애플리케이션이 배포됐고 모든 J2EE 서비스는 동작 중이다. 트랜잭션과 보안은 확보됐고 심지어 JBoss는 엔티티 빈 데이터를 저장하는 데이터베이스 테이블까지 만들었다. 데이터베이스와 관련된 어떤 것도 설정하지 않은 것을 고려할 때 테이블까지 자동으로 생성되는 것은 매우 놀랍다. 이번에는 JBoss가 실제로 EJB 데이터를 어떻게 저장하는지 약간의 시간을 할애해서 살펴보겠다.

## 3.5. 데이터베이스 살펴보기

JBoss에는 하이퍼소닉(Hypersonic)이라는 관계형 데이터베이스가 내장돼 있다. 별도의 설정이 없으면 CMP 엔티티 빈은 이 데이터베이스에 자동으로 연결된다. 하이퍼소닉은 애플리케이션을 빠르게 개발하는 데 크게 기여한다. 여기서는 하이퍼소닉을 조금 자세히 살펴보고 약간의 시간을 들여 JBoss가 데이터베이스와 정확히 무슨 일을 하는지 알아보겠다.

## 어떻게 해야 할까?

하이퍼소닉 데이터베이스 인스턴스는 완전히 JBoss에 내장돼 있어 서버 바깥의 세상과는 연결되지 않는다. 이는 JBoss 밖에서 데이터베이스에 간편하게 접근할 만한 방법이 없다는 의미다.

다행히도 JBoss의 모든 서비스는 관리 빈(MBeans)으로 관리된다. 하이퍼소닉용 MBean은 데이터베이스와의 인터페이스를 책임진다. 따라서 JMX 콘솔을 이용하면 하이퍼소닉 MBean에 접근할 수 있다. JMX 콘솔을 구동한 후 jboss 도메

> 콘솔에는 http://localhost:8080/jmx-console로 들어갈 수 있다.

인에서 database=localDB,service=Hypersonic MBean을 찾을 수 있다. 해당 링크를 따라 가 보면 속성과 이용 가능한 오퍼레이션의 목록 등이 나타난다. 조금만 둘러보면 startDatabaseManager 오퍼레이션을 볼 수 있다. 이 오퍼레이션을 호출하면 그림 3-2처럼 HSQL 데이터베이스 관리자가 구동된다.

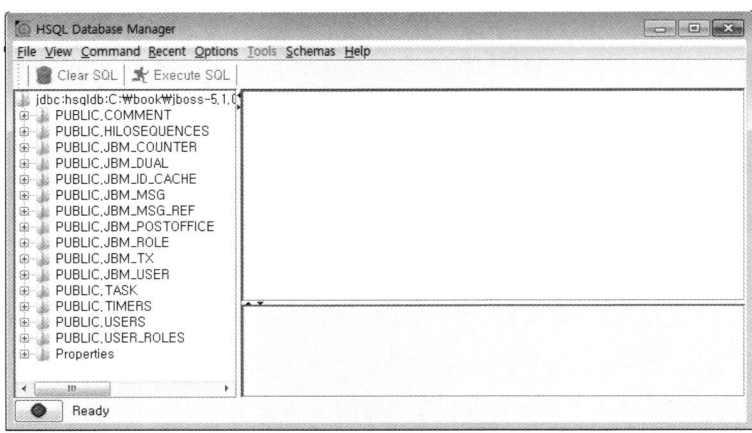

그림 3-2 | HSQL 데이터베이스 관리자

유닉스나 리눅스 장비에서 JBOSS를 시작할 때 창이 출력될 곳을 제어하려면 DISPLAY 환경변수를 설정하면 된다.

데이터베이스 관리자는 애플릿이 아닌 JBoss 인스턴스 내부로부터 구동되는 스윙 기반의 도구다. 심지어 원격 장비에서 오퍼레이션을 호출하더라도 JBoss가 실제로 실행되는 장비에서 데이터베이스 관리자가 실행된다. 이는 원격 장비에서 개발 중이거나 동일 장비에서 다른 사용자 ID로 JBoss를 실행하려고 할 경우 혼란스러울 수도 있지만 일반적인 개발 환경에서는 문제될 게 없다.

이 애플리케이션의 왼쪽 패널은 데이터베이스 내에서 이용할 수 있는 테이블이다. 이 중에서 오직 COMMENT와 TASK 테이블만 ToDo 애플리케이션과 관련이 있다. 다른 테이블은 persistent JMS 메시지, 타이머 및 시퀀스 번호 생성 등에 사용된다. 하이퍼소닉은 관계형 데이터베이스를 사용할 필요가 있는 JBoss 내의 모든 서비스를 위한 기본 데이터 저장소다.

JBoss는 빈 이름으로부터 엔티티 빈을 위한 테이블 이름을 도출한다. 테이블 이름을 펼쳐보면 해당 테이블의 스키마를 볼 수 있다. 빈의 CMP 필드는 동일한 이름의 칼럼과 매핑된다. task와 comment 사이의 관계는 외래키(foreign key)를 사용해서 매핑될 수 있는 단순한 1대N 관계다. COMMENT 테이블의 TASK 칼럼이 외래키로 사용된다. 하지만 Indices 항목 아래의 제약조건(constraints)을 살펴보면 ID 필드에 주키 제약조건(Primary key constraint)이 있으나 TASK 칼럼에 외래키 제약조건(foreign key constraint)이 없는 것이 보일 것이다. 이는 CMP 엔티티 빈 때문에 일어나는 현상이다. JBoss는 이러한 한계를 우회하는 방법도 제공하지만 보통 대부분의 J2EE 개발자는 외래키 없이 작업한다.

오른쪽 패널의 텍스트 박스에 SQL 구문을 작성하고 Execute SQL Statement를 클릭하면 SQL 문장을 실행할 수 있다. 결과는 그림 3-3처럼 텍스트 박스 아래의 칼럼 뷰에 나타날 것이다. 이렇게 해서 입력한 데이터를 조회하거나 변경할 수 있다. 태스크 이름을 바꾸고 웹 애플리케이션 내에서 뷰를 다시 로드해본다. 기본적으로 각 요청 간의 엔티티 빈 데이터는 메모리에서 공유되어 캐시되지 않음을 확인할 수 있다.

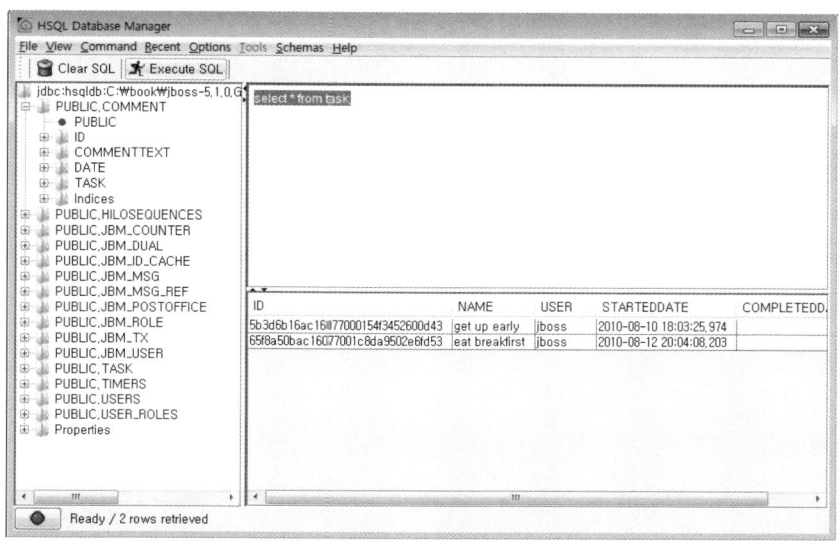

그림 3-3 | 하이퍼소닉에서 테이블 조회하기

## 방금 뭘 했지?

앞에서 하이퍼소닉 데이터베이스를 조금 다뤘다. 하이퍼소닉 데이터베이스 관리자를 이용해 JBoss가 생성한 기본 스키마를 보고 생성된 데이터를 조회하기 위한 쿼리를 어떻게 실행하는지 살펴봤다. 성능 튜닝이나 고급 구성은 살펴보지 않앉다. 왜냐하면 하이퍼소닉은 초기 단계의 개발용 이상으로 사용할 수 있는 데이터베이스가 아니기 때문이다. 하지만 J2EE 애플리케이션을 초기에 빠르게 개발해 보기에는 제격이다.

한번 생성된 데이터와 테이블은 애플리케이션이 제거된 후에도 보존되는데, 이러한 특성은 어떤 면에서는 편리하기도 하고 어떤 면에서는 불편하다. 테이블을 제거하려면 직접 데이터베이스 관리자에서 DROP 문을 실행해야 한다.

좀 더 간단하고 강제적인 방법은 디스크의 하이퍼소닉 데이터 디렉터리를 삭제하는 것이다. 서버 구성에서 data 디렉터리에는 모든 JBoss 서비스를 위한 영구적인 저장소가 들어간다. 하이퍼소닉 데이터베이스는 hypersonic이라는 하위 디렉터리에 영구적인 데이터를 저장한다.

\jboss-5.1.0.GA> **rm -rf server/default/data/hypersonic/**

이 명령은 반드시 JBoss 서버를 멈춘 후에 실행해야 한다. 하이퍼소닉은 메모리에 데이터를 캐시하므로 실행 중에 데이터를 삭제하면 문제가 일어날지도 모른다.

*이 방법이 너무 가혹하다고 생각되면 7장에서 JBoss가 스키마 관리를 위해 제공하는 좀 더 우아한 해결책을 살펴보기 바란다.*

# 04

# 데이터베이스 연결

대부분의 기업용 애플리케이션은 관계형 데이터베이스를 중심으로 구성되며, 우리가 만드는 애플리케이션도 예외는 아니다. 그러나 지금까지는 JBoss에 내장된 하이퍼소닉 데이터베이스를 사용해서 JBoss가 스키마를 관리하게 했고, 데이터베이스에 연결할 때 생기는 복잡함 없이 애플리케이션을 처음으로 구동하는 데 초점을 맞췄다.

이제 데이터베이스로 관심을 돌려 애플리케이션에서 좀 더 강력하고 운영 환경에 적용할 만한 데이터베이스에 연결되게 만들어보자. 이 책에서는 MySQL을 사용한다.

## 4.1. MySQL 준비

MySQL은 http://dev.mysql.com에서 무료로 내려 받을 수 있다. 이 책에서는 MySQL Community Server 5.1 버전을 사용한다.

플랫폼에 맞는 MySQL을 설치 안내에 따라 설치하고 MySQL을 실행한 뒤 JBoss가 사용할 데이터베이스와 데이터베이스에 연결에 필요한 데이터베이스 사용자를 만들어보자.

## 어떻게 해야 할까?

MySQL은 mysql 명령어를 사용해서 관리한다. 저자의 컴퓨터에서는 이 명령어가 C:\MySQL\MySQL Server 5.1\bin에 위치한다. mysql 클라이언트를 실행해보자. mysql 명령어와 --user 옵션을 사용해서 root 사용자로 접속한다.

```
C:\MySQL\MySQL Server 5.1\bin>mysql --user=root --password=root
Welcome to the MySQL monitor.  Commands end with ; or \g.
Your MySQL connection id is 10
Server version: 5.1.49-community MySQL Community Server (GPL)

Copyright (c) 2000, 2010, Oracle and/or its affiliates. All rights reserved.
This software comes with ABSOLUTELY NO WARRANTY. This is free software,
and you are welcome to modify and redistribute it under the GPL v2 license

Type 'help;' or '\h' for help. Type '\c' to clear the current input
statement.

mysql>
```

데이터베이스에 접속하면 create database 명령어로 jbossdb라는 데이터베이스를 생성한다.

```
mysql> create database jbossdb;
Query OK, 1 row affected (0.01 sec)
```

이제 grant 명령어로 jbossdb 데이터베이스에 접속할 때 사용할 사용자를 만든다.

> JBOSS와 MySQL이 서로 다른 호스트에서 실행되는 경우 JBOSS가 실행되는 호스트에서 MySQL에 접속할 수 있게 데이터베이스 사용자에게 접근 권한을 부여해야 한다.

```
mysql> grant all privileges on jbossdb.* to todoapp@localhost identified by
   'secretpassword';
Query OK, 0 rows affected (0.38 sec)
```

이 문장은 secretpassword라는 비밀번호를 사용하는 todoapp라는 사용자를 생성하고, 이 사용자가 데이터베이스가 설치돼 있는 같은 호스트에서 접속할 경우 jbossdb 데이터베이스 내의 모든 권한을 사용할 수 있게 한다. 사용자가 정확하게 생성됐는지는 mysql.user 테이블에서 확인할 수 있다.

```
mysql> select user,host,password from mysql.user;
+---------+-----------+-------------------------------------------+
| user    | host      | password                                  |
+---------+-----------+-------------------------------------------+
| root    | localhost | *81F5E21E35407D884A6CD4A731AEBFB6AF209E1B |
| todoapp | localhost | *F89FFE84BFC48A876BC682C4C23ABA4BF64711A4 |
+---------+-----------+-------------------------------------------+
2 rows in set (0.09 sec)

mysql>
```

todoapp라는 사용자에게는 로컬 데이터베이스 접속 권한만 있고, 원격 접속 권한은 없다. 사용자명과 비밀번호를 --user와 --password 옵션에 입력해서 데이터베이스 연결을 테스트해볼 수 있다.

```
C:\MySQL\MySQL Server 5.1\bin> mysql --user=todoapp
--password=secretpassword
```

데이터베이스 원격 접속을 테스트하려면 원격 컴퓨터에서 mysql 명령어를 실행할 때 -h 옵션을 사용하고, 이 옵션에 MySQL이 실행되고 있는 호스트를 명시하면 된다. 그러나 todoapp 사용자에게는 localhost 접속 권한만 있으므로 원격 접속은 되지 않는다.

## 방금 뭘 했지?

JBoss가 사용할 데이터베이스를 생성하고 데이터베이스에 접속하기 위한 사용자를 만들었다. 특정 테이블을 생성하거나 테이블에 데이터를 로딩하는 것은 걱정하지 않아도 된다. 필요한 테이블은 JBoss가 알아서 생성할 것이다.

## 4.2. JDBC 드라이버 추가

관계형 데이터베이스 기술은 충분히 성숙해 있지만 데이터베이스 접근을 위한 표준 네트워크 프로토콜은 아직 없다. 애플리케이션을 특정 데이터베이스에 종속적으로 구현하지 않으려면 JDBC가 제공하는 표준 자바 인터페이스를 사용하면 된다. 이렇게 하려면 JBoss에 JDBC 드라이버를 제공해야 한다.

## 어떻게 해야 할까?

첫 번째 단계는 JDBC 드라이버를 내려 받는 것이다. MySQL 드라이버는 MySQL Connector/J다. 현재 버전은 Connector/J 5.1이며, http://www.mysql.com/products/connector/j/에서 내려 받을 수 있다. 드라이버 파일은 내려 받은 압축 파일에 들어 있다. 이 책을 쓰는 지금, 최신 버전인 5.1.13 버전에서 드라이버 파일명은 mysql-connector-java-5.1.13-bin.jar다.

JDBC JAR 파일을 받아온 후 JBoss 서버 구성 디렉터리 아래에 있는 lib 디렉터리에 JAR 파일을 복사한다. 우리는 default 구성을 사용하고 있으므로 server\default\lib에 복사하면 된다. 다른 설정에서도 사용 가능하게 하려면 JBOSS_HOME의 common\lib 디렉터리에 JAR 파일을 두면 된다.

*라이브러리 JAR 파일을 정적으로 배포할지, 긴급배포할지 결정하는 것은 항상 어려운 일이다.*

## 방금 뭘 했지?

앞 장에서 이야기한 JBoss의 긴급배포 기능은 deploy 디렉터리에만 적용된다. lib 디렉터리는 다르게 동작한다. lib 디렉터리의 JAR 파일은 최상위 JBoss 클래스로더에 의해 추가되며, 재배포하거나 삭제할 수 없다. lib 디렉터리의 JAR 파일은 JBoss를 기동하는 시점에만 적용된다. JBoss에 새 JDBC 드라이버를 적용하는 방법은 서버를 재시작하는 것밖에 없다. 그러므로 드라이버를 설치한 후에는 JBoss 인스턴스를 종료하고 다시 구동해야 한다.

설치한 드라이버가 JBoss에 적용됐는지 어떻게 알 수 있을까? 애플리케이션에서 데이터베이스 연결을 시도해보고 이때 JBoss가 주는 경고나 오류 메시지를 확인해서 JDBC 드라이버가 제대로 적용됐는지 확인해 볼 수 있다. 하지만 아직 새로 설치한 데이터베이스에 연결하는 방법은 배우지 않았으므로 이 방법으로 드라이버의 적용 여부를 확인하려면 시간이 오래 걸릴 것이다.

다른 방법은 JMX 콘솔에서 클래스를 확인하는 것이다. 웹 브라우저(http://localhost:8080/jmx-console)의 JMX 콘솔을 연다. 왼쪽 프레임에서 jboss.classloader를 선택하고 오른쪽에 나열되는 클래스로더 가운데 id="vfsfile:/C:/book/jboss-5.1.0.GA/server/default/conf/jboss-service.xml"와 같은 이름의 클래스로더를 클릭한다(C:/book/jboss-5.1.0.GA 부분은 JBOSS_HOME이므로 JBoss가 설치된 위치에 따라 달라질 수 있다). 그러면 다음과 같이 해당 클래스로더에 대한 관리 화면이 나온다(그림 4-1).

그림 4-1 ㅣ jboss-service.xml 클래스로더 Mbean

그림 4-1에 보이는 listLoadedClasses 오퍼레이션으로 JBoss가 클래스를 인식하고 있는지 확인할 수 있다. Invoke 버튼을 클릭하면 로딩된 클래스가 나타나는데, 여기엔 MySQL 드라이버인 com.mysql.jdbc.Driver도 포함돼 있을 것이다.

## 이런 경우에는....

JDBC 드라이버를 deploy 디렉터리에 올려놓는다면?

JDBC 드라이버 때문에 JBoss를 재시작해야 한다는 것이 불편하게 느껴질 수도 있다. JDBC 드라이버를 deplcy 디렉터리에 올려놓고 긴급배포할 수는 없을까? 그렇게 할 수도 있다. 그리고 동작 방식도 거의 똑같을 것이다. 그러나 일반 애플리케이션이 아닌 기반 서비스 코드는 lib 디렉터리에 두는 편이 더 낫다. 예를 들어 자동 생성 스크립트로 JAR 파일을 잘못 적용한 경우에도 deploy 디렉터리의 JAR 파일은 재배포될 것이다. 이것은 여러 애플리케이션이 JDBC 드라이버를

관계형 데이터베이스가 표준 네트워크 프로토콜을 가지고 있어서 드라이버를 사용하지 않아도 된다면 좋지 않을까?

공동으로 사용하는 경우 큰 혼란을 야기할 수 있다.

실제로 JDBC 드라이버는 애플리케이션의 구성요소로 보지 않는다. JDBC는 일반적으로 시스템 레벨의 코드로 보고 다른 시스템 레벨 JAR 파일과 함께 lib 디렉터리에 둔다. 그러나 JDBC 드라이버를 애플리케이션 코드와 함께 deploy 디렉터리에 놓는 것이 더 편리하다면 그렇게 해도 무방하다.

## 4.3. 데이터소스 생성

> JNDI를 통해 데이터소스를 공유한다.

데이터베이스가 기동되고 드라이버가 로드되면 애플리케이션에서 직접 데이터베이스에 연결해서 쿼리를 실행할 수 있다. 그러나 J2EE 환경에서는 그렇게 할 필요가 없다. 다른 모든 J2EE 애플리케이션 서버와 마찬가지로 JBoss도 데이터베이스 연결을 관리할 수 있으므로 애플리케이션에서 데이터베이스 연결 설정이나 커넥션 풀 관리를 하지 않아도 된다.

ToDo 애플리케이션에서는 데이터소스를 명시하지는 않았지만 자동으로 JBoss가 기본 데이터소스인 DefaultDS에 연결해준다. 이 기본 데이터소스는 JBoss에 내장된 하이퍼소닉 데이터베이스에 연결된다. 이제 새로운 데이터소스를 만들어 앞에서 생성한 MySQL 데이터베이스에 연결해 보자.

### 어떻게 해야 할까?

JBoss에서 데이터소스는 애플리케이션의 WAR 파일이나 EAR 파일처럼 배포할 수 있다. 데이터소스는 deploy 디렉터리의 *-ds.xml 파일에 해당한다. hsqldb-ds.xml 파일에 들어 있는 하이퍼소닉 데이터소스에 대한 설정 내용을 예제로 살펴보자. 아래 예제에서는 지면상 본문과 관련이 적은 부분은 생략했다.

```xml
<?xml version="1.0" encoding="UTF-8"?>

<datasources>
    <local-tx-datasource>
        <jndi-name>DefaultDS</jndi-name>

        <connection-url>
            jdbc:hsqldb:${jboss.server.data.dir}${/}hypersonic${/}localDB
```

```
        </connection-url>
        <driver-class>org.hsqldb.jdbcDriver</driver-class>

        <user-name>sa</user-name>
        <password></password>

        <min-pool-size>5</min-pool-size>
        <max-pool-size>20</max-pool-size>
        <idle-timeout-minutes>0</idle-timeout-minutes>
        <track-statements/>

        <security-domain>HsqlDbRealm</security-domain>

        <metadata>
            <type-mapping>Hypersonic SQL</type-mapping>
        </metadata>

        <depends>jboss:service=Hypersonic,database=localDB</depends>
    </local-tx-datasource>
</datasources>
```

*외부 클라이언트는 데이터소스를 묶임해서 사용할 수 없다.*

파일에 불필요한 부분이 있기는 하지만 무슨 일을 하는지는 쉽게 추측할 수 있다. 데이터소스의 이름은 DefaultDS다. java:DefaultDS라는 JNDI 이름에 바인딩되며, java: 컨텍스트 안의 다른 것들과 마찬가지로 JVM 내부에서만 사용할 수 있다.

URL 연결과 데이터베이스 사용자명, 비밀번호, 커넥션 풀에 대한 세부사항도 볼 수 있다.

형식이 간단하므로 이 파일을 복사해서 MySQL접속을 위한 세부사항을 쉽게 추가할 수 있다. 그러나 더 쉬운 방법이 있다. docs\examples\jca 디렉터리(JBoss 설치 디렉터리 아래에 있음)에는 자주 사용되는 데이터베이스에 대한 예제 템플릿 파일이 들어 있다.

MySQL 템플릿은 mysql-ds.xml이다.

```
<?xml version="1.0" encoding="UTF-8"?>

<!-- $Id: ch04.xml,v 1.4 2005/07/21 19:40:42 ellie Exp $ -->
<!-- Datasource config for MySQL using 3.0.9 available from:
```

```
http://www.mysql.com/downloads/api-jdbc-stable.html
-->

<datasources>
  <local-tx-datasource>
    <jndi-name>MySqlDS</jndi-name>
    <connection-url>jdbc:mysql://mysql-hostname:3306/jbossdb
    </connection-url>
    <driver-class>com.mysql.jdbc.Driver</driver-class>
    <user-name>x</user-name>
    <password>y</password>

    <!-- corresponding type-mapping in the
         standardjbosscmp-jdbc.xml (optional) -->
    <metadata>
       <type-mapping>mySQL</type-mapping>
    </metadata>
  </local-tx-datasource>

</datasources>
```

먼저 mysql-ds.xml 파일을 deploy 디렉터리로 복사한 후, 굵은 글씨체로 돼 있는 부분을 여러분의 서버에 맞는 값으로 수정한다. MySQL JNDI 명은 그대로 두고 connection-url부터 시작해보자. 데이터베이스가 JBoss 인스턴스와 같은 서버에 있다고 가정하고 서버명을 localhost로 지정한다.

```
<connection-url>jdbc:mysql://localhost:3306/jbossdb</connection-url>
```

이제 JBoss에 데이터베이스 사용자를 알려주기만 하면 된다. 여기서 사용한 사용자는 todoapp이므로 사용자와 비밀번호를 다음과 같이 명시한다.

```
<user-name>todoapp</user-name>
<password>secretpassword</password>
```

## 방금 뭘 했지?

이제 JBoss에 데이터소스를 배포했다. 콘솔 로그를 보면 모든 것이 제대로 됐는지 확인할 수 있다. 제대로 됐다면 다음과 같은 줄을 볼 수 있다.

```
12:39:47,700 INFO   [ConnectionFactoryBindingService] Bound ConnectionManager
'jboss.jca:service=DataSourceBinding,name=MySqlDS' to JNDI name
'java:MySqlDS'
```

> 최적화된 커넥션 풀의 크기를 결정하려면 반드시 애플리케이션을 프로파일링해야 한다.

파일을 몇 차례 편집하고 저장하면 콘솔에 여러 번 재배포됐다는 정보가 나타날 것이다. 한 가지 더 변경해보겠다. 데이터소스의 커넥션 풀 크기를 명시적으로 표시하고, 재배포되는 것을 확인하자.

처리량이 그리 많지 않을 것이므로 JBoss에 2개의 연결만 커넥션 풀에 유지하게 하고, 최대 10개까지 연결이 올리게 하겠다. 이렇게 하려면 mysql-ds.xml 파일에 다음과 같이 min-pool-size, max-pool-size 엘리먼트를 추가해야 한다.

```xml
<?xml version="1.0" encoding="UTF-8"?>

<!-- $Id: ch04.xml,v 1.4 2005/07/21 19:40:42 ellie Exp $ -->
<!-- Datasource config for MySQL using 3.0.9 available from:
http://www.mysql.com/downloads/api-jdbc-stable.html
-->
<datasources>
    <local-tx-datasource>
        <jndi-name>MySqlDS</jndi-name>
        <connection-url>jdbc:mysql://mysql-hostname:3306/jbossdb>
        </connection-url>
        <driver-class>com.mysql.jdbc.Driver</driver-class>
        <user-name>todoapp</user-name>
        <password>secretpassword</password>

        <min-pool-size>2</min-pool-size>
        <max-pool-size>10</max-pool-size>

        <!-- corresponding type-mapping in the
             standardjbosscmp-jdbc.xml (optional) -->
        <metadata>
            <type-mapping>mySQL</type-mapping>
        </metadata>
    </local-tx-datasource>

</datasources>
```

파일을 저장하면 콘솔 로그에 데이터소스가 성공적으로 재배포됐다는 메시지가 나타날 것이다. JBoss에서 직접적으로 피드백을 받는 것은 이게 전부다. 이 장의 뒷부분에 있는 4.5절, '커넥션풀 모니터링'에서 커넥션 풀 크기를 확인하는 방법이나 사용 중인 커넥션 수 등 커넥션 풀을 점검하는 방법을 배울 것이다. 설정 가능한 옵션을 모두 보려면 docs/dtd 디렉터리의 jboss-ds_1_5.dtd 파일을 보면 된다. 다른 데이터소스 템플릿은 docs/examples/jca 폴더에 있다.

### 이런 경우에는...

#### 우리가 만든 데이터소스를 DefaultDS로 만들 수 있을까?

가능하다. hsql-ds.xml을 삭제하고 앞에서 작성한 데이터소스의 JNDI 이름을 DefaultDS로 변경하면 JBoss는 모든 애플리케이션에서 기본적으로 우리가 생성한 MySQL 데이터베이스를 사용할 것이다. 그러나 JMS와 같은 내부 서비스에서도 DefaultDS를 사용한다는 점을 염두에 둬야 한다. 이러한 내부 서비스에서 다른 데이터베이스를 사용하도록 설정하기는 어렵지 않지만 일반적으로 우리가 사용하고 있는 데이터베이스를 DefaultDS로 하기보다는 어떤 데이터소스를 사용하고 있는지를 명시적으로 나타내는 것이 좋다.

#### XA 데이터소스는 어떨까?

데이터소스 파일에 있는 local-tx-datasource 엘리먼트가 뭔지 궁금했을 것이다. 이것은 로컬 트랜잭션만 지원하고 XA 트랜잭션 내의 다른 리소스와는 조합될 수 없는 데이터소스를 의미한다. 사용하려는 데이터베이스가 XA를 지원한다면(MySQL에서는 지원되지 않는다) local-tx-datasource 태그를 xa-datasource로 변경할 수 있다. XA 데이터소스 설정 예제는 docs/examples/jca 디렉터리의 *-xa-ds.xml 파일에서 찾을 수 있다.

> XA 데이터소스는 정말 끌찟거리다. 데이터베이스와 드라이버에서 XA 트랜잭션을 지원한다고 주장하는 경우에도 이것이 제대로 동작한다는 의미는 아닐 수 있기 때문이다. XA 트랜잭션을 사용할 계획이라면 반드시 전체적으로 테스트해봐야 한다.

## 4.4. 애플리케이션에 데이터소스 연결하기

데이터소스를 생성하고 나면 애플리케이션에 이 데이터소스를 사용하도록 알려줘야 한다. 이와 관련된 작업의 양은 애플리케이션이 데이터소스와 얼마나 결합돼 있는가에 따라 달라진다. 애플리케이션이 데이터소스를 직접 사용했다면 룩업 코드나 환경 참조 구문 등을 수정하고 SQL문을 MySQL에 맞게 수정해야 했을 것이다. 다행히 ToDo 애플리케이션은 CMP(Container-Managed Persistence)를 사용하고 특정 데이터베이스에 종속적이지 않다. 따라서 애플리케이션을 이전하기가 아주 간단할 것이다.

## 어떻게 해야 할까?

JBoss는 jbosscmp-jdbc.xml deployment descriptor에서 CMP 설정을 찾는다. 애플리케이션에서 사용되는 기본 데이터소스는 다음과 같이 defaults 영역에 위치한다.

```
<!DOCTYPE jbosscmp-jdbc PUBLIC
    "-//JBoss//DTD JBOSSCMP-JDBC 4.0//EN"
    "http://www.jboss.org/j2ee/dtd/jbosscmp-jdbc_4_0.dtd">

<jbosscmp-jdbc>
    <defaults>
        <datasource>java:MySqlDS</datasource>
        <datasource-mapping>mySQL</datasource-mapping>
    </defaults>
</jbosscmp-jdbc>
```

datasource 엘리먼트에는 앞에서 mysql-ds.xml 파일에 명시해 놓은 데이터소스의 JNDI명이 들어 있다. datasource-mapping은 데이터베이스 유형을 나타내며, 데이터베이스 유형은 SQL 생성 방법과 특정 데이터베이스와 매핑하는 방법을 결정한다.

JBoss에서 매핑할 수 있는 데이터베이스 전체에 대한 데이터소스를 확인하려면 (JBoss 서버 설정 디렉터리 아래에 있으며, 여기서는 default 구성을 사용하고 있으므로 server\default\ 디렉터리 아래에 있는) conf/standardjbosscmp-jdbc.xml 파일을 보면 된다. type-mapping 영역에서 위의 jbosscmp-jdbc.xml 파일에서 참조하고 있는 mySQL 타입 매핑을 확인할 수 있다.

```
<type-mapping>
    <name>mySQL</name>
        ...
</type-mapping>
```

타입 매핑은 표준 자바 타입뿐 아니라 스키마 생성, EJB-QL, JBOSS-QL 함수 매핑을 위한 SQL 템플릿도 정의한다. 아래 예제는 java.lang.String을 매핑하는 부분이다.

```xml
<mapping>
        <java-type>java.lang.String</java-type>
        <jdbc-type>VARCHAR</jdbc-type>
        <sql-type>VARCHAR(250) BINARY</sql-type>
</mapping>
```

시스템 내의 모든 MySQL 데이터베이스에 대해 문자열(String) 매핑을 변경할 필요가 있다면 standardjbosscmp-jdbc.xml 파일을 수정하면 된다. 일반적으로 필드 대 필드로 매핑을 편집하고 싶겠지만 필요하다면 시스템 전체의 매핑을 수정할 수 있다는 것도 알아두자.

Jbosscmp-jdbc.xml 파일은 EJB JAR의 META-INF 디렉터리에 위치한다. MySQL에 특화된 jbosscmp-jdbd.xml 파일을 포함시키려면 ToDo 애플리케이션을 빌드할 때 사용한 ant 명령어를 –Doptional.dd=mysql 옵션과 함께 실행하면 된다.

```
$ ant -Doptional.dd=mysql main deploy
```

이 명령어는 애플리케이션을 MySQL 버전으로 빌드해서 배포한다.

## 방금 뭘 했지?

ToDo 애플리케이션은 이제 내장된 하이퍼소닉 데이터베이스에 연결되지 않는다. 대신 우리가 설정한 MySQL 인스턴스와 연결된다. 그리고 전과 마찬가지로 엔티티 빈에 적합한 데이터베이스 스키마를 JBoss가 자동으로 생성한다. show tables 명령어를 이용하면 테이블이 정확하게 생성됐는지 확인할 수 있다.

```
mysql> use jbossdb;
Database changed
mysql> show tables;
+-------------------+
| Tables_in_jbossdb |
+-------------------+
| comment           |
| task              |
+-------------------+
2 rows in set (0.05 sec)
```

생성된 테이블의 구조는 describe 명령어로 확인할 수 있다.

```
mysql> describe task;
+---------------+--------------+------+-----+---------+-------+
| Field         | Type         | Null | Key | Default | Extra |
+---------------+--------------+------+-----+---------+-------+
| id            | varchar(250) | NO   | PRI | NULL    |       |
| name          | varchar(250) | YES  |     | NULL    |       |
| user          | varchar(250) | YES  |     | NULL    |       |
| startedDate   | datetime     | YES  |     | NULL    |       |
| completedDate | datetime     | YES  |     | NULL    |       |
+---------------+--------------+------+-----+---------+-------+
5 rows in set (0.01 sec)
```

애플리케이션에 접속해서 몇 개의 task를 생성한 후 mysql 툴에서 생성된 데이터를 조회해 보면 애플리케이션에서 생성한 데이터가 데이터베이스에 잘 반영됐음을 쉽게 확인할 수 있다.

```
mysql> select name,user,startedDate from task;
+--------------------+-------+---------------------+
| name               | user  | startedDate         |
+--------------------+-------+---------------------+
| take over the world| jboss | 2010-08-07 13:10:17 |
| eat the box        | jboss | 2010-08-07 13:10:26 |
+--------------------+-------+---------------------+
2 rows in set (0.00 sec)
```

## 4.5. 커넥션 풀 모니터링

지금까지 데이터소스를 생성하는 법을 알아봤다. 하지만 애플리케이션이 실행되고 있는 동안 뒷단에서 실행되고 있는 커넥션 풀을 어떻게 관리할지는 아직 다루지 않았다. 데이터소스는 한 번만 구성하면 되지만 애플리케이션은 매일 데이터소스를 사용한다. 이번 장에서는 JBoss 관리 도구에서 커넥션 풀을 모니터링하고 튜닝하는 법을 알아보자.

### 어떻게 해야 할까?

ds.xml 파일에 선언된 각 데이터소스는 몇 개의 MBean으로 변환되므로 JMX 콘솔에서 관리할 수 있다. 데이터소스와 관련된 모든 오브젝트는 jboss.jca 도메인에 들어 있다. JMX 콘솔 페이지를 찾아보거나 쿼리 필터로 jboss.jca:* 를 사용하면 이러한 오브젝트를 확인할 수 있다.

이 필터로 MySQL 데이터소스와 관련된 항목을 충분히 찾아낼 수 있지만 MySQL 엔트리만 찾아보고 싶다면 jboss.jca:name=MySqlDS,*와 같은 좀 더 구체적인 필터를 사용해도 된다. 두 경우 모두 MySQL 데이터소스와 관련된 항목으로 네 개의 MBean을 보여줄 것이다.

- name=MySqlDS,service=DataSourceBinding
- name=MySqlDS,service=LocalTxCM
- name=MySqlDS,service=ManagedConnectionFactory
- name=MySqlDS,service=ManagedConnectionPool

모두 JBoss에서 데이터소스 기능을 제공하는 데 중요한 역할을 하지만 가장 많이 사용되는 것은 커넥션 풀이다. 커넥션 풀 MBean을 클릭하면 관리 어트리뷰트와 오퍼레이션을 볼 수 있다.

mysql-ds.xml 파일에는 커넥션 풀의 크기가 최소 2, 최대 10으로 정해져 있다. 이 값은 MinSize와 MaxSize 어트리뷰트에서 볼 수 있다. 이 값을 수정하고 Apply Changes 버튼을 클릭하면 실행 중인 서버에 변경된 값을 적용할 수 있다.

여기서 지정된 값은 메모리상의 커넥션 풀에만 적용된다. 설정값을 영구적으로 변경하려고 할 때는 mysql-ds.xml 파일을 수정해야 한다. mysql-ds.xml 파일에서 커넥션 풀 크기를 변경하고 파일을 저장하면 JBoss가 데이터소스를 재배포한다. 그리고 관리 화면 페이지를 다시 열면 새로운 커넥션 풀 크기가 화면에 나타난다.

때로는 시스템 사용량에 맞춰 커넥션 풀 크기를 조정해야 할 때가 있다. 또는 얼마만큼의 커넥션 풀이 사용되고 있는지도 궁금할 수 있다. ConnectionCount 어트리뷰트는 얼마나 많은 연결이 현재 데이터베이스에 열려 있는지를 나타낸다. 그러나 연결이 열려 있다고 해서 반드시 애플리케이션에서 사용 중인 것은 아니다. InUseConnectionCount 어트리뷰트는 현재 열려 있는 연결 가운데 사용 중인 커넥션 수를 나타낸다. 다른 통계치인 AvailableConnectionCount는 커넥션 풀에 남아 있는 커넥션 수를 보여준다.

마지막으로 MBean은 커넥션 풀의 사용 내역을 추적할 수 있는 몇 가지 통계치를 제공한다. ConnectionCreatedCount와 ConnectionDestroyedCount는 생성되고 소멸된 커넥션 수의 누적값을 각각 나타낸다. IdleTimeoutMinutes 값이 0보다 크면 연결이 시간초과(timeout)로 소멸되고 새로운 연결이 생성된다. 이로 인해 생성, 소멸된 커넥션 수가 지속적으로 증가한다. MaxConnectionsInUseCount는 동시에 사용된 커넥션 수의 최댓값이다.

커넥션 풀에 이상한 점이 있다거나 통계치를 초기화하고 싶을 때는 MBean의 flush 오퍼레이션으로 커넥션 풀을 초기화할 수 있다. 이렇게 하면 이전의 커넥션 풀 대신 새로운 커넥션 풀이 생성된다.

## 방금 뭘 했지?

웹 콘솔의 좀 더 향상된 모니터링과 경고 기능은 8장에서 사용해 본다.

지금까지 본 MBean 어트리뷰트는 애플리케이션이 어떻게 데이터베이스 연결을 사용하는지 이해하는 데 매우 유용하다. 모든 MBean 어트리뷰트는 JMX 관리 도구에서 볼 수 있다. 이번 실습에서는 JBoss JMX 콘솔을 사용했지만 다른 방법도 많다.

유용한 기능을 좀 더 소개해 보자면 그림 4-2는 ToDo 애플리케이션을 사용하는 동안에 측정된 ConnectionCount 어트리뷰트의 그래프다. 그래프는 JBoss 웹 콘솔 애플리케이션인 GUI로 만들어진다. GUI는 우리가 사용해온 JMX 콘솔과 함께 제공된다.

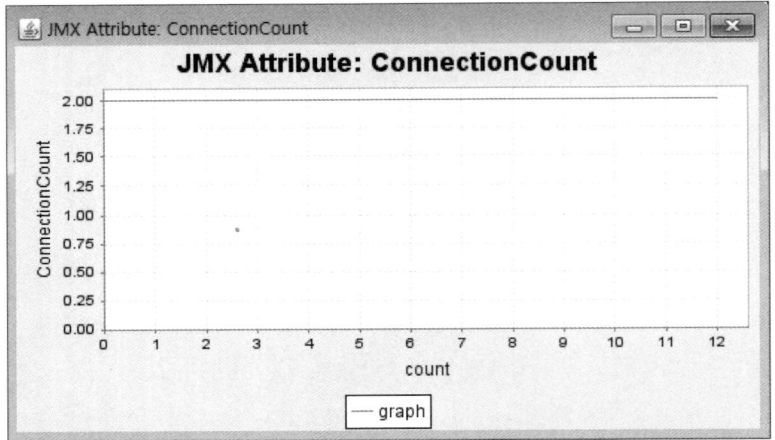

그림 4-2 | 데이터소스 커넥션 수 그래프

# 05
# 보안 적용

ToDo 애플리케이션을 만들 때 보안 개념을 포함시키기는 했지만 JBoss에서 제공하는 기본 인증 메커니즘을 사용했다. 이 메커니즘은 자바 프로퍼티 파일을 사용해서 사용자를 인증한다. 이것은 간단하고 빠른 방법이다. 그러나 이 방법으로 빠르게 애플리케이션을 만들고 구동할 수는 있지만 실제 애플리케이션에서 사용자 관리를 위해 파일을 수작업으로 편집하고 애플리케이션을 재배포하는 방식을 사용할 수는 없을 것이다.

이번 장에서는 애플리케이션에 좀 더 흥미로운 보안 정책을 적용하기 위한 JBoss 설정 방법을 다룬다. 사용자와 역할 정보를 관계형 데이터베이스나 LDAP 서버에서 가져오는 방법을 알아보고 실제 애플리케이션에 필요한 복잡한 요건을 충족시키기 위해 여러 가지 로그인 메커니즘을 조합해 사용하는 방법을 알아보겠다. 또한 웹 티어 측면으로 관점을 옮겨 애플리케이션에 보안이 적용된 접속을 위해 SSL을 활성화하는 방법을 알아보겠다.

## 5.1. 보안 도메인 정의

사용자 인증(authentication, 사용자의 비밀번호 검증)과 사용자 인가(authorization, 요청한 작업의 실행 권한이 있는 사용자인지 검증)가 동작하는 방식은 보안 도메인에 의해 결정된다. ToDo 애플리케이션에서는 user.properties와 roles.properties 파일의 사용자 정보를 사용했는데, 이렇게 해도 동작할 수 있는 것은 JBoss에서 제공하는 기본 보안 도메인이 이 파일들을 검색하도록 설정돼 있기 때문이다. 이번 절에서는 디폴트 보안 도메인을 적용하지 않고, 애플리케이션의 보안 요구사항에 맞춰 커스터마이징할 수 있게 명시적인 보안 정책을 설정해보겠다.

## 어떻게 해야 할까?

> 설정 파일을 살펴보는 것은 언제나 유익한 일이다. 대부분의 JBOSS 설정 파일에는 주석 부분에 각 설정 옵션에 대한 설명이 들어 있다.

JBoss에서 보안에 대한 가장 중요한 설정 지점은 conf/login-config.xml 파일이다. 이 파일에는 각 보안 도메인을 정의하는 정책이 들어 있다. 파일을 살펴보면 JBoss의 보안 도메인에 대해 선언하고 있는 application-policy 엘리먼트들을 볼 수 있다. 다음 예제는 이 파일의 끝부분이다.

```
<application-policy name="other">
    <!-- A simple server login module, which can be used when the number
    of users is relatively small. It uses two properties files:
    users.properties, which holds users (key) and their password (value).
    roles.properties, which holds users (key) and a comma-separated list of
    their roles (value).
    The unauthenticatedIdentity property defines the name of the principal
    that will be used when a null username and password are presented as is
    the case for an unauthenticated web client or MDB. If you want to
    allow such users to be authenticated add the property, e.g.,
    unauthenticatedIdentity="nobody"
    -->
    <authentication>
        <login-module code="org.jboss.security.auth.spi.UsersRolesLoginModule"
            flag="required"/>
    </authentication>
</application-policy>
```

보안 도메인의 이름은 other로 정의돼 있다. 인증 시스템은 UsersRolesLoginModule을 사용하는 것으로 정의돼 있는데, 이 모듈은 사용자와 역할 정보를 지금까지 사용해온 간단한 프로퍼티 파일에서 읽어온다. other 보안 도메인은 시스템의 기본 보안 도메인이다. JBoss는 애플리케이션에 설정된 보안 도메인을 찾을 수 없는 경우 이 보안 도메인을 사용한다.

인증 정책을 변경할 때 other 보안 도메인을 변경할 수도 있다. 그러나 이렇게 하면 전체 서버의 기본 정책이 변경되므로 좋은 방법이 아니다. 이보다는 새 보안 도메인을 선언하는 편이 더 낫다. 새 도메인을 선언하려면 원래의 인증 정책을 기반으로 새로운 인증 정책을 생성할 필요가 있다. 다음의 인증 정책을 login-config.xml 파일에 추가하자.

```xml
<application-policy name="todo">
    <authentication>
        <login-module
            code="org.jboss.security.auth.spi.UsersRolesLoginModule"
            flag="required" />
    </authentication>
</application-policy>
```

> 보안 도메인은 요청 시점에 생성된다. login-config.xml 파일에 항목을 추가해도 애플리케이션에서 보안 도메인을 사용하려고 시도하기 전까지는 아무런 영향이 없다.

이렇게 해서 todo라는 새 보안 도메인을 선언했다. JBoss가 파일의 변경사항을 읽어 새 도메인을 인식하려면 서버를 재기동해야 한다.

보안 도메인만 선언돼 있고 이 도메인을 사용하는 애플리케이션이 하나도 없다면 어떻게 될까? 이것이 바로 이 애플리케이션의 현재 상태다. JBoss는 ToDo 애플리케이션에 todo 보안 도메인이 적용돼야 하는지 모른다. 달리 명시해 주지 않으면 JBoss는 other 도메인을 계속 사용할 것이다.

보안 도메인을 지정하기 위해 먼저 JBoss 고유의 배포 서술자인 jboss-web.xml에 대해 알아보자. Jboss-web.xml은 WAR 파일의 WEB-INF 디렉터리에서 web.xml 파일과 같은 곳에 위치하며, 배포와 관련된 부가적인 정보를 제공한다.

특정 보안 도메인에 연결하려면 security-domain 엘리먼트에 연결하려는 보안 도메인의 JNDI 명을 지정해야 한다. 보안 도메인은 JNDI의 java:/jaas 뒤에 명시되므로 todo 도메인은 다음 처럼 java:/jaas/todo가 된다.

> 같은 보안 도메인 엘리먼트를 JBoss의 다른 배포 서술자(deployment descriptor, jboss.xml 등)에서도 사용할 수 있다.

```xml
<!DOCTYPE jboss-web PUBLIC
    "-//JBoss//DTD Web Application 2.4//EN"
    "http://www.jboss.org/j2ee/dtd/jboss-web_4_0.dtd">

<jboss-web>
    <security-domain>java:/jaas/todo</security-domain>
</jboss-web>
```

빌드 스크립트를 실행할 때 -Doptional.dd=security 플래그를 사용하면 todo.war 내의 jboss-web.xml 파일에 해당 서술자를 포함시킨다.

```
\todo> ant -Doptional.dd=security
```

## 방금 뭘 했지?

UsersRolesLoginModule에 기반을 둔 todo라는 새 보안 도메인을 생성했다. 이 보안 도메인은 기본 보안 도메인의 기능을 복제한 것이다. 이 모듈은 설정이 간단하기는 하지만 배포하는 데 유연성이 떨어진다. 그러나 이제 보안 도메인을 명시적으로 생성하고 애플리케이션에 연결해봤으니 애플리케이션과는 독립적으로 우리가 원하는 다른 방식으로 구현된 로그인 모듈로 대체할 수 있다.

> J2EE 명세서에 사용자 관리 API가 정의돼 있었다면 이런 장단점들을 고민할 필요가 없었을 것이다.

## 5.2. 관계형 데이터베이스를 이용한 사용자 관리

거의 모든 J2EE 애플리케이션에서는 관계형 데이터베이스를 사용하므로 다른 데이터와 함께 사용자 정보도 데이터베이스에 저장하고자 하는 것은 자연스러운 일이다. 여러분의 도메인 모델은 역할까지는 아니라도 로그인 ID와 비밀번호의 개념을 도입한 사용자 오브젝트를 포함하고 있을 수도 있다. ToDo 애플리케이션에서 채택한 사용자 오브젝트는 유연성이 좋지 못했다. 이제 데이터베이스를 이용해서 사용자 정보를 동적으로 제어할 때다.

## 어떻게 해야 할까?

먼저 데이터베이스에 사용자 데이터와 역할 데이터를 넣어야 한다. 데이터를 입력하려면 데이터베이스에 테이블을 생성해야 한다. 사용자 정보를 저장한 테이블과 역할 정보를 저장한 테이블을 각각 생성하겠다. 하이퍼소닉데이터베이스 관리 도구를 열고 아래의 두 테이블을 생성하자.

```
CREATE TABLE USERS(login VARCHAR(64) PRIMARY KEY, passwd VARCHAR(64))
CREATE TABLE USER_ROLES(login VARCHAR(64), role VARCHAR(32))
```

데이터베이스에 사용자 정보를 저장하는 방법은 여러 가지가 있다. 예를 들어, 좀 더 정규화된 데이터베이스 구조에서는 사용자 ID와 역할 ID 컬럼도 있을 수 있다. 나중에 보겠지만 JBoss에서는 우리가 데이터를 실제로 어떻게 구성하는지는 상관하지 않는다. 효율적인 SQL 쿼리를 작성해서 사용자와 역할 정보를 추출하기만 하면 JBoss 내에서 쉽게 데이터를 조작할 수 있다.

>  **팁**
>
> 하이퍼소닉 데이터베이스 관리 도구를 열려면 다음과 같은 절차를 따른다.
> 1) JMX 콘솔을 연다. (http://localhost:8080/jmx-console/)
> 2) 화면의 오른쪽 프레임에서 database=localDB,service=Hypersonic 링크를 클릭한다.
> 3) start 오퍼레이션의 Invoke 버튼을 클릭한다.
> 4) startDatabaseManager 오퍼레이션의 Invoke 버튼을 클릭하면 관리 도구가 실행된다.

하이퍼소닉 데이터베이스 관리 도구에서 데이터베이스에 사용자 정보를 입력하자.

```
INSERT into USERS values('pinky', 'duh')
INSERT into USERS values('brain', 'conquest')
INSERT into USER_ROLES values('pinky', 'User')
INSERT into USER_ROLES values('brain', 'User')
```

이제 login-config.xml 파일의 보안 도메인을 수정해 보자. 데이터베이스에서 사용자와 역할 데이터를 읽어오는 기능을 제공하는 DatabaseServerLoginModule을 사용해 보자.

```
<application-policy name="todo">
    <authentication>
        <login-module
            code="org.jboss.security.auth.spi.DatabaseServerLoginModule"
            flag="required">
          <module-option name="dsJndiName">java:/DefaultDS</module-option>
          <module-option name="principalsQuery">
              select passwd from USERS where login=?
          </module-option>
          <module-option name="rolesQuery">
              select role, 'Roles' from USER_ROLES where login=?
          </module-option>
        </login-module>
    </authentication>
</application-policy>
```

*login-config.xml을 수정하면 잊지 말고 서버를 재시작해야 한다.*

이 로그인 모듈에는 세 개의 매개변수 설정이 필요하다. dsJndiName 어트리뷰트는 사용할 데이터소스의 JNDI 이름이다. 다른 데이터베이스를 사용하고 싶다면 이 이름을 수정해서 선택한 데이터베이스를 로그인 모듈에 연동할 수 있다.

principalsQuery와 rolesQuery 어트리뷰트는 사용자 정보와 역할 정보를 데이터베이스에서 추출하는 SQL 쿼리를 제공한다. 이 SQL이 로그인 모듈에서 요구하는 형식으로 결과값을 반환할 수 있으면 어떠한 데이터베이스나 사용자 데이터를 사용해도 된다.

*기본적으로 우리가 스키마와 쿼리를 제공해야 한다.*

principalsQuery 어트리뷰트의 SQL은 사용자의 비밀번호를 포함하는 한 컬럼으로 구성된 단일 행을 반환할 것이다. rolesQuery 어트리뷰트는 조금 더 복잡하다. rolesQuery 어트리뷰트의 SQL은 두 개의 컬럼을 포함하는 행들을 반환해야 하는데, 첫 번째 컬럼은 역할의 명칭이고 두 번째 컬럼은 사용될 JAAS 인증주체(principal)의 명칭에 해당한다. 이 두 번째 컬럼은 간단히 'Roles'로 입력하면 된다.

## 방금 뭘 했지?

앞에서는 DatabaseServerLoginModule을 이용해 사용자 로그인 정보를 하드코딩된 프로퍼티 파일에서 데이터베이스로 옮겨봤다. 우리는 사용자 정보를 데이터베이스에 입력하고 데이터베이스 로그인 모듈에서 이 사용자 정보를 읽을 수 있게 설정하기만 하면 된다.

사용자 정보를 데이터베이스로 옮기면 데이터를 점검하고 관리하기가 쉬워진다. 데이터베이스의 사용자 정보가 변경되면 변경된 정보를 애플리케이션에서 즉시 사용할 수 있다. 예를 들어, 데이터베이스에 사용자를 추가하면 즉시 추가된 사용자로 로그인할 수 있다.

다른 측면에서 보면 데이터를 변경했을 때 조금 까다로운 일이 있을 수 있다. 보안 매니저는 웹페이지에 접속할 때마다 데이터베이스에 접근하는 것을 방지하고자 인증 정보를 캐시에 저장한다. 이렇게 하면 성능 향상에 도움이 되지만 가끔은 JBoss에서 변경된 비밀번호와 새로운 그룹 정보가 인식되지 않는 문제가 생길 수 있다(이러한 일은 데이터베이스에 저장한 정보 대신 캐시된 인증정보를 읽어오는 경우 발생할 수 있다). JBoss가 변경된 데이터를 인식하게 하려면 데이터를 수정한 후 JAASSecurityManager MBean에서 flushAuthenticationCache 오퍼레이션을 실행하면 된다.

## 5.3. 해쉬 비밀번호 사용

로컬 파일에든 데이터베이스에든 평문으로 비밀번호를 저장하는 것은 위험천만한 일이다. 데이터 보호에 신경을 쓰고 있다 하더라도 암호화되지 않은 비밀번호는 노출될 우려가 있다. 지금까지 살펴본 로그인 모듈에서는 평문 비밀번호 대신 해쉬 비밀번호를 사용할 수 있다.

해쉬 비밀번호는 복호화할 수 없는 암호화된 형식의 비밀번호라고 보면 된다. 누군가가 해쉬 비밀번호를 알았다고 해도 원래 비밀번호 값으로 복구할 방법이 없다. 사용자의 비밀번호가 맞는지 검증할 때는 입력값에 해쉬 함수를 적용해 얻은 해쉬 값이 저장된 해쉬 값과 같은지 확인해서 값이 같다면 비밀번호가 맞는 것이다. 해쉬 비밀번호를 사용한다고 해서 비밀번호 보안이 보장되는 것은 아니지만 비밀번호 노출을 방지하는 데는 도움이 된다.

### 어떻게 해야 할까?

해쉬 비밀번호를 사용하려면 원하는 해쉬 알고리즘을 사용하게끔 로그인 모듈을 설정해야 한다. 또한 해쉬 비밀번호는 바이너리 데이터라서 비밀번호를 텍스트 문자열로 인코딩하는 방법을 결정해야 한다. 이러한 두 가지 설정 옵션을 로그인 모듈에 옵션으로 설정한다.

다음은 이전 실습에서 사용한 로그인 모듈에 비밀번호 해쉬를 적용한 것이다.

```
<application-policy name="tcdo">
    <authentication>
        <login-module
            code="org.jboss.security.auth.spi.DatabaseServerLoginModule"
            flag="required">
            <module-option name="dsJndiName">
                java:/DefaultDS</module-option>
            <module-option name="principalsQuery">
                select passwd from USERS where login=?
            </module-option>
            <module-option name="rolesQuery">
                select role, 'Roles' from USER_ROLES where login=?
            </module-option>
            <module-option name="hashAlgorithm">MD5</module-option>
```

> Base 64 인코딩은 hex-(Base 16) 인코딩보다 좀 더 축약된 텍스트 문자열을 만들어낸다.

```xml
        <module-option name="hashEncoding">BASE64</module-option>
      </login-module>
    </authentication>
</application-policy>
```

hashAlgorithm은 사용될 메시지 다이제스트[1] 알고리즘의 이름을 나타낸다. 여기서는 MD5를 사용했다. 일반적으로 사용되는 또 다른 메시지 다이제스트 알고리즘은 SHA다. 우리는 JCE provider가 지원하는 어떤 종류의 메시지 다이제스트 알고리즘도 사용할 수 있다. hashEncoding은 바이너리 해쉬 값을 문자열로 변환하는 데 사용된다. JBoss는 Base64와 hex 인코딩을 지원한다.

이렇게 설정하면 로그인 모듈은 데이터베이스에서 찾은 값을 평문 비밀번호가 아니라 해쉬 비밀번호로 인식한다. 그러나 어떻게 데이터베이스에 해쉬 비밀번호를 넣을까? 사용자 관리 프로그램에서 이 부분을 담당해야 한다. 알고리즘과 인코딩 메서드가 표준화돼 있으므로 그다지 어렵지는 않다. 다음 코드에서는 org.jboss.crypto.CryptoUtil 도우미 클래스를 이용해서 MD5 함수와 Base64 인코딩 방식을 사용하는 해쉬 비밀번호를 생성한다.

```java
import org.jboss.crypto.CryptoUtil;

public class Hash
{
    public static void main(String[ ] args)
        throws Exception
    {
        if (args.length != 1) {
            System.out.println("ARGS: password");
            return;
        }

        String password = args[0];

        String result   = CryptoUtil.createPasswordHash("MD5",
            CryptoUtil.BASE64_ENCODING, null, null, password);
```

---

[1] 임의의 길이의 메시지를 단방향 해시 함수로 반복 적용해서 축약된 일정한 길이의 비트열로 만들어 표현한 것이다. 메시지(또는 문서나 문장)마다 단 하나의 메시지 다이제스트가 산출되고 서로 다른 문서에 대해서는 같은 메시지 다이제스트가 산출될 수 없다. 따라서 원문의 변조 여부를 확인할 수 있는 일종의 체크섬(checksum)에 해당한다.

```
        System.out.println("MD5(" + password +")=" + result);
    }
}
```

시험 삼아 몇 개의 비밀번호만 생성할 경우에는 크로스 플랫폼[2] 툴인 OpenSSL을 이용해도 좋다. OpenSSL은 Base64 인코딩과 MD5 및 SHA 다이제스트도 지원한다. 이러한 다이제스트 알고리즘을 적용하는 예제를 살펴보자.

```
[hash]$ echo -n mypassword | openssl dgst -md5 -binary | openssl base64
NIGde+6ruSYKXIVLyFs+RA==
[hash]$ echo -n mypassword | openssl dgst -sha -binary | openssl base64
eJrcMN01ZfbtLMPmcsR7bOJRvk4=
```

*OpenSSL에 대한 더 자세한 사항은 http://www.openssl.org/ 에서 확인할 수 있다.*

이 값들을 데이터베이스의 사용자 비밀번호 컬럼에 직접 입력할 수 있다. 데이터베이스에 저장돼 있던 평문 비밀번호를 해쉬된 비밀번호로 업데이트하면 ToDo 애플리케이션에 다시 연결할 수 있다.

## 방금 뭘 했지?

평문 비밀번호 대신 해쉬 비밀번호를 사용해봤다. JBoss가 제공하는 거의 모든 로그인 모듈에서는 해쉬 비밀번호를 사용할 수 있다. 로그인 모듈마다 설정 옵션은 정확히 같다.

다시 한번 말하지만 해쉬된 비밀번호가 보안을 보증해 주지는 않는다. 예를 들어, 취약한 비밀번호는 여전히 사전공격(dictionary attack)[3]을 제물이 될 수 있다. 게다가 JBoss가 제공하는 해쉬 메커니즘에서는 두 사용자가 같은 비밀번호를 사용하고 있다면 같은 해쉬 값을 갖게 된다. 그렇다고 해서 해쉬된 비밀번호가 의미가 없다는 것은 아니다. 해쉬된 비밀번호는 유용하다. 단, 해쉬된 비밀번호를 사용하더라도 비밀번호 데이터를 주의해서 관리할 필요가 있다는 말이다.

*해쉬된 비밀번호를 다룰 땐 주의해야 하고, 해쉬 비밀번호도 기밀 정보로 다뤄야 한다.*

---

2  소프트웨어가 여러 종류의 컴퓨터 플랫폼에서 동작할 수 있음을 의미하는 용어다.
3  비밀번호 공격 방법의 하나로 비밀키 암호화 알고리즘의 키를 사용할 경우 적용 가능한 공격 방법이다. 일반 사용자는 암호 키를 자신에게 친숙한 값(예:생일, 전화번호)으로 선택하는 경향이 있으므로 이것을 차례대로 대입해보면 키를 찾을 확률이 매우 높다. 이처럼 사용자들의 키가 될 가능성이 있는 값들을 하나의 거대한 사전으로 만들어 데이터를 실제로 적용할 경우 상당히 높은 확률로 키를 알아낼 수 있다.

### 애플리케이션 보안에 대한 우리의 접근법

J2EE의 보안은 매우 제한적이어서 거의 쓸모가 없다. 애플리케이션에 대한 접근을 제한하고자 할 경우 J2EE 보안을 고려해 볼 수도 있지만 일반적으로 애플리케이션에는 사용자나 오브젝트별로 세분화된 접근 제어 정책을 적용하므로 J2EE 보안은 그다지 도움이 되지 않는다. 다시 말해서 J2EE 보안을 이용할 때 "유효한 사용자는 애플리케이션을 사용할 수 있어야 한다."라는 정책은 가능하지만 "사용자는 자신이 생성한 오브젝트만을 수정할 수 있다."라는 정책은 적용할 수 없다.

JBoss는 각 빈(bean) 타입에 SecurityProxy를 정의할 수 있게 해서 인스턴스 기반의 보안 구현을 제한적으로 지원한다. 프록시 내에 우리가 원하는 어떤 종류의 접근 정책도 구현할 수 있으며, 빈에 접근할 때 해당 정책이 적용되게 해준다.

SecurityProxy는 애플리케이션 코드에서 인스턴스 기반의 보안을 체크할 필요가 없게 해준다. 그러나 화면에서 보안에 필요한 세부사항을 다루기는 해야 한다. ToDo 애플리케이션을 생각해 보면 사용자가 자신의 작업에 대해서만 수정할 수 있게 SecurityProxy가 강제할 수도 있을 것이다. 그러나 보안 정책이 빈에만 적용되므로 사용자가 수정 내역을 입력한 후 저장하려고 하는 시점이 되어서야 사용자에게 수정 권한이 없음을 알려주게 된다는 문제가 있다.

J2EE나 JBoss는 전체 애플리케이션 보안을 지원하는 실제적인 프레임워크를 제공하지 않는다. 여러분 스스로 의도에 맞는 정책을 구현해야 한다. ToDo 애플리케이션에서는 빈 수준에는 보안을 적용하지 않기로 결정했다. 빈도 애플리케이션 전체에서 보면 일부에 해당한다. 그래서 화면에만 보안을 적용하는 방법을 선택했다.

데이터를 보여줄 때 컨트롤러는 어떤 사용자의 데이터인지만 확인하고 자신의 데이터만 사용자 화면에 보여준다. 이렇게 해서 사용자는 자신의 데이터만 수정할 수 있다. 화면을 해킹해서 사용자에게 보여지는 데이터 이외의 오브젝트에 접근이 허용될 일만 없다면 이것으로 충분히 애플리케이션 접근을 제한할 수 있다. 보안 정책 구현을 화면에만 맡기고 싶지 않을 때는 EJB에 SecurityProxy를 적용해서 규칙을 강제할 수 있다.

## 5.4. LDAP 서버를 이용한 사용자 관리

애플리케이션에서 관계형 데이터베이스에 다른 애플리케이션 데이터와 함께 사용자 정보를 저장하는 방식은 애플리케이션에서 사용자 정보를 관리하는 경우에 훌륭한 정책이다. 그러나 사용자 데이터를 애플리케이션 간에 공유해야 하는 경우도 있고 외부 시스템이 사용자 데이터를 관리하는 경우도 있다. 이러한 경우에 사용자 정보를 위한 중앙 저장소로 종종 LDAP 디렉터리 서버가 사용된다. LDAP의 사용자 저장소를 보면 지금까지 봐온 다른 로그인 모듈처럼 LDAP 로그인 모듈도 사용하기 쉽다는 것을 알게 될 것이다.

> LDAP은 시스템 간에 정보를 공유해야 하는 경우에만 의미가 있다. 단지 하나의 애플리케이션에 대한 정보만 관리하는 경우에는 LDAP를 사용하지 않는다.

### 어떻게 해야 할까?

LDAP에는 정말 굉장한 특징이 몇 가지 있다. LDAP에는 표준 네트워크 프로토콜과 표준 쿼리 메커니즘이 있어서 벤더 고유의 드라이버나 쿼리 없이도 어떤 클라이언트라도 서버와 통신할 수 있다. 또한 LDAP의 표준 스키마를 이용하면 서버 간에 표준 데이터 표현 방식(data representation)[4]을 쓸 수 있다.

이러한 특징으로 보면 LDAP이 진정한 표준 사용자 관리 시스템으로 보일 수도 있지만 아쉽게도 그렇지는 않다. LDAP이 제공하는 유연성으로 인해 거의 모든 LDAP 시스템에서는 자체적으로 변형된 방법으로 사용자를 표현하고 있다. 결과적으로 LDAP 로그인 모듈이 동작하려면 항상 상당한 분량의 설정 작업이 필요하다. LDAP이 시스템마다 차이가 있기는 하지만 공통적인 부분도 많으므로 간단한 예제를 들어 LDAP의 사용자 정보를 JBoss의 사용자 인증 및 인가 정보로 매핑하는 방법을 설명해보겠다.

다음의 LDAP 데이터 교환 형식(LDIF, LDAP Data Interchange Format) 파일에는 이번 실습에서 사용할 데이터가 포함돼 있다.

```
dn: o=jbossnotebook
objectclass: top
objectclass: organization
o: jbossnotebook
```

---

[4] 숫자나 문자, 특수 기호를 사용해서 데이터를 표현하는 것

```
dn: ou=People,o=jbossnotebook
objectclass: top
objectclass: organizationalUnit
ou: People

dn: uid=norman,ou=People,o=jbossnotebook
objectclass: top
objectclass: uidObject
objectclass: person
uid: norman
cn: Norman
sn: Richards
userPassword: secretpassword1

dn: uid=sam,ou=People,o=jbossnotebook
objectclass: top
objectclass: uidObject
objectclass: person
uid: sam
cn: Sam
sn: Griffith
userPassword: secretpassword2

dn: ou=Roles,o=jbossnotebook
objectclass: top
objectclass: organizationalUnit
ou: Roles

dn: cn=User,ou=Roles,o=jbossnotebook
objectclass: top
objectclass: groupOfNames
cn: User
member: uid=norman,ou=People,o=jbossnotebook
member: uid=sam,ou=People,o=jbossnotebook
```

> LDAP 서버에 objectclass 어트리뷰트와 member 어트리뷰트의 인덱스가 생성됐는지 확인하자. 이 어트리뷰트는 데이터를 검색할 때 필요하다.

이 데이터는 정보를 구조화하기 위한 몇 가지 구조적 엔티티와 함께 두 가지 중요한 엔트리를 제공한다. 하나는 사용자이고 하나는 그룹이다. 사용자 정보는 간단한 person 오브젝트다. 사용자의 이름과 비밀번호를 나타내는 uid와 userPassword 어트리뷰트를 사용한다. 그룹은 groupOfName 오브젝트이고 member 어트리뷰트에는 그룹의 멤버를 지정한다.

이 데이터로 어떻게 사용자를 인증하고 사용을 인가할지 생각해보자. sam이라는 사용자가 비밀번호로 secretpassword를 입력했다고 가정하자. 먼저, 로그인 모듈이 sam 엔트리를 가져와야 한다. 그러려면 uid=sam 엔트리를 찾아오기 위해 ou=People,o=jbossnotebook 아래의 uid=sam을 사용해야 한다는 사실을 알아야 할 것이다. 우리는 LDAP 서버가 사용자 자격을 검증하는 역할을 담당하게 할 수 있다.

사용자의 역할을 파악하려면 ou=Roles,o=jbossnotebook 아래에 있는 그룹을 검색해야 한다. 또한, member 어트리뷰트의 값이 사용자 엔트리의 DN과 같은 member 어트리뷰트가 포함된 엔트리를 검색해야 한다. 그룹 명칭을 가져오고 나면 역할 엔트리의 DN을 JBoss에서 사용할 수 있는 역할명으로 매핑한다.

여러분의 스키마와는 아주 다를 수도 있지만 위와 같은 식으로 생각해보면 데이터를 사용하는 데 문제가 없을 것이다.

이제 앞에서 본 데이터가 들어 있는 LDAP 서버를 통해 사용자를 인증하는 데 필수적인 설정 방법을 살펴보자. 여기서는 LdapLoginModule을 사용하겠다.

> LDAP이 표준화된 쿼리를 가지고 있지만 SQL에서 사용할 수 있는 복잡한 쿼리를 표현하는 명확한 방법은 없다.

```xml
<application-policy name="todo">
    <authentication>
        <login-module code="org.jboss.security.auth.spi.LdapLoginModule"
                flag="required">
            <module-option name="java.naming.factory.initial">
                com.sun.jndi.ldap.LdapCtxFactory
            </module-option>
            <module-option name="java.naming.provider.url">
                ldap://localhost/
            </module-option>
            <module-option name="java.naming.security.authentication">
                simple
            </module-option>
            <module-option name="principalDNPrefix">uid=</module-option>
            <module-option name="principalDNSuffix">
                ,ou=People,o=jbossnotebook
            </module-option>
            <module-option name="rolesCtxDN">
                ou=Roles,o=jbossnotebook
            </module-option>
            <module-option name="uidAttributeID">member</module-option>
```

```xml
            <module-option name="matchOnUserDN">true</module-option>
            <module-option name="roleAttributeID">cn</module-option>
            <module-option name="roleAttributeIsDN">false</module-option>
        </login-module>
    </authentication>
</application-policy>
```

설정할 옵션은 많지만 절차는 까다롭지 않다. java.naming.* 옵션은 LDAP서버에 접속할 때 사용될 JNDI 프로퍼티다. 우리가 사용한 간단한 인증 방법에서는 접속하려는 사용자의 DN과 비밀번호를 지정하지 않았다. LDAP 로그인 모듈은 특정 사용자로 연결을 시도할 때 principalDNPrefix 값을 사용자명 앞에 붙이고, principalDNSuffix 값을 뒤에 붙여서 DN을 생성한다.

rolesCtxDn은 역할 엔트리를 가지고 있는 구조적인 엔티타. uidAttributeID와 matchOnUserDN 값은 우리가 찾는 엔트리의 멤버 어트리뷰트가 인증하려는 사용자의 DN과 일치해야 한다는 것을 나타낸다.

마지막으로 roleAttributeID와 roleAttributeIsDN 값에 의해 로그인 모듈은 JBoss에서 사용자에 지정할 역할의 명칭으로 역할 엔트리의 cn 어트리뷰트의 값을 사용한다. 예제 데이터에서 cn 어트리뷰트의 값은 User다.

> login-config.xml 파일을 수정하고 나면 반드시 서버를 재부팅하자.

로그인 모듈 정의를 login-config.xml 파일에 추가하면 애플리케이션은 LDAP 서버의 사용자 데이터로 인증한다.

## 방금 뭘 했지?

### 좀 더 복잡한 LDAP 구조?

지금까지 살펴본 LDAP 적용법은 너무 단순화한 감이 없지 않다. 그러나 많은 경우 사용자 엔트리의 DN은 이처럼 깔끔하고 간결하지 않다. 많은 LDAP 서버가 복합 RDN을 사용하거나, RDN에 애플리케이션에서 사용할 만한 사용자명을 가지고 있지 않다. 또한 사용자 정보가 깔끔하게 하나의 루트 레벨 아래에 있지 않고 하위 트리 곳곳에 흩어져 있는 경우도 많다. LDAP 로그인 모듈은 이런 복잡한 경우를 처리하지 못하므로 이런 경우에는 로그인 모듈의 기능을 보완할 필요가 있다.

## 5.5. 로그인 모듈 조합하기

때로는 하나의 로그인 모듈로 요건을 정확히 충족하기가 어려울 때가 있다. 외부 LDAP 서버를 이용해 사용자 정보를 제공하는 경우를 생각해 보자. 이 방법은 이미 존재하는 LDAP 기반의 사용자 저장소와 시스템을 통합할 필요가 있는 경우에 고려해야 한다. 그러나 잠깐 생각해보자. 사용자와 비밀번호는 전형적인 LDAP 서버에서 쉽게 매핑된다. 그러나 LDAP의 그룹이나 역할 정보가 애플리케이션에서 필요한 특별한 역할에 맞춰질 수 있을까? 이런 일은 거의 불가능하다. 더욱 곤란한 것은 외부의 LDAP 서버를 제어할 수 없는 경우도 있다는 것이다. 따라서 LDAP 서버에 특정 애플리케이션에 필요한 엔트리를 추가하는 것이 정책상 어려울 수도 있다.

항상 이런 것은 아니지만 여러 로그인 모듈을 조합해서 사용하는 것은 특이한 일이 아니다. 우리가 조금 전에 언급한 경우가 그 예다. 역할 정보가 잘 갖춰지지 않은 사용자 저장소를 이용하는 경우 LDAP 로그인 모듈에서 사용자를 검증하고 데이터베이스 모듈에서 역할 정보를 제공받게끔 로그인 모듈을 조합하는 방법이 유용하다.

### 어떻게 해야 할까?

JBoss에서는 하나의 보안 도메인에 여러 개의 로그인 모듈을 지정할 수 있다. 이것은 다른 장착형(pluggable) 인증 시스템과 마찬가지다. 문제는 어떤 방식으로 로그인 모듈들이 상호작용하는가다. 로그인 모듈들을 결합해서 사용자 인증을 할 수도 있고, 독립적으로 동작하게 할 수도 있다.

다수의 인증 저장소를 가지고 있다면 인증 모듈들이 독립적으로 동작하기를 바랄 것이다. 사용자 관리를 위한 전사 차원의 LDAP 저장소를 갖고 있는 경우라도 애플리케이션에만 특화된 추가적인 관리자 계정을 별도로 관리할 필요가 있을 수 있다. 사용자 정보가 여러 저장소 중 한 저장소에만 들어 있어도 로그인은 성공해야 한다.

아래 설정은 이러한 요건을 정확히 충족시켜준다.

```xml
<application-policy name="todo">
    <authentication>
        <login-module code="org.jboss.security.auth.spi.LdapLoginModule"
                    flag="sufficient">
            <module-option name="java.naming.factory.initial">
                com.sun.jndi.ldap.LdapCtxFactory </module-option>
            <module-option name="java.naming.provider.url">
                ldap://localhost/
            </module-option>
            <module-option name="java.naming.security.authentication">
                simple
            </module-option>
            <module-option name="principalDNPrefix">uid= </module-option>
            <module-option name="principalDNSuffix">
                ,ou=People,o=jbossnotebook
            </module-option>
            <module-option name="rolesCtxDN">
                ou=Roles,o=jbossnotebook
            </module-option>
            <module-option name="uidAttributeID"> member </module-option>
            <module-option name="matchOnUserDN">true</module-option>
            <module-option name="roleAttributeID">cn</module-option>
            <module-option name="roleAttributeIsDN">false</module-option>
        </login-module>
        <login-module
            code="org.jboss.security.auth.spi.DatabaseServerLoginModule"
            flag="sufficient">
            <module-option name="dsJndiName">java:/DefaultDS</module-option>
            <module-option name="principalsQuery">
                select passwd from USERS where login=?
            </module-option>
            <module-option name="rolesQuery">
                select role, 'Roles' from USER_ROLES where login=?
            </module-option>
        </login-module>
    </authentication>
</application-policy>
```

각 모듈이 sufficient로 표시됐기 때문에 JBoss는 하나의 모듈에서만 성공하면 로그인을 허용한다. 모듈을 required로 표시한다면 양쪽 모듈이 모두 성공해야 로그인을 허용한다. 이것은 사용자 정보가 양쪽 저장소에 모두 존재해야 하는 경우에 사용된다.

두 개의 저장소가 독립적이지 않다면 어떻게 될까? 초기에 가정한 내용을 돌이켜보면 사용자 정보는 LDAP 서버에 있고 관계형 데이터베이스에 관리되는 사용자 역할 정보를 특정 애플리케이션에서 추가적으로 사용하는 것이었다. 이것은 간단한 모듈 조합만으로는 해결할 수 없고 비밀번호 조합을 사용해야 한다.

비밀번호 조합에서는 앞의 모듈에서 이미 사용자를 인증한 경우 뒷 모듈에서는 인증은 건너뛰고 역할 정보를 제공한다. 이렇게 하려면 password-stacking 옵션을 useFirstPass로 지정해야 한다.

다음 예제를 살펴보자.

```xml
<application-policy name="todo">
    <authentication>
        <login-module code="org.jboss.security.auth.spi.LdapLoginModule"
                      flag="required">
            <module-option name="password-stacking">
                useFirstPass</module-option>
            <module-option name="java.naming.factory.initial">
                com.sun.jndi.ldap.LdapCtxFactory </module-option>
            <module-option name="java.naming.provider.url">
                ldap://localhost/
            </module-option>
            <module-option name="java.naming.security.authentication">
                simple
            </module-option>
            <module-option name="principalDNPrefix">
                uid=
            </module-option>
            <module-option name="principalDNSuffix">
                ,ou=People,o=jbossnotebook
            </module-option>
        </login-module>
        <login-module
            code="org.jboss.security.auth.spi.DatabaseServerLoginModule"
            flag="required">
            <module-option
                name="password-stacking">useFirstPass</module-option>
```

```xml
            <module-option name="dsJndiName">java:/DefaultDS</module-option>
            <module-option name="rolesQuery">
                select role, 'Roles' from USER_ROLES where login=?
            </module-option>
          </login-module>
        </authentication>
</application-policy>
```

LDAP 로그인 모듈과 데이터베이스 로그인 모듈이 모두 required로 표시돼 있고, 양쪽에 모두 password-stacking 옵션이 설정돼 있다. LDAP 설정에는 roles 쿼리 정보가 생략돼 있고 데이터베이스 모듈에는 principal 쿼리가 생략돼 있는 것을 주목하자. 비록 사용되지는 않더라도 만약을 대비해 생략된 쿼리를 제공하는 편이 더 낫다. 그러나 필수적인 것은 아니다.

### 방금 뭘 했지?

로그인 모듈을 조합해서 좀 더 흥미로운 인증 정책을 구현해봤다. 로그인 모듈을 조합하면 독립적인 사용자 저장소로 통합 로그인을 구현할 수도 있다. 또는 부분적인 정보를 제공하는 사용자 저장소를 조합해서 애플리케이션에 필요한 완전한 정책을 만들 수도 있다. 로그인 모듈을 조합하면 보안 설정을 좀 더 유연하게 만들 수 있다.

## 5.6. SSL 설정

이제 방향을 바꿔 완전히 다른 보안 이슈를 살펴보겠다. 애플리케이션에서 안전한 HTTP 통신을 해야 한다면 SSL 설정이 필요하다.

### 어떻게 해야 할까?

SSL을 설정하기 전에 서버에 유효한 인증서를 설치해야 한다. 인증서는 Thawte나 VeriSign과 같은 인증 기관에서 받을 수 있다(하지만 비용이 많이 든다). 애플리케이션을 운영 환경에 올리기 전까지는 유효한 인증서를 설치해 놓아야 하지만 개발할 때는 자바의 keytool 명령어를 사용해 임시 인증서를 생성할 수 있다.

Key를 생성하기 위해 서버 설정의 conf 디렉터리로 가서 아래와 같은 명령어를 실행한다.

```
\conf> keytool -genkey -keystore ssl.keystore -storepass mypassword
-keypass mypassword -keyalg RSA -validity 3650 -alias testkey1 -dname
"cn=testkey,o=jbossnotebook"
```

이 명령어는 self-signed 인증서를 생성한다. Self-signed 인증서는 공인 인증기관(Trusted Certification Authority)이 아닌 key의 소유자가 서명한 것이다. 그러나 지금은 운영 환경의 인증서를 생성하려는 것이 아니므로 생성된 키의 유형과 관련된 세부사항에 대해서는 걱정하지 않아도 된다. 중요한 점은 이제 ssl.keystore 파일 내에 SSL용 인증서를 갖게 됐다는 것이다.

SSL을 설정하려면 톰캣에 keystore를 지정해줘야 한다. 이 작업은 아주 간단하다. deploy/jbossweb.sar/server.xml 파일에 아래의 커넥터(connnector)를 추가하면 된다.

```
<Connector protocol="HTTP/1.1" SSLEnabled="true"
        port="8443" address="${jboss.bind.address}"
        scheme="https" secure="true" clientAuth="false"
        keystoreFile="${jboss.server.home.dir}/conf/ssl.keystore"
        keystorePass="mypassword" sslProtocol = "TLS" />
```

keystore 파일과 비밀번호 값은 keystore를 생성할 때 사용한 값과 일치해야 한다. JBoss를 재시작하면 connector가 8443 포트에서 HTTPS 커넥션을 리스닝 하는 것을 볼 수 있다.

```
2010-08-11 14:02:43,654 INFO  [org.apache.coyote.http11.Http11Protocol]
(main) Starting Coyote HTTP/1.1 on http-localhost%2F127.0.0.1-8443
```

이제 8443 포트의 HTTPS를 이용해 안전하게 애플리케이션에 접속할 수 있다. ToDo 애플리케이션에 접속하려면 https://localhost:8443/todo/로 들어가면 된다.

여기서 사용된 SSL 인증서는 인증 기관에서 서명한 것이 아니므로 애플리케이션에 접근하려면 브라우저에서 서버의 인증서를 검증할 수 없다고 할 것이다. 즉,

> key 비밀번호는 항상 keystore 비밀번호와 같아야 한다. 두 비밀번호가 다르면 톰캣이 key를 읽을 수 없다.

HTTPS로 서버와 통신할 수는 있지만 정말 우리가 통신하려는 서버와 통신하고 있는지를 확신하지는 못한다는 것이다.

공인 인증 기관에서 서명한 인증서를 받으려면 비용이 많이 든다. keytool 명령어로 key를 생성했다면, 먼저 인증 기관에 보낼 CSR(Certificate Signing Request)를 생성한다. 다음은 keytool 명령어로 CSR을 생성하는 방법이다.

> Self-signed 인증서를 사용하면 중간자 공격*에 취약하다.
>
> * 통신 중인 두 당사자 사이에 끼어들어 당사자들이 교환하는 공개 정보를 자기 것과 바꿔버림으로써 들키지 않고 도청을 하거나 통신 내용을 바꾸는 수법이다.

```
\conf> keytool -certreq -keystore ssl.keystore -alias testkey1
-storepass mypassword -keypass mypassword  -keyalg RSA -file testreq.csr
```

생성된 testreq.csr 파일을 인증기관에 보낼 때 비용을 지불했는지 체크해서 보내면 서명된 인증서를 보내준다. 인증서를 cert.txt로 저장했다면 아래 명령어로 인증서를 키체인에 임포트한다.

```
\conf> keytool -import -keystore ssl.keystore -alias testkey1
-storepass mypassword -keypass mypassword -file cert.txt

  Top-level certificate in reply:

Owner: CN=Thawte Test CA Root, OU=TEST TEST TEST, O=Thawte Certification,
ST=FOR TESTING PURPOSES ONLY, C=ZA
Issuer: CN=Thawte Test CA Root, OU=TEST TEST TEST, O=Thawte Certification,
ST=FOR TESTING PURPOSES ONLY, C=ZA
Serial number: 0
Valid from: Wed Jul 31 19:00:00 CDT 1996 until: Thu Dec 31 15:59:59 CST 2020
Certificate fingerprints:
        MD5:  5E:E0:0E:1D:17:B7:CA:A5:7D:36:D6:02:DF:4D:26:A4
        SHA1: 39:C6:9D:27:AF:DC:EB:47:D6:33:36:6A:B2:05:F1:47:A9:B4:DA:EA
Certificate reply was installed in keystore
```

브라우저가 선택된 인증 기관을 인식하면 인증서를 검증할 수 없다는 메시지 없이 HTTPS로 애플리케이션에 접근할 수 있을 것이다.

# 06
# 로깅

이번 장에서는 JBoss가 로그를 어떻게 처리하는지 살펴보겠다. JBoss에는 효과적인 로그 처리를 위해 log4j 로깅 프레임워크가 코어 서비스로 포함돼 있다. log4j는 어느 순간에 서버가 무슨 일을 하고 있는지에 대한 광범위한 정보를 제공해 줄 뿐 아니라 서버에서 동작하는 모든 애플리케이션의 로그를 중앙집중식으로 관리하는 기능을 제공한다.

중앙집중식 로그 관리에는 몇 가지 장점이 있다. 첫 번째는 애플리케이션에서는 호환되지 않는 로그 라이브러리에 대해 걱정하지 않아도 된다. 두 번째는 애플리케이션에 종속적인 로그 설정과 다양한 로그 파일을 따로 감시할 필요가 없다. 마지막으로 JBoss 로깅 서비스를 통해 운영 중인 서버에서 동적으로 로깅 환경을 재구성할 수 있다.

이제부터 log4j가 무엇을 할 수 있는지 알아보자.

## 6.1. log4j 설정

conf 디렉터리에 담긴 jboss-log4j.xml 파일에서는 서버에 있는 모든 로깅 환경을 설정한다. 이 파일에는 아래 내용이 정의된 어펜더(appender)[1] 설정이 들어 있다.

> log4j에 대해 더 자세히 알고 싶다면 http://logging.apache.org를 참고한다

---

1 로그 메시지를 어디에 기록할 것인지에 대한 매개체 역할을 의미한다.

▶ 로그 파일 지정

▶ 로그 파일로 저장되는 메시지 분류

▶ 메시지의 레이아웃(포맷)

▶ 해당 메시지에 적용되는 필터링

JBoss는 두 가지 로그를 기록한다.

첫 번째는 서버 로그이며, FILE 어펜더로 구성된다.

```
<!-- 시간 또는 날짜 기반의 전환(Rolling) 어펜더 -->
<appender name="FILE"
          class="org.jboss.logging.appender.DailyRollingFileAppender">
  <errorHandler class="org.jboss.logging.util.OnlyOnceErrorHandler"/>
  <param name="File" value="${jboss.server.home.dir}/log/server.log"/>
    <param name="Append" value="false"/>

    <!-- 매일 자정에 전환하기 -->
    <param name="DatePattern" value="'.'yyyy-MM-dd"/>

    <layout class="org.apache.log4j.PatternLayout">
    <!-- 기본 패턴 : 날짜 우선순위 [카테고리] 메시지 -->
        <param name="ConversionPattern" value="%d %-5p [%c] %m%n"/>
    </layout>
</appender>
```

서버에서 발생하는 모든 메시지는 server.log 파일에 기록된다. 찾고 있는 로그 메시지를 발견할 수 없다면 이 로그 파일을 확인해보자. server.log 파일에 로그 메시지가 존재하지 않는다는 것은 서버에서 로그 메시지가 발생하지 않았다는 것을 의미한다. 이 어펜더는 DailyRollingFileAppender를 사용해서 매일 새로운 로그 파일을 생성한다. 또한 jboss-log4j.xml 파일에는 RollingFileAppender를 사용하는 FILE 어펜더 설정도 들어 있다. RollingFileAppender는 여러 개의 로그 파일을 순환해서 사용하기 위한 정책으로, 날짜가 아닌 파일 크기를 이용한다. 설정 방법은 다음과 같다.

```
<appender name="FILE"
          class="org.jboss.logging.appender.RollingFileAppender">
  <errorHandler class="org.jboss.logging.util.OnlyOnceErrorHandler"/>
  <param name="File" value="${jboss.server.home.dir}/log/server.log"/>
```

```xml
<param name="Append" value="false"/>
<param name="MaxFileSize" value="500KB"/>
<param name="MaxBackupIndex" value="1"/>

<layout class="org.apache.log4j.PatternLayout">
    <param name="ConversionPattern" value="%d %-5p [%c] %m%n"/>
</layout>
</appender>
```

두 번째는 콘솔 로그다. JBoss는 명령줄에서 기동할 때 몇 가지 기본적인 로그 정보를 터미널 창으로 직접 제공한다. 이것이 실제적인 콘솔 로그로서 다음과 같이 어펜더를 정의한다.

> 로그 레벨에는 5가지 (DEBUG, INFO, WARN, ERROR, FATAL)가 있다. 또한, JBOSS는 서버 작동의 미세한 부분에 사용할 수 있는 특별한 추적(trace) 레벨도 제공한다.

```xml
<appender name="CONSOLE" class="org.apache.log4j.ConsoleAppender">
    <errorHandler class="org.jboss.logging.util.OnlyOnceErrorHandler"/>
    <param name="Target" value="System.out"/>
    <param name="Threshold" value="INFO"/>
    <layout class="org.apache.log4j.PatternLayout">
        <!-- 기본 패턴: 날짜 우선순위 [카테고리] 메시지\n -->
        <param name="ConversionPattern"
               value="%d{ABSOLUTE} %-5p [%c{1}] %m%n"/>
    </layout>
</appender>
```

서버 로그와 콘솔 로그의 가장 큰 차이는 상세한 정보를 나타내는 DEBUG 메시지의 포함 여부다. 즉, 서버 로그는 콘솔 로그와 함께 DEBUG 메시지를 포함하지만 콘솔 로그는 상세 정보를 나타내는 DEBUG 메시지는 없으며 INFO, WARN, ERROR, FATAL 메시지만 포함한다.

> jboss-log4j.xml은 기동 후에도 JBOSS가 conf 디렉터리에서 감시하는 유일한 파일이다.

DEBUG 메시지도 콘솔에서 보고 싶다면 threshold 값을 DEBUG로 변경해야 한다. 서버 구동 중에 threshold 값을 변경하면 JBoss가 변경사항을 인지할 때까지 60초 동안 기다려야 한다. JBoss는 60초마다 jboss-log4j.xml 파일에 대한 변경사항을 검사한다. JBoss가 변경사항을 인지하면 메모리에 있는 로그 설정을 갱신하고 아래 로그 메시지를 생성한다.

```
22:48:23,305 INFO  [Log4jService$URLWatchTimerTask] Configuring from
URL: resource:jboss-log4j.xml
```

ToDo 애플리케이션을 다시 배포하거나 배포를 취소해보자. 이전에 나온 콘솔 로그보다 훨씬 더 상세한 정보가 콘솔 로그에 표시되는 것을 알 수 있다. 추가 메시지가 불필요하면 다시 threshold 값을 INFO로 변경하면 된다. 만약 더 적은 메시지를 원한다면 로그 레벨을 WARN이나 ERROR로 변경하면 된다. 실제 운영 중인 서버라면 적합한 threshold 값으로 WARN이나 ERROR를 권장한다.

### 방금 뭘 했지?

jboss-log4j.xml 파일에 두 가지 핵심적인 로깅 방식을 배웠다. 그리고 구동 중인 JBoss의 로그 레벨을 변경하면 JBoss는 60초마다 jboss-log4j.xml을 확인한다는 것을 배웠다.

물론, 확인 주기는 변경할 수 있으며 눈치가 빠른 독자라면 log4j 서비스가 관리 빈(MBean)을 통해 관리된다고 추측할 것이다. jboss-service.xml 파일에서 해당 MBean을 찾을 수 있다.

```
<mbean code="org.jboss.logging.Log4jService"
       name="jboss.system:type=Log4jService,service=Logging"
       xmbean-dd="resource:xmdesc/Log4jService-xmbean.xml">
    <attribute name="ConfigurationURL">resource:jboss-log4j.xml</attribute>
    <attribute name="Log4jQuietMode">true</attribute>
    <!-- 얼마나 자주 ConfigurationURL이 바뀌는지 점검할지 설정 -->
    <attribute name="RefreshPeriod">60</attribute>
</mbean>
```

RefreshPeriod 속성에는 확인 주기를 설정한다. 개발할 때는 5 내지 10초 정도가 적절한 설정 값이며, 더 낮은 값으로 변경하면 앞으로의 실습을 그만큼 더 빠르게 진행할 수 있다.

## 6.2. 로깅 카테고리 추가

앞에서 어펜더에서 로깅을 설정하는 방법과 threshold를 이용해서 로그 메시지를 필터링하는 방법을 배웠다. 이제부터는 발생하는 로그 메시지의 레벨을 어떻게 조정하는지 알아보겠다. 발생하는 메시지의 레벨을 조정하는 것은 성능 이슈와 함께 server.log가 필요 이상의 상세한 메시지로 넘쳐나는 것을 방지하는 데 중요하다.

## 어떻게 해야 할까?

모든 로그 메시지는 명명된 카테고리에서 생성된다. 카테고리는 계층적이어서 넓은 범위의 메시지를 포함하는 어펜더로 정의할 수 있지만 보통은 특정 영역을 지정하는 카테고리로 정의한다. 명명 규칙은 자바 클래스와 패키지의 명명 규칙과 비슷하다. 카테고리 명칭은 대소문자를 구별하며, 점(dot)을 구분자로 사용한다. 사실 표준 명명 규칙은 로그 메시지가 생성되는 자바 클래스나 패키지 이름을 본떠 카테고리 이름을 정의한다. 예를 들면 org.apache 패키지를 생성하면 해당 로그 카테고리의 이름은 org.apache로 정의한다.

아래는 jboss-log4j.xml에 있는 몇 가지 카테고리다.

```xml
<!-- DEBUG 레벨이 장황하게 많다면 org.apache 카테고리를 INFO로 제한하기 -->
<category name="org.apache">
    <priority value="INFO"/>
</category>

<!-- INFO 레벨이 장황하게 많다면 org.jgroups 카테고리를 WARN로 제한하기 -->
<category name="org.jgroups">
    <priority value="WARN"/>
</category>

<!-- DEBUG 레벨이 장황하게 많다면 apache axis를 INFO로 제한하기 -->
<category name="org.jboss.axis">
    <priority value="INFO"/>
</category>
```

> 모든 로그 메시지는 server.log에 기록된다. 이때 jboss-log4j.xml에 있는 개별 카테고리 정의가 유일한 필터다.

카테고리는 생성되는 메시지의 상세 수준을 지정한다. 카테고리의 목적은 자바 클래스나 패키지에서 생성하는 로그 메시지를 적절한 수준으로 제한하는 것이다. 어펜더를 통해 임계치를 조정할 수 있다 해도 하나의 자바 클래스나 패키지에서 발생하는 INFO 메시지는 그밖의 자바 클래스나 패키지에서 발생하는 DEBUG 메시지보다 장황하게 많을 수 있다. 카테고리 수준에서 이뤄지는 필터링은 그와 같은 차이를 보완해 준다.

ToDo 애플리케이션은 log4j를 이용해 빈에서 기본적인 로그를 남긴다. 예를 들면, TaskBean에 있는 log4j Logger 인스턴스는 해당 클래스 이름을 카테고리 이름으로 사용한다.

> JBoss에서는 org.jboss.logging.Logger에서 log4j Logger 클래스에 대한 확장 기능을 제공한다. JBoss의 Logger는 trace() 메서드를 이용해 일반적인 DEBUG 로그보다 더 상세한 추적 로그를 제공한다.

```
import org.apache.log4j.Logger
    // ...
static Logger logger = Logger.getLogger(TaskBean.class);
```

ejbCreate() 메서드는 Logger 인스턴스의 debug() 메서드를 이용해 자체 활동 내역을 기록한다.

```
/** @ejb.create-method */
public String ejbCreate(String user, String name)
    throws CreateException
{
    setId(TaskUtil.generateGUID(this));
    setName(name);
    setUser(user);
    setStartedDate(new Date( ));
    logger.debug("creating task " + getId( ) + " for user " + user);
    return null;
}
```

애플리케이션에 접근해서 task를 생성하면 다음과 같이 생성된 task의 ID를 보여주는 로그가 server.log에 기록된다.

```
2010-04-11 20:59:30,782 DEBUG [com.oreilly.jbossnotebook.todo.ejb.TaskBean]
    creating task 3421f6bfc0a80064009b0b39004cf63c for user pinky
```

> 메시지는 콘솔 임계치가 INFO로 설정된 이후에는 콘솔에 나타나지 않는다.

EJB DEBUG 메시지가 생성되지 않게 하려면 생성될 메시지를 제한할 컴포넌트에 대한 카테고리를 추가하면 된다. 다음 카테고리는 해당 EJB의 로그 메시지를 INFO로 제한하는 예제다.

```
<category name="com.oreilly.jbossnotebook.todo.ejb">
        <priority value="INFO" />
</category>
```

카테고리는 계층적이며, 부모 카테고리로부터 자신의 설정 정보를 상속받는다. 따라서 부모 카테고리를 제한하면 전체 ToDo 애플리케이션에 걸친 로그 레벨을 제한할 수 있다.

```
<category name="com.oreilly.jbossnotebook.todo">
        <priority value="INFO" />
</category>
```

자기 자신의 카테고리 설정은 부모 카테고리 설정보다 항상 우선한다. 양쪽(부모, 자기 자신)에서 모두 EJB 컴포넌트의 DEBUG 레벨을 설정할 수 있지만 애플리케이션은 INFO로 제한하거나, 전체 애플리케이션은 DEBUG 레벨에서 기록하고 EJB만 INFO로 제한하는 것도 가능하다.

상속 고리를 계속 거슬러 올라가다 보면 root 카테고리로 올라가게 된다. root 카테고리는 root 엘리먼트를 사용해서 설정한다. JBoss에서 제공된 jboss-log4j.xml 파일에는 아래와 같은 root 엘리먼트가 들어 있다.

```
<root>
        <appender-ref ref="CONSOLE" />
        <appender-ref ref="FILE" />
</root>
```

root 카테고리에는 기본 우선순위가 선언돼 있지 않으며 서버 전체에 기본 로그 레벨 설정이 필요하다면 root에서 지정하면 된다. 그러나 개별 카테고리에서 구체적으로 지정하는 방법을 권장한다.

## 6.3. 로그 포맷 설정

server.log에 기록되는 메시지와 콘솔로 출력되는 메시지를 비교하면 형식이 매우 다르다는 것을 알 수 있으며, server.log에 있는 로그 메시지에는 더욱 정교한 시간과 형식이 충실히 갖춰진 카테고리 이름이 기록된다. 그리고 각 어펜더를 이용해 기록될 메시지의 포맷을 선언할 수 있다.

### 어떻게 해야 할까?

각 어펜더는 layout 엘리먼트를 사용해서 로그 메시지를 출력하는 데 사용되는 레이아웃을 지정할 수 있다. 다음은 콘솔 로그의 일반적인 구성이다.

```
<appender name="CONSOLE" class="org.apache.log4j.ConsoleAppender">
        <errorHandler class="org.jboss.logging.util.OnlyOnceErrorHandler"/>
        <param name="Target' value="System.out"/>
        <param name="Threshold" value="INFO"/>

        <layout class="org.apache.log4j.PatternLayout">
```

```
<!-- 기본 패턴 : 날짜 우선순위 [카테고리] 메시지 -->
<param name="ConversionPattern"
    value="%d{ABSOLUTE} %-5p [%c{1}] %m%n"/>
    </layout>
</appender>
```

ConversionPattern 매개변수에는 로그 형식을 지정한다. 여기서 모든 패턴의 옵션을 논하지는 않겠다. 옵션에 대해 더 자세히 알아보려면 http://logging.apache.org/log4j/docs/api/org/apache/log4j/PatternLayout.html를 참조하기 바란다.

그리고 로그를 생성하는 스레드 이름을 기록하려면 ConversionPattern 패턴 레이아웃에 t% 옵션을 추가하면 된다.

```
<param name="ConversionPattern" value="%d{ABSOLUTE} %-5p [%c{1}] (%t) %m%n"/>
```

해당 옵션을 변경하고 나면 콘솔 로그는 다음과 같은 메시지를 보여줄 것이다.

```
00:26:37,856 INFO  [TaskBean] (http-0.0.0.0-8080-2:) Created:
    local/Task@1735136:34df95cec0a8006500811ae4bccfc6e2
```

## 6.4. 새 로그 파일 생성

서버에서 애플리케이션 로깅을 처리하게 하면 매우 편리하다. 그러나 애플리케이션 로깅과 서버 로깅이 혼재되면 혼동을 일으킬 수 있다. 아마도 일부 개발자는 애플리케이션별로 분리된 로그 파일을 생성하고 싶을 것이다. JBoss에서는 아주 쉽게 로그를 분리할 수 있다.

### 어떻게 해야 할까?

ToDo 애플리케이션에 새로운 로그 파일을 어떻게 생성하는지 알아보자. 어펜더는 기록할 목적지를 표현하므로 새로운 로그 파일을 생성하려면 새로운 어펜더를 추가하면 된다. 이를 쉽게 하기 위해 server.log 파일을 생성하는 FILE 어펜더를 복사한 후 변경한다.

```xml
<appender name="todo"
    class="org.jboss.logging.appender.DailyRollingFileAppender">
    <errorHandler class="org.jboss.logging.util.OnlyOnceErrorHandler"/>
    <param name="File" value="${jboss.server.home.dir}/log/todo.log"/>
    <param name="Append" value="false"/>
    <param name="DatePattern" value="'.'yyyy-MM-dd"/>
    <layout class="org.apache.log4j.PatternLayout">
        <param name="ConversionPattern" value="%d %-5p [%c] %m%n"/>
    </layout>
</appender>
```

여기서는 어펜더의 논리적 이름과 로그 파일의 위치를 변경했다. 어펜더의 이름은 매우 중요한데 그 이유는 설정 파일 내에서 해당 어펜더를 참조할 방법이 필요하기 때문이다. 좀 더 구체적으로 log4j에게 어떤 카테고리를 이 파일에 기록해야 할지 알려줘야 한다. 앞에서 root 카테고리가 두 가지 appender-ref 엘리먼트를 가지고 있다고 얘기했던 것을 기억할 것이다.

appender-ref에는 발생한 로그 메시지를 어떤 어펜더에 보내야 할지를 정의한다.

```xml
<root>
    <appender-ref ref="CONSOLE"/>
    <appender-ref ref="FILE"/>
</root>
```

따라서 위 예제에서는 log4j가 모든 메시지를 Console과 FILE 어펜더에게 보내며, 카테고리에서 메시지를 보내라고 알려주기 전까지는 어떤 것도 새로운 todo.log 파일에 기록되지 않는다. 새로운 todo.log 파일에 기록하기 위해 appender-ref 엘리먼트에는 TODO 애플리케이션에 대한 카테고리를 추가한다.

```xml
<category name="com.oreilly.jbossnotebook.todo">
    <priority value="DEBUG" />
    <appender-ref ref="TODO"/>
</category>
```

카테고리를 추가하는 순간 log 디렉터리에 todo.log 파일이 생성되는 것을 볼 수 있을 것이다. 또한 ToDo 애플리케이션에서 몇 개의 태스크가 생성된다면 todo.log 파일은 다음과 같은 메시지로 채워질 것이다.

```
2010-04-12 09:50:50,366 DEBUG [com.oreilly.jbossnotebook.todo.ejb.TaskBean]
    creating task 36e4227e7f00000100197971e1e97a97 for user pinky
2010-04-12 09:50:53,597 DEBUG [com.oreilly.jbossnotebook.todo.ejb.TaskBean]
    creating task 36e42f1d7f000001005b6f0acf4c151c for user pinky
```

ToDo 애플리케이션을 위해 새로운 로그 파일이 생성되더라도 로그 파일 임계치가 허용한다면 콘솔 또는 서버 로그에 기록되는 메시지가 중단되지는 않는다.

### 방금 뭘 했지?

앞에서는 특정 애플리케이션의 로그 정보를 포착하기 위해 새로운 로그 파일을 생성했다. 그리고 새로운 로그 파일을 생성하는 방식으로 원하는 로그 메시지만 모아둘 수 있었다. 또한 이 새로운 파일에 대한 메시지 규격을 완전히 제어할 수 있고, 기존 로그에 영향을 주지 않고도 원하는 정보를 얻을 수 있었다.

메시지를 꼭 파일에만 기록할 필요는 없다. jboss-log4j.xml 파일에는 메시지를 이메일, syslog 서버, JMS 큐로 보낼 수 있는 어펜더 예제도 포함돼 있다. 심지어 우선순위가 높은 로그 메시지가 있다면 해당 로그 메시지를 휴대폰에 SMS 메시지로 보내는 어펜더도 만들 수 있다. 이때 log4j를 적용해서 프로그램 코드를 변경하지 않고도 로그 정책을 유연하게 적용할 수 있다.

## 6.5. 로그 파일 전환(rolling)

앞 장에서는 로깅 시 로그 파일에 기록되는 메시지의 크기를 고려해서 파일 크기를 정의하지는 않았다. 그러나 로그 파일의 크기를 작게 유지하려는 노력을 기울이지 않으면 로그 파일의 덩치가 점점 커져서 결국은 디스크 공간을 모두 차지해 버릴 것이다. 이런 문제를 해결하기 위해 JBoss에서는 실행 로그를 새로운 로그 파일로 주기적으로 전환하고, 기존의 파일은 다른 형태로 보관하거나, 심지어 삭제하는 기능을 제공한다. 이 기능에는 기본적으로 두 가지 전환 정책(시간 정책, 크기 정책)이 있다. 앞에서는 무심코 두 가지 정책을 지나쳤지만, 지금부터는 더욱 상세히 살펴보겠다.

## 어떻게 해야 할까?

어펜더를 지정할 때는 어펜더의 실질적인 구현을 담당하는 클래스 이름을 지정해줘야 한다. todo.log의 경우에는 DailyRollingFileAppender를 클래스 이름으로 사용한 바 있다.

```xml
<appender name="todo"
    class="org.jboss.logging.appender.DailyRollingFileAppender">
    <errorHandler class='org.jboss.logging.util.OnlyOnceErrorHandler'/>
    <param name="File" value="${jboss.server.home.dir}/log/todo.log"/>
    <param name="Append" value="false"/>

    <!-- 매일 자정에 전환하기 -->
    <param name="DatePattern" value="'.'yyyy-MM-dd"/>
    <layout class="org.apache.log4j.PatternLayout">
        <param name="ConversionPattern" value="%d %-5p [%c] %m%n"/>
    </layout>
</appender>
```

> 로그 파일은 실제로 행위가 일어날 때만 전환된다. 즉, 애플리케이션이 사용되지 않는 상태일 때는 로그 파일이 전환되지 않을 것이다

DailyRollingFileAppender는 일정한 주기(매달, 매주, 매일, 오전/오후, 매시간, 매분)마다 날짜를 기반으로 다른 파일로 전환하는 기능을 제공한다. DatePattern 매개변수는 보관될 로그 파일의 이름과 다른 파일로 전환하는 주기를 조정한다. 여기서 날짜 형식은 일자를 최소 단위로 사용하므로 새 로그 파일은 밤마다 생성되며 기존 파일은 날짜 패턴에 따라 이름이 바뀌어 저장된다(예: todo.log-2010-05-05).

또 다른 전환 정책은 현재 파일이 커졌을 때 새로운 로그 파일로 전환하는 것이다.

RollingFileAppender가 이런 일을 한다.

```xml
<appender name="todo"
    class="org.jboss.logging.appender.RollingFileAppender">
    <errorHandler class="org.jboss.logging.util.OnlyOnceErrorHandler"/>
    <param name="File"         value="${jboss.server.home.dir}/log/todo.log"/>
    <param name="Append"       value="false"/>
    <param name="MaxFileSize"  value="10MB"/>
    <param name="MaxBackupIndex" value="10"/>
    <layout class="org.apache.log4j.PatternLayout">
```

```xml
            <param name="ConversionPattern" value="%d %-5p [%c] %m%n"/>
        </layout>
    </appender>
```

RollingFileAppender는 현재 로그 파일의 크기가 MaxFileSize를 초과할 때 새로운 파일을 생성한다. 위 예제에서 오래된 로그 파일의 최대 크기는 10MB이며 파일 이름에 증가하는 인덱스 숫자가 들어간다(예: todo.log.1, todo.log.2). 오래된 로그 파일은 더 높은 인덱스 숫자를 가질 것이다. log4j는 MaxBackupIndex에 명시된 숫자만큼 이전 로그 파일을 유지하고 그 이상의 오래된 로그 파일은 삭제한다.

## 6.6. JMX 콘솔에서 로깅 조정하기

앞에서 JBoss가 jboss-log4j.xml을 감시하고 있다가 파일이 변경되면 log4j를 재설정하는 것을 살펴봤다. 그러나 jboss-log4j.xml을 변경하는 방법만이 시스템에서 로그 레벨을 변경하는 유일한 방법은 아니다. JBoss의 모든 서비스는 원격에서 조작할 수 있는 MBean에 의해 설정될 수 있다. 그러므로 여러 가지 방법 가운데 JMX 콘솔 애플리케이션을 이용해 로그 레벨을 변경하는 방법이 가장 쉬울 것이다. 여기서는 JMX 콘솔에 대해 조금만 알아보고 JMX 콘솔의 동작 방식과 관련한 더 자세한 내용은 다음 장에서 알아보겠다. 지금은 카테고리의 로그 레벨을 조정하는 방법만 알아보겠다.

### 어떻게 해야 할까?

JMX 콘솔에 접속하기 위해 브라우저에서 http://localhost:8080/를 연다. JMX 콘솔을 클릭하고 jboss.system 도메인을 찾는다. log4j 서비스에 접속하기 위해 service=Logging, type= Log4jService 링크를 클릭한다. 그러면 MBean 속성 및 오퍼레이션 목록을 볼 수 있다. 다음은 getLoggerLevel 오퍼레이션과 관련된 내용을 보여준다.

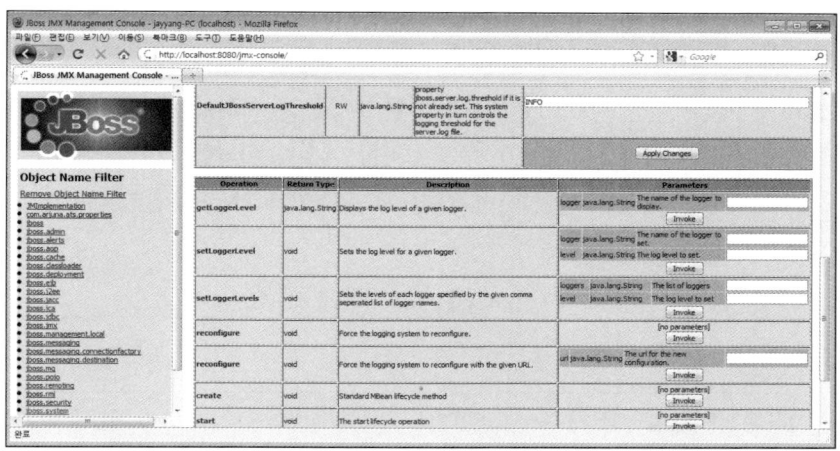

그림 6-1 | getLoggerLevel 오퍼레이션

    getLoggerLevel 오퍼레이션은 로그 카테고리 이름을 입력받아 해당 카테고리 레벨을 알려준다. com.oreilly.jbossnotebook.todo 카테고리에 대한 로그 레벨을 보기 위해 카테고리 이름을 입력하고 Invoke 버튼을 누른다. DEBUG나 INFO로 설정된 카테고리를 가지고 있다면 해당 값을 보여줄 것이다. 아무런 값도 볼 수 없다면 해당 카테고리에 설정된 레벨이 없는 것이다.

    setLoggerLevel 오퍼레이션은 운영 중에 카테고리 로그 레벨을 조정할 수 있다. 위에서 입력한 것과 동일한 카테고리 이름을 입력하고 level 매개변수를 ERROR로 설정한다. 그러면 화면에 "반환값 없이 동작이 성공적으로 완료되었습니다(Operation completed successfully without a return value)."라는 메시지가 표시될 것이다. 로그 레벨이 정상인지 확인하기 위해 getLoggerLevel 오퍼레이션을 실행하거나 로그 파일을 확인하는 것도 좋은 방법 가운데 하나다.

> JMX 콘솔에서 로그 레벨을 설정할 때는 jboss-log4j.xml을 수정하지 않아도 된다. 이 방식으로 변경된 설정은 서버를 다시 기동하거나 jboss-log4j.xml 파일을 다시 읽으면 사라진다.

## 방금 뭘 했지?

JMX 콘솔로 ToDo 애플리케이션에 대한 로그 레벨을 설정하거나 확인할 수 있다. 이것은 애플리케이션 서버에 접근하는 것이 제한적일 때 매우 유용한 방법이다. 콘솔을 이용한 설정은 원격 서버에 있는 설정 파일을 수정하는 것보다 훨씬 쉬운 방법이다. 또한 jboss-log4j.xml에서 직접 설정을 변경하지 않고 로그 레벨을 일시적으로 조정하고 싶을 때 유용하다.

## 6.7. HTTP 액세스 로그

JBoss에 내장된 톰캣은 HTTP 액세스 관련 로깅을 제공하며, 이를 통해 페이지 히트 수, 사용자 세션의 활동 내역 등을 추적할 수 있다. 이러한 로그 파일은 표준 웹 서버가 생성하는 것과 동일한 형식이므로 기존 웹 로그 분석 툴을 이용해 로그를 분석할 수 있다.

>  팁
>
> 표준 HTTP 로그 형식은 아래와 같다.
> http://www.w3.org/Daemon/User/Config/Logging.html#common-logfile-format.

### 어떻게 해야 할까?

HTTP 로깅을 가능하게 하려면 **deploy/jbossweb.sar** 디렉터리로 이동한 후 **server.xml** 파일에 아래의 Valve 정의를 추가한다.

```
<Valve className="org.apache.catalina.valves.AccessLogValve"
            prefix="localhost_access_log." suffix=".log"
            pattern="common" directory="${jboss.server.log.dir}"
            resolveHosts="false" />
```

Valve가 주석으로 처리돼 있다면 이를 먼저 풀어줘야 한다. 변경사항이 효과를 발휘하려면 JBoss 서버를 재기동해야 한다. 서버를 재기동한 후 톰캣은 액세스 로그를 생성할 것이며 로그 파일의 이름은 **localhost_access_log.2010-04-08.log**와 비슷할 것이다. 이 파일에는 아래와 같이 HTTP 서버에 대한 요청이 기록된다.

```
127.0.0.1 - - [08/Apr/2010:05:21:55 -0600]
    "GET /jmx-console/HtmlAdaptor? action=inspectMBean&name=jboss.system%3Aservice
    %3DLogging%2Ctype%3DLog4jService HTTP/1.1" 200 10320
0:0:0:0:0:0:0:1 - - [08/Apr/2010:05:40:17 -0600]
    "GET /todo/ HTTP/1.1" 401 952
0:0:0:0:0:0:0:1 - pinky [08/Apr/2010:05:40:23 -0600]
```

```
"GET /todo/ HTTP/1.1" 304 -
0:0:0:0:0:0:0:1 - pinky [08/Apr/2010:05:40:26 -0600]
"GET /todo/style.css HTTP/1.1" 304 -
0:0:0:0:0:0:0:1 - pinky [08/Apr/2010:05:40:26 -0600]
```

## 방금 뭘 했지?

JBoss에 포함돼 있는 톰캣 웹 서버의 로그 기록을 활성화했고 이런 변경사항이 적용되려면 서버를 재기동해야 했다. 그리고 JBoss에서 실행 중인 테스트 애플리케이션을 실행한 후 로그 파일에 기록된 내용을 보기 위해 HTTP 요청에 한정된 로그 파일을 살펴봤다.

톰캣 로깅에 대해 더 자세히 알고 싶다면 아래 주소를 방문해보자.

http://jakarta.apache.org/tomcat/tomcat-5.5-doc/config/valve.html.

## 6.8. CMP를 대상으로 생성된 SQL 로깅

지금까지 도메인 객체와 웹 서버의 로그를 기록하는 방법을 알아봤다. 지금부터는 애플리케이션의 CMP(Container-Managed Persistence)[2] 계층에서 무슨 일이 일어나는지 살펴보겠다. CMP 계층은 애플리케이션이 데이터베이스와 상호작용하는 것을 담당한다. 그리고 CMP 계층이 무엇을 어떻게 하고 있는지 아는 것은 매우 가치 있는 일이다. 지금부터 CMP 계층을 대상으로 로그를 남기는 방법을 살펴보자.

## 어떻게 해야 할까?

CMP에 대한 로그를 남기려면 jboss-log4j.xml 파일에 다음과 같은 카테고리를 추가해야 한다.

```
<category name="org.jboss.ejb.plugins.cmp">
```

---

[2] EJB2 명세 중 하나로 컨테이너, 즉 애플리케이션 서버에 의해 자바 객체와 데이터베이스 간의 영속화가 자동으로 관리되는 개념. CMR은 Container-Managed Relationship의 약어로 데이터베이스 테이블 간의 관계를 자바 객체에 매핑하는 역할을 한다.

```xml
        <priority value="DEBUG"/>
</category>
```

또한 CONSOLE 어펜더의 Threshold를 DEBUG로 변경해야 한다.

```xml
<appender name="CONSOLE" class="org.apache.log4j.ConsoleAppender">
        <errorHandler class="org.jboss.logging.util.OnlyOnceErrorHandler"/>
        <param name="Target" value="System.out"/>
        <param name="Threshold" value="DEBUG"/>
        <layout class="org.apache.log4j.PatternLayout">
            <!-- 기본 패턴: 날짜 우선순위 [카테고리] 메시지\n -->
            <param name="ConversionPattern"
                   value="%d{ABSOLUTE} %-5p [%c{1}] %m%n"/>
        </layout>
</appender>
```

이제 jboss-log4j.xml을 저장하고 60초가 지나면 변경사항이 적용될 것이다. ToDo 애플리케이션에서 새로운 todo 항목을 추가하거나 이미 있던 todo를 완료한 다음 로그 파일을 찾아보면 다음과 같은 로그를 볼 수 있다.

```
21:52:09,960 DEBUG [Task#findTasksForUser] Executing SQL: SELECT t0_t.id
    FROM TASK t0_t WHERE (t0_t.user = ?)
21:52:10,013 DEBUG [Task] Executing SQL: SELECT id, name, user, startedDate,
    completedDate FROM TASK WHERE (id=?) OR (id=?) OR (id=?) OR (id=?) OR (id=?)
    OR (id=?) OR (id=?)
21:52:10,072 DEBUG [Task] load relation SQL: SELECT task, id FROM COMMENT WHERE
    (task=?) OR (task=?) OR (task=?) OR (task=?) OR (task=?) OR (task=?) OR (task=?)
21:52:20,003 INFO  [STDOUT] GENKEY!
21:52:20,198 DEBUG [TaskBean] creating task 962b26a9ac100a3800de002d994a5508
    for user pinky
21:52:20,198 DEBUG [Task] Executing SQL: SELECT COUNT(*) FROM TASK WHERE id=?
21:52:20,205 DEBUG [Task] Executing SQL: INSERT INTO TASK (id, name, user)
```

## 방금 뭘 했지?

CMP 계층에서 사용할 카테고리를 만들어서 CMP 로그 기록을 활성화할 수 있었다. 아울러 로그 레벨을 DEBUG로 상향 조정했다. 그리고 서버가 변경사항을 감지할 때까지 기다리면 프로그램이 CMP와 상호작용할 때 해당 내용을 출력하는 것을 볼 수 있었다.

## 이런 경우에는 …

### CMP 계층의 동작 방식을 더 자세히 알고 싶다면?

로그에 대해 TRACE 레벨을 사용할 수 있다. CMP 로깅을 위해 생성한 카테고리를 수정하면 그렇게 할 수 있다.

```
<category name="org.jboss.ejb.plugins.cmp">
    <priority value="TRACE" class="org.jboss.logging.XLevel"/>
</category>
```

이렇게 하면 CMP 계층에서 코드에 설정한 모든 로깅 정보뿐 아니라 개발자의 추적 정보도 출력하게 된다. 따라서 이때 출력되는 정보의 양에 따라 용량이 큰 로그 파일이 삽시간에 만들어질 수 있다.

### jboss-log4j.xml에서 주석으로 처리된 부분은?

로깅 설정과 관련해서 특징적인 점은 매번 어펜더가 대부분 동일하다는 것이다. 일반적으로 새로운 어펜더를 생성하기 위해 기존 설정을 복사한 후 태그 값을 몇 개 변경하게 되며, 속성값도 대부분 똑같이 유지한다. 또 다른 특이한 점은 jboss-log4j.xml에는 주석으로 처리된 설정이 많다는 것이다. JBoss를 더 많이 알아갈수록 이처럼 주석으로 처리된 설정도 자주 살펴보게 될 것이다. 이는 SMTP 로깅, JMS 로깅 등의 설정 내용이 미리 제공되기 때문이다. 이러한 설정에 대해 우리가 해야 할 일은 주로 주석 표시를 제거하는 것뿐이다. 더 많은 로깅 관련 정보가 필요하다면 로깅에 관한 온라인 문서를 읽으면 도움될 것이다.

# 07

# 영속성 설정

ToDo 애플리케이션은 EJB 기반의 J2EE 애플리케이션이며, JBoss에 배포될 때 데이터베이스 스키마와 관련해서 별도의 설정은 하지 않았다. 앞에서는 데이터베이스 계층과 보안에 초점을 맞췄다면 이제부터는 CMP 엔티티 빈에 초점을 둘 것이며 JBoss에서 영속성을 어떻게 처리하는지 살펴보겠다.

## 7.1. 스키마 관리

ToDo 애플리케이션을 배포할 때 JBoss는 엔티티 빈을 통해 필요한 테이블을 자동으로 생성해준다. 또한 개발 단계 동안 엔티티 빈이 계속 변경될 때도 자동으로 이를 반영해 준다면 더욱 도움될 것이다.

엔티티 빈이 바뀌면 스키마도 바뀌어야 한다. 그래서 JBoss가 자동으로 스키마를 생성해주는 것은 매우 좋지만 스키마를 변경해야 한다면 어떻게 해야 할까? 이 경우 손수 데이터베이스의 테이블을 삭제한 후 애플리케이션을 다시 배포해서 JBoss가 자동으로 테이블을 재생성하게 할 수도 있다.

하지만 다행히도 JBoss는 스키마 관리를 위한 몇 가지 옵션을 제공하고 있어 엄청난 수작업은 하지 않아도 된다. 지금까지 자동 스키마 생성을 봤다면 이제는 자동 스키마 삭제 및 이전 옵션을 살펴보겠다.

*데이터베이스를 빈의 변경사항과 동기화하는 것은 항상 생산성에 가장 큰 골칫거리다.*

## 어떻게 해야 할까?

JBoss는 세 가지 스키마 관리 플래그(create-table, revoke-table, alter-table)를 제공한다. create-table 플래그는 애플리케이션이 배포될 때 해당 테이블이 없다면 요청 테이블을 생성할지 결정한다. remove-table 플래그는 애플리케이션이 배포 취소될 때 해당 애플리케이션에 대한 테이블을 삭제할지 결정한다. 마지막으로 alter-table 플래그는 빈이 변경될 때 테이블 스키마를 변경할지 결정한다.

위의 세 가지 플래그는 전체 시스템 레벨, 특정 애플리케이션 레벨, 또는 엔티티 빈 레벨에서 각각 설정이 가능하다. 전체 시스템 레벨의 기본값은 conf 디렉터리의 standardjbosscmp-jdbc.xml에 기록돼 있다. 해당 파일의 첫 부분을 보면 create-table 기본값은 true인 반면 alter-table과 revoke-table의 기본값은 false다.

일반적으로 전체 시스템 레벨의 설정을 변경하는 것은 권장하지 않는다. 스키마 정책을 변경하고 싶다면 자기 자신의 jbosscmp-jdbc.xml 파일에 플래그를 추가하면 된다. jbosscmp-jdbc.xml 파일은 EJB JAR 파일의 META-INF 디렉터리 안에 ejb-jar.xml 파일과 나란히 두면 된다.

이미 create-table 플래그를 true로 설정해서 JBoss가 데이터베이스 테이블을 자동으로 생성했으니 지금부터는 remove-table과 alter-table 플래그를 true로 변경해보자. 이렇게 변경하면 배포된 애플리케이션을 배포 취소할 때 JBoss가 테이블을 제거하게 하며 관련 스키마도 갱신한다.

그러나 JBoss가 하드웨어 또는 JVM 장애 등으로 갑자기 중단됐거나 이전 버전의 애플리케이션에 remove-table 플래그가 없었다면 테이블이 존재할 것이다. 이러한 경우가 바로 remove-table 플래그를 설정하고 처음 애플리케이션을 배포하는 경우에 해당한다.

플래그를 설정하기 위해 세 가지 플래그를 true로 설정한 jbosscmp-jdbc.xml 파일이 필요하다.

```
<!DOCTYPE jbosscmp-jdbc PUBLIC
        "-//JBoss//DTD JBOSSCMP-JDBC 4.0//EN"
        "http://www.jboss.org/j2ee/dtd/jbosscmp-jdbc_4_0.dtd">
<jbosscmp-jdbc>
```

```
            <defaults>
                <create-table>true</create-table>
                <alter-table>true</alter-table>
                <remove-table>true</remove-table>
            </defaults>
        </jbosscmp-jdbc>
```

배포될 애플리케이션에 이 파일이 포함되게끔 빌드할 때 optional.dd 플래그를 cmp로 설정한다.

```
\todo> ant -Doptional.dd=cmp main deploy
```

애플리케이션을 배포할 때 특별한 상황은 발생하지 않는다. 왜냐하면 배포돼 있던 애플리케이션의 remove-table 플래그는 false였고 스키마도 변경되지 않았기 때문이다. JBoss는 지금까지 봐 온 것처럼 애플리케이션을 간단히 다시 배포할 것이다. 이전과는 다르게 remove-table 플래그가 true인 상태로 애플리케이션의 배포가 취소되면 JBoss가 테이블을 삭제하는 것을 확인할 수 있다.

애플리케이션의 배포를 취소하려면 build.xml에서 undeploy 타깃을 이용하면 된다.

```
\todo> ant undeploy
    Buildfile: build.xml

    undeploy:
        [delete] Deleting: /tmp/jboss-5.1.0/server/default/deploy/todo.ear
```

데이터베이스 관리자를 통해 JBoss가 테이블을 삭제했는지 확인할 수 있다. 또는 CMP 로깅이 활성화돼 있다면 SQL 문장들을 로그 메시지에서 확인해서 알 수 있다.

애플리케이션이 다시 배포되면 JBoss가 테이블을 다시 생성하고 이전에 생성됐던 모든 task 데이터도 사라진다.

지금부터는 테이블을 변경하는 기능을 살펴보기 위해 remove-table의 기본값을 false로 변경하겠다. jbosscmp-jdbc.xml을 아래와 같이 수정해야 한다.

```
<!DOCTYPE jbosscmp-jdbc PUBLIC
        "-//JBoss//DTD JBOSSCMP-JDBC 4.0//EN"
```

> 테이블을 삭제할 때의 가장 큰 문제점은 생성된 데이터를 잃어버리는 것이다. 애플리케이션에 초기 데이터가 필요하다면 데이터베이스에 다시 데이터를 채워야 한다는 점을 명심하자.

```
                    "http://www.jboss.org/j2ee/dtd/jbosscmp-jdbc_4_0.dtd">
<jbosscmp-jdbc>
    <defaults>
        <create-table>true</create-table>
        <alter-table>true</alter-table>
        <remove-table>false</remove-table>
    </defaults>
</jbosscmp-jdbc>
```

테이블이 삭제되지 않은 것을 확인하기 위해 애플리케이션을 다시 배포하자. 스키마가 새로 바뀌는 동안 테이블에 있던 데이터가 보존되는 것을 확인할 수 있다. 주의할 점은 애플리케이션에 약간의 task 데이터를 두는 경우에 컬럼이 추가되면 기존 데이터의 해당 컬럼값이 NULL이 되어 에러가 발생한다는 것이다. 따라서 Task 데이터는 모두 지운다.

스키마를 변경하기 위해 TaskBean에 priority 필드를 추가한다. 이 작업을 편하게 하려면 TaskBean.java에 적정한 XDoclet 속성이 포함된 게터 및 세터 추상 메서드를 추가한다.

```
/**
 * @ejb.persistence
 * @ejb.interface-method
 */
public abstract int getPriority();

/** @ejb.interface-method */
public abstract void setPriority(int priority);
```

> 스키마 변경은 필드를 추가하거나 제거하는 데 가장 적합하다. 조금 후에 살펴보겠지만 타입 변경이 항상 가능한 것은 아니다.

전과 동일한 방법으로 애플리케이션을 다시 빌드하고 배포한다.

```
\todo> ant -Doptional.dd=cmp main deploy
```

JBoss가 priority 컬럼을 TASK 테이블에 새로 추가했다. 확인이 필요하다면 데이터베이스 관리자를 통해 알 수 있다. 현재 관리자가 실행 중이라면 View 메뉴에 Refresh Tree를 선택해서 스키마를 갱신한다. 스키마 갱신은 WARN 레벨로 기록되어 콘솔 로그에서도 확인할 수 있다.

```
16:44:44,765 WARN  [Task] ALTER TABLE TASK ADD COLUMN priority INTEGER NOT
NULL
```

TaskBean에서 getPriority와 setPriority 메서드를 제거해 원상태로 만든 후 애플리케이션을 다시 배포하면 JBoss는 필드가 사라진 것을 감지하고 데이터베이스에서 priority 컬럼을 제거할 것이다.

```
16:46:57,339 WARN  [Task] ALTER TABLE TASK DROP COLUMN PRIORITY
```

## 방금 뭘 했지?

JBoss는 J2EE 애플리케이션을 신속하게 배포할 뿐 아니라 애플리케이션 변경사항을 신속하게 반영한다. JBoss가 XDoclet와 결합되면 persistence 필드를 엔티티 빈에 30초 내에 추가할 수 있다. 데이터베이스 스키마가 갱신되고 값 객체 코드도 변경됐으므로 해당 필드를 웹 계층에서 접근할 수 있다.

## 7.2. 객체 매핑

자동적으로 생성되는 스키마는 개발 단계에서 편리함을 가져다준다. 하지만 다른 측면에서는 명명 규칙과 데이터 타입을 준수하기 위해 스키마를 변경해야 할 수도 있다. 또한 DBA는 인수인계 후에 데이터베이스에 최적화된 스키마를 제공하고 싶어 할 것이다. 이 같은 경우 JBoss는 자동이 아닌 수작업으로 스키마를 변경할 수 있도록 지원한다. 이번에는 테이블 명칭, 필드 명칭 및 타입을 매핑하는 방법을 배워보자.

> 엄격한 데이터베이스 성능 또는 통합 문제가 없다면 너무 일찍 스키마를 확정하지 않는 편이 좋다. 선택의 여지를 남겨 두면 개발자에게 유연성을 최대한 보장해 줄 수 있다.

## 어떻게 해야 할까?

JBoss가 생성한 스키마를 자세히 살펴보자. JBoss는 개별 엔티티 빈을 대상으로 테이블을 생성한다.

```
CREATE TABLE TASK
    (
        id VARCHAR(256) NOT NULL,
        name VARCHAR(256),
        user VARCHAR(256),
        startedDate TIMESTAMP,
        completedDate TIMESTAMP,
        CONSTRAINT PK_TASK PRIMARY KEY (id)
```

[여백 메모: 테이블 및 컬럼 이름이 일반적인 SQL 예약어일 경우 JBOSS는 다른 이름을 선택한다. 전체 예약어 목록은 standardjbosscmp-jdbc.xml에 있다]

```
)

CREATE TABLE COMMENT
(
    id VARCHAR(256) NOT NULL,
    commentText VARCHAR(256),
    date TIMESTAMP,
    task VARCHAR(256),
    CONSTRAINT PK_COMMENT PRIMARY KEY (id)
)
```

테이블 이름은 빈의 ejb-name 이름을 본떠 명명하며, 컬럼 이름은 빈에 있는 persistent 필드의 이름이다. 우리는 좀 더 일반적인 데이터베이스 명명 규칙을 따르기 위해 이름을 갱신하고 싶을 것이다.

타입 정보는 약간 더 복잡하다. MySQL이나 Oracle 등 데이터베이스마다 타입 매핑은 자바 클래스를 JDBC나 SQL 타입으로 매핑하는 standardjbosscmp-jdbc.xml 파일의 type-mapping 영역에 정의한다. Task와 comment 빈은 단지 두 가지 기본 타입(java.lang.String, java.util.Date)을 이용한다. 아래는 이 두 가지 타입에 대한 매핑을 보여준다.

```xml
<type-mapping>
    <name>Hypersonic SQL</name>
    <!-- ... 다른 여러 타입은 생략 ... -->
    <mapping>
        <java-type>java.lang.String</java-type>
        <jdbc-type>VARCHAR</jdbc-type>
        <sql-type>VARCHAR(256)</sql-type>
    </mapping>
    <mapping>
        <java-type>java.util.Date</java-type>
        <jdbc-type>TIMESTAMP</jdbc-type>
        <sql-type>TIMESTAMP</sql-type>
    </mapping>
</type-mapping>
```

[여백 메모: 기본 날짜 매핑은 데이터베이스마다 다르다. 매핑 혼돈을 피하려면 java.util.Date를 사용하기보다 java.sql.Date, java.sql.Time이나 java.sql.Timestamp를 사용하는 편이 낫다.]

위의 내용은 각 컬럼에 대한 데이터 타입이 왜 그렇게 매핑되는지 설명해준다. 대부분의 경우 이러한 기본값 매핑이 합리적이지만, 경우에 따라서는 특정 필드별로 타입을 설정하는 방법도 생각해 볼 수 있다.

날짜 매핑은 애플리케이션의 의도가 날짜와 시간을 모두 제공하는 것이기에 적절하다. 그러나 문자열 값은 약간 수정할 필요가 있다. 태스크 이름과 주석으로는 256자가 적절하지만 UUID 주 키 값의 길이는 항상 32자이므로 굳이 256자로 설정하지 않아도 된다. 테이블 및 컬럼 이름을 갱신할 때 타입도 변경할 수 있다.

이 같은 변경사항을 적용하려면 jbosscmp-jdbc.xml 파일로 가서 defaults 엘리먼트 뒤에 개별 엔티티 빈에 대한 CMP 구성을 포함하는 enterprise-beans 엘리먼트를 두면 된다.

```
<jbosscmp-jdbc>
        <enterprise-beans>
            <entity>
                <ejb-name>Tas<</ejb-name>
                <!-- 태스크 빈 설정 -->
            </entity>
            <entity>
                <ejb-name>Comment</ejb-name>
                <!-- 주석 빈 설정 -->
            </entity>
        </enterprise-beans>
</jbosscmp-jdbc>
```

위 설정 구조는 ejb-jar.xml 파일에 개별 빈에 대한 entity를 지니는 enterprise-beans 엘리먼트의 구조와 비슷하다. ejb-name 엘리먼트는 반드시 ejb-jar.xml 파일의 엔티티에 대한 ejb-name과 일치해야 한다.

가장 먼저 구성할 것은 엔티티가 매핑할 테이블 이름이다. table-name 엘리먼트에는 테이블 이름을 명시한다.

```
<entity>
        <ejb-name>Task</ejb-name>
        <table-name>TODO_TASK</table-name>
</entity>
```

> 여기서 명명 규칙은 임의적이다. 애플리케이션에 합당한 명명 규칙을 정하면 된다.

여기서는 ToDo 애플리케이션과 연관된 테이블을 쉽게 모으기 위해 빈(Bean) 이름에 접두어(TODO_)를 추가했다.

매핑할 개별 CMP 필드에 cmp-field 엘리먼트를 추가할 수 있다. field-name 엘리먼트는 이 엘리먼트를 ejb-jar.xml 파일에 있는 cmp-field 엘리먼트와 연결한다. 그리고 column-name 엘리먼트는 필드와 매핑할 컬럼 이름을 지정한다. 아래는 TaskBean의 id 필드에 대한 매핑이다.

```
<cmp-field>
    <field-name>id</field-name>
    <column-name>TASK_ID</column-name>
</cmp-field>
```

알다시피 JBoss는 이 필드가 String 필드라서 데이터베이스에 VARCHAR (256)로 매핑한다. 그러나 애플리케이션에서 사용하는 주키는 항상 32자짜리 UUID다. 그래서 우리는 이 필드를 데이터베이스에 VARCHAR(32)로 변환하고자 한다.

이렇게 하려면 standardjbosscmp-jdbc.xml의 기본 매핑에서 정의한 jdbc-type과 sql-type 엘리먼트를 재정의하면 된다. 최종 설정은 아래와 같다.

> jdbc-type과 sql-type은 항상 함께 있어야 한다. 절대 한 가지만 사용해서는 안 된다.

```
<cmp-field>
    <field-name>id</field-name>
    <column-name>TASK_ID</column-name>
    <jdbc-type>VARCHAR</jdbc-type>
    <sql-type>VARCHAR(32)</sql-type>
</cmp-field>
```

이 방법으로 타입을 수정하면 데이터베이스 독립성을 잃어버린다는 것을 알아야 한다. 일반적으로 데이터베이스 종류가 변경되면 standardjbosscmp-jdbc.xml에서 로딩을 통해 잠재적으로 다른 새로운 타입 매핑이 이뤄져야 한다. 그러나 이 방법에서 오버라이드된 타입은 데이터베이스가 바뀌더라도 그대로 유지된다. 이는 그리 큰 제약사항은 아니지만 다양한 종류의 데이터베이스에 배포될 애플리케이션을 설계하고 있다면 고려해야 할 중요한 요소다.

나머지 필드를 매핑하는 데는 어려움이 없으며 완전한 jbosscmp-jdbc.xml은 아래와 같다.

```
<!DOCTYPE jbosscmp-jdbc PUBLIC
        "-//JBoss//DTD JBOSSCMP-JDBC 4.0//EN"
        "http://www.jboss.org/j2ee/dtd/jbosscmp-jdbc_4_0.dtd">
<jbosscmp-jdbc>
    <defaults>
        <create-table>true</create-table>
```

```xml
            <alter-table>true</alter-table>
        <remove-table>false</remove-table>
    </defaults>
    <enterprise-beans>
        <entity>
            <ejb-name>Task</ejb-name>
            <table-name>TODO_TASK</table-name>
            <cmp-field>
                <field-name>id</field-name>
                <column-name>TASK_ID</column-name>
                <jdbc-type>VARCHAR</jdbc-type>
                <sql-type>VARCHAR(32)</sql-type>
            </cmp-field>
            <cmp-field>
                <field-name>name</field-name>
                <column-name>TASK_NAME</column-name>
            </cmp-field>
            <cmp-field>
                <field-name>user</field-name>
                <column-name>TASK_USER</column-name>
            </cmp-field>
            <cmp-field>
                <field-name>startedDate</field-name>
                <column-name>TASK_START</column-name>
            </cmp-field>
            <cmp-field>
                <field-name>completedDate</field-name>
                <column-name>TASK_END</column-name>
            </cmp-field>
        </entity>
        <entity>
            <ejb-name>Comment</ejb-name>
            <table-name>TODO_COMMENT</table-name>
            <cmp-field>
                <field-name>id</field-name>
                <column-name>COMMENT_ID</column-name>
                <jdbc-type>VARCHAR</jdbc-type>
                <sql-type>VARCHAR(32)</sql-type>
            </cmp-field>
            <cmp-field>
                <field-name>commentText</field-name>
                <column-name>COMMENT_TEXT</column-name>
```

```
                </cmp-field>
                <cmp-field>
                    <field-name>date</field-name>
                    <column-name>COMMENT_DATE</column-name>
                </cmp-field>
            </entity>
        </enterprise-beans>
    </jbosscmp-jdbc>
```

이 파일은 etc/cmp-field 디렉터리에 있다. 그리고 optional.dd를 cmp-field로 설정해서 빌드 파일로 배포할 수 있다.

`\todo> ant -Doptional.dd=cmp-field main deploy`

위 명령어를 실행하면 JBoss는 다음과 같은 스키마가 만들어진다.

```
CREATE TABLE TODO_TASK
    (
        TASK_ID VARCHAR(32) NOT NULL,
        TASK_NAME VARCHAR(256),
        TASK_USER VARCHAR(256),
        TASK_START TIMESTAMP,
        TASK_END TIMESTAMP,
        CONSTRAINT PK_TODO_TASK PRIMARY KEY (TASK_ID)
    )

CREATE TABLE TODO_COMMENT
    (
        COMMENT_ID VARCHAR(32) NOT NULL,
        COMMENT_TEXT VARCHAR(256),
        COMMENT_DATE TIMESTAMP,
        task VARCHAR(32),
        CONSTRAINT PK_TODO_COMMENT PRIMARY KEY (COMMENT_ID)
    )
```

## 방금 뭘 했지?

앞에서 JBoss가 어떻게 엔티티 빈을 매핑하는지 배웠다. 기본적인 명명 규칙 전략과 타입 매핑은 standardjbosscmp-jdbc.xml에 있다. 엔티티 빈의 기본 CMP 매핑을 변경하려면 jbosscmp-jdbc.xml에 기본 매핑 이름과 타입을 수정하면 된다.

JBoss는 애플리케이션을 배포할 때 새로운 스키마를 생성한다. 배포를 취소하려는 애플리케이션에 이전 테이블을 삭제하기 위한 remove-table 플래그가 없다면 새로운 TODO_TASK, TODO_COMMENT와 함께 TASK와 COMMENT도 남는다. 이것은 alter-table 값이 true이더라도 마찬가지다.

애플리케이션을 배포할 때 JBoss는 TASK 테이블이 실제로 이전의 TODO_TASK 테이블이라는 것을 알 방법이 없다. JBoss 입장에서 TASK는 매우 다르고 관련 없는 테이블로 보인다. 따라서 JBoss는 이전에 생성된 테이블을 삭제하거나 이름을 바꾸지 않을 것이며 이전 테이블을 변경하려면 수작업이 필요하다.

ID 필드 중 하나의 타입을 VARCHAR(32)에서 VARCHAR(256)로 변경하고 애플리케이션을 다시 배포하면 JBoss가 스키마를 변경할 것인가? 그렇지 않다. 적어도 우리가 하이퍼소닉을 사용하고 있다면 말이다. 하이퍼소닉은 컬럼 타입을 변경할 수 없다. 이것은 JBoss도 어쩔 수 없는 데이터베이스 자체의 제약사항이다.

타입 변경을 지원하는 다른 데이터베이스를 사용하더라도 JBoss는 새로운 필드가 기존 필드보다 길이가 긴 경우의 CHAR와 VARCHAR 필드 타입만 변경하려고 시도한다. 이것은 확실히 기계적으로 제어하는 데 근본적인 제약사항으로 작용하며, 이런 부분에는 사람의 개입이 필요하다.

## 7.3. 관계 매핑

아직 매핑이 끝나지 않았다. 지금까지 엔티티 빈을 필드 레벨로 매핑했지만 CMR(Container-Managed Relationship)과 관련해서는 이야기하지 않았다. ToDo 애플리케이션에서 task는 comment와 일대다(one-to-many) 관계를 맺는다.

실제로 엔티티 간의 관계도 기록되고 있다. Comment 빈은 그와 관계된 task ID를 담는 task라는 필드를 갖고 있다. JBoss는 우리가 주키의 필드 타입을 변경할 때 외래키의 타입도 자동으로 VARCHAR(32)로 변경해준다. 그러나 우리가 사용하는 명명 규칙을 따르지는 않았다. 이제부터는 이 부분을 고쳐볼 것이며 이러한 방법만이 관계를 관리하기 위한 유일한 대안은 아니라는 것을 알게 될 것이다. 일대다 관계에서는 필요하지 않지만 분리된 중간 테이블을 사용해서 관계를 다루는 방법도 배울 것이다.

## 어떻게 해야 할까?

용어에 대해 좀 더 생각해보면 객체 관계에는 3가지 유형(일대일, 일대다, 다대다)이 있다. 각 관계를 구별하는 법은 관계의 다중성(multiplicity)에 있다.

Task와 comment의 관계는 일대다 관계다. 왜냐하면 모든 task는 여러 comment를 가질 수 있으나 개별 comment는 하나의 task에 속하기 때문이다. 개별 task가 단지 하나의 comment만을 가진다면 일대일 관계다. 만약 한 comment가 여러 개의 task(단지 같은 comment 글이 아니라 같은 comment 객체에 대한 이야기임)에 붙을 수 있다면 다대다 관계다.

관계의 양쪽 중 한쪽이 "일(one)" 관계라면 이것은 관계의 반대편에 단지 하나의 객체가 연결돼 있다는 것을 의미하며, 외래키 매핑을 사용할 수 있다. JBoss는 외래키 매핑을 comment와 관련 task를 연결하는 데 사용한다. 이때 comment가 속하는 task의 주키는 함께 저장된다.

JBoss는 기본으로 간단한 매핑을 제공한다. 이를 변경하려면 jbosscmp-jdbc.xml 파일로 가서 relationships 엘리먼트(ejb-jar.xml 파일에 있는 relationships 엘리먼트와 동일)를 추가하면 된다. 해당 파일은 구성할 개별 관계에 대한 ejb-relation을 가지고 있으며 ejb-relation-name은 jbosscmp-jdbc.xml 파일에 포함된 관계와 ejb-jar.xml 파일에 포함된 관계를 일치시켜야 한다. 구조는 아래와 같다.

```xml
<!DOCTYPE jbosscmp-jdbc PUBLIC
        "-//JBoss//DTD JBOSSCMP-JDBC 4.0//EN"
        "http://www.jboss.org/j2ee/dtd/jbosscmp-jdbc_4_0.dtd">
<jbosscmp-jdbc>
    <defaults>
        <!-- ... -->
    </defaults>
    <enterprise-beans>
        <!-- ... -->
    </enterprise-beans>
    <relationships>
        <ejb-relation>
            <ejb-relation-name>task-comment</ejb-relation-name>
            <!-- 관계에 대한 세부사항은 생략 -->
        </ejb-relation>
```

```
        </relationships>
    </jbosscmp-jdbc>
```

외래키 매핑으로 관계를 선언하려면 foreign-key-mapping 엘리먼트를 ejb-relation에 추가해야 한다.

```
<ejb-relation>
    <ejb-relation-name>task-comment</ejb-relation-name>
    <foreign-key-mapping/>
    <!-- 관계에 대한 세부사항은 생략 -->
</ejb-relation>
```

개별 ejb-relation은 관계의 양쪽을 표현하는 두 가지 역할을 지니고 있다. ejb-relationship-role-name은 jbosscmp-jdbc.xml에 있는 ejb-relationship-role과 ejb-jar.xml에 있는 ejb-relationship-role을 연결한다.

```
<ejb-relation>
    <ejb-relation-name>task-comment</ejb-relation-name>
    <foreign-key-mapping/>
    <ejb-relationship-role>
        <ejb-relationship-role-name>
            comment-belongs-to-task
        </ejb-relationship-role-name>
        <!-- 관계 역할을 구성 -->
    </ejb-relationship-role>
    <ejb-relationship-role>
        <ejb-relationship-role-name>
            task-has-commerts
        </ejb-relationship-role-name>
        <!-- 관계 역할을 구성 -->
    </ejb-relationship-role>
</ejb-relation>
```

마지막 단계는 외래키 필드의 컬럼 이름을 지정하기 위해 ejb-relationship-role에 task-has-comments의 key-fields 엘리먼트를 추가하는 것이다.

```
<ejb-relationship-role>
    <ejb-relationship-role-name>
        task-has-comments
    </ejb-relationship-role-name>
    <key-fields>
        <key-field>
```

```xml
            <field-name>id</field-name>
            <column-name>TASK_ID</column-name>
        </key-field>
    </key-fields>
</ejb-relationship-role>
```

TASK_ID 컬럼이 comment 빈에 대한 테이블에 포함되는데, 관계는 task 쪽에 연관시키는 것이 이상하게 보일 수도 있다. JBoss에서 관계에 대한 키 필드는 항상 관계의 출발지에서 정의되지, 그것들이 다른 엔티티 테이블이나 중간 테이블에서 외래키로 매핑되는 것과는 상관없다. 위의 예제에서 다시 설명하면 일대다 관계에서 "다"측(예제에서는 comments)은 반드시 빈 key-fields 요소를 가져야만 하고, "일"측(예제에서는 task)은 하나의 key-fields를 가져야 한다.

완전한 설정은 아래와 같다.

```xml
<!DOCTYPE jbosscmp-jdbc PUBLIC
        "-//JBoss//DTD JBOSSCMP-JDBC 4.0//EN"
        "http://www.jboss.org/j2ee/dtd/jbosscmp-jdbc_4_0.dtd">
<jbosscmp-jdbc>
    <defaults>
        <!-- ... -->
    </defaults>
    <enterprise-beans>
        <!-- ... -->
    </enterprise-beans>
    <relationships>
        <ejb-relation>
            <ejb-relation-name>task-comment</ejb-relation-name>
            <foreign-key-mapping/>
            <ejb-relationship-role>
                <ejb-relationship-role-name>
                    comment-belongs-to-task
                </ejb-relationship-role-name>
            </ejb-relationship-role>
            <ejb-relationship-role>
                <ejb-relationship-role-name>
                    task-has-comments
                </ejb-relationship-role-name>
                <key-fields>
                    <key-field>
```

```
                <field-name>id</field-name>
                <column-name>TASK_ID</column-name>
            </key-field>
          </key-fields>
        </ejb-relationship-role>
      </ejb-relation>
    </relationships>
</jbosscmp-jdbc>
```

이 설정을 배포하기 위해 optional.dd에 cmr-fk를 설정하고 애플리케이션을 빌드한다.

```
\todo> ant -Doptional.dd=cmr-fk main deploy
```

위 명령어를 실행하면 JBoss는 아래와 같은 테이블을 생성할 것이다.

```
CREATE TABLE TODO_COMMENT
    (
        COMMENT_ID VARCHAR(32) NOT NULL,
        COMMENT_TEXT VARCHAR(256),
        COMMENT_DATE TIMESTAMP,
        TASK_ID VARCHAR(32),
        CONSTRAINT PK_TODO_COMMENT PRIMARY KEY (COMMENT_ID)
    )
```

이것은 일대일 또는 일대다 관계를 적용하기 위한 일반적인 방법이며, 외래키 매핑에서 지원되는 방법이기도 하다. 그러나 task를 comment와 매핑하기 위해 중간 테이블을 사용하고 싶을 수도 있다. 중간 테이블은 외래키를 붙이기 위한 곳으로서, 일반적으로 어느 쪽도 "일" 관계를 맺고 있지 않는 다대다 관계에 사용되며, 테이블 매핑에서 지원되는 방법이다. 지금부터는 앞에서 다룬 task와 comment의 관계를 다대다 관계로 가정하고 테이블 매핑을 설명하겠다.

```
        <ejb-relation>
            <ejb-relation-name>task-comment</ejb-relation-name>
            <relation-table-mapping>
                <table-name>TODO_TASK_COMMENT</table-name>
            </relation-table-mapping>
            <!--relationship roles -->
        </ejb-relation>
```

애플리케이션의 필요에 의해 테이블에 관계 필드를 추가하는 것이 항상 가능하지는 않을 수도 있다.

중간 테이블은 관계의 양쪽을 위해 외래키 참조를 가질 필요가 있고 양쪽은 완전한 key-fields 엘리먼트를 개별적인 키로써 선언할 필요가 있다. 완성된 ejb-relation은 다음과 같다.

```xml
<ejb-relation>
    <ejb-relation-name>task-comment</ejb-relation-name>
    <relation-table-mapping>
        <table-name>TODO_TASK_COMMENT</table-name>
    </relation-table-mapping>
    <ejb-relationship-role>
        <ejb-relationship-role-name>
            comment-belongs-to-task
        </ejb-relationship-role-name>
        <key-fields>
            <key-field>
                <field-name>id</field-name>
                <column-name>COMMENT_ID</column-name>
            </key-field>
        </key-fields>
    </ejb-relationship-role>
    <ejb-relationship-role>
        <ejb-relationship-role-name>
            task-has-comments
        </ejb-relationship-role-name>
        <key-fields>
            <key-field>
                <field-name>id</field-name>
                <column-name>TASK_ID</column-name>
            </key-field>
        </key-fields>
    </ejb-relationship-role>
</ejb-relation>
```

이 설정에 대한 완전한 jbosscmp-jdbc.xml 파일은 etc/cmr-table 안에 있고 빌드할 때 optional.dd을 cmr-table로 설정해서 배포하면 된다.

```
\todo> ant -Doptional.dd=cmr-table main deploy
```

배포할 때 TODO_COMMENT 테이블은 더는 외래키 필드를 포함하지 않는다. 대신 기동할 때 JBoss는 요청받은 대로 TODO_TASK_COMMENT를 생성한다.

```
CREATE TABLE TODO_TASK_COMMENT
    (
        COMMENT_ID VARCHAR(32) NOT NULL,
        TASK_ID VARCHAR(32) NOT NULL,
        CONSTRAINT PK_TODO_TASK_COMMENT PRIMARY KEY (COMMENT_ID, TASK_ID)
    )
```

## 방금 뭘 했지?

앞에서 빈에 대한 객체 관계 매핑 설정을 마쳤고, 기본적인 외래키 매핑뿐 아니라 중간 테이블을 이용한 관계 테이블 매핑을 살펴봤다. ToDo 애플리케이션의 엔티티 빈이 단지 일대다 관계를 나타내지만 설정 방법은 관계의 다중성과 관계없이 동일하다.

## 이런 경우에는 …

### 매핑 세부사항을 생성하기 위해 XDoclet을 사용한다면?

XDoclet은 J2EE 배포 설명자[1]를 생성하는 것처럼 JBoss 배포 설명자를 생성하는 코드 자동 생성 태스크도 제공한다. 하지만 여기서는 해당 태스크를 사용하지 않았다. 우리가 이해하지 못하는 것을 코드를 자동으로 생성하게 하는 것은 바람직하지 않기 때문이다. 이 책에서 JBoss 배포 설명자에 대해 배우는 동안에는 직접 손으로 코드를 짜는 것이 좋다. 충분히 익히고 난 후 XDoclet 태그가 우리가 할 일을 대신 수행하게 하자.

# 7.4. 감사 데이터 추가

관계형 데이터베이스에 단순히 데이터를 저장하는 것으로는 충분하지 않을 때가 있다. 많은 애플리케이션에서는 누가, 언제 개별 행을 생성했는지에 관한 정보를 보유할 필요가 있고 누가, 언제 마지막으로 데이터를 수정했는지도 알 필요가 있다. 이런 종류의 데이터를 가리켜 감사 데이터라 한다.

---

1  배포 설명자는 서블릿과 JSP를 어떻게 실행하는지에 대한 많은 정보를 담고 있음

감사 데이터는 기업 애플리케이션에 대한 일반적인 요구사항이다. 감사 데이터를 애플리케이션에서 직접 관리하게 구현하는 것도 가능하지만, JBoss가 우리 대신 감사 데이터를 관리해 줄 수 있다. JBoss는 엔티티 빈의 생성과 수정을 추적해서 추가적인 영구 데이터로 보관해 줄 수 있다. 이 데이터는 단지 관리 목적으로 데이터베이스에 존재하거나 애플리케이션이 사용하기 위해 엔티티 빈의 영속성 필드로 매핑할 수 있다.

## 어떻게 해야 할까?

애플리케이션 서버는 엔티티 빈에 대한 모든 접근을 관리하므로 JBoss에서는 누가 언제 빈 데이터를 수정했는지 손쉽게 추적할 수 있다.

5장에서는 보안 정책을 구성할 때 웹 애플리케이션에 대한 보안만을 설명했다. 사실 엔티티 빈은 원격 뷰가 없는 지역 EJB라서 원격에서 접근하는 것이 불가능하므로 보안에 대해서는 설명하지 않았던 것이다. J2EE 역할 기반 보안은 인증(authentication)과 권한부여(authorization) 영역으로 구성돼 있으나 너무 기초적인 수준에 머물러 있어 애플리케이션의 복잡한 보안 요구사항을 만족하기 어려울 수도 있다. 따라서 이번에는 복잡한 보안 요구사항에 대응하고자 EJB 계층에서 감사 정보를 통해 보안을 설정하는 방법을 살펴보겠다.

감사 정보를 활성화할 때 사용자 정보는 감사 정보의 사용자 부분을 제공하기 위해 웹 계층에서 EJB 계층으로 들어와야 한다. 그렇게 하려면 적정한 보안 도메인을 애플리케이션에 연결해야 한다.

웹 계층에서는 security-domain 엘리먼트를 jboss-web.xml에 추가해서 보안 도메인을 연결할 수 있다. 또한 EJB 계층에서는 같은 security-domain 엘리먼트를 jboss.xml 파일에 추가하는 것이 필요하다.

```
<!DOCTYPE jboss PUBLIC
        "-//JBoss//DTD JBOSS 4.0//EN"
        "http://www.jboss.org/j2ee/dtd/jboss_4_0.dtd">
<jboss>
    <security-domain>java:/jaas/todo</security-domain>
</jboss>
```

보안 도메인이 java:/jaas/todo로 동일하므로 JBoss는 사용자 정보를 웹 계층에서 EJB 계층으로 중단 없이 전달한다. 이전에 빈 메서드를 검사하도록 설정한 적이 없으므로 JBoss는 어떤 방법으로도 빈에 대한 접근은 제한하지 않을 것이다. 그러나 현재 인증된 사용자에 대한 정보는 감사 필드에서 이용 가능하다.

이용 가능한 감사 필드로는 created-by, created-time, updated-by, updated-time으로 4가지가 있다. 이것들은 사용자와 빈이 언제 생성됐고 마지막으로 갱신된 때가 언제인지를 나타내는 시간 정보와 대응된다. 개별 감사 필드는 jbosscmp-jdbc.xml에서 엔티티에 대한 감사 엘리먼트에 대응하는 엘리먼트를 제공하는 식으로 활성화할 수 있다.

개별 감사 필드에 대해서는 감사 데이터를 기록할 수 있는 컬럼을 제공할 수 있는 column-name 엘리먼트를 제공해야 한다. 다음 설정은 task 빈에 4개의 감사 필드를 추가한 것이다.

```xml
<entity>
    <ejb-name>Task</ejb-name>
    <table-name>TODO_TASK</table-name>
    <!-- cmp-field -->
    <audit>
        <created-by>
            <column-name>AUDIT_CREATED_BY</column-name>
        </created-by>
        <created-time>
            <column-name>AUDIT_CREATED_TIME</column-name>
        </created-time>
        <updated-by>
            <column-name>AUDIT_UPDATED_BY</column-name>
        </updated-by>
        <updated-time>
            <column-name>AUDIT_UPDATED_TIME</column-name>
        </updated-time>
    </audit>
</entity>
```

완전한 파일은 etc/audit/jbosscmp-jdbc.xml에 있다. 빌드할 때 optional.dd를 설정해서 이 파일을 애플리케이션에 추가할 수 있다.

```
\todo> ant -Doptional.dd=audit main deploy
```

위 내용을 수행할 때 JBoss는 아래와 같은 테이블을 생성할 것이다.

```
CREATE TABLE TODO_TASK
(
    TASK_ID VARCHAR(32) NOT NULL,
    TASK_NAME VARCHAR(256),
    TASK_USER VARCHAR(256),
    TASK_START TIMESTAMP,
    TASK_END TIMESTAMP,
    AUDIT_CREATED_BY VARCHAR(256) NOT NULL,
    AUDIT_CREATED_TIME TIMESTAMP NOT NULL,
    AUDIT_UPDATED_BY VARCHAR(256) NOT NULL,
    AUDIT_UPDATED_TIME TIMESTAMP NOT NULL,
    CONSTRAINT PK_TODO_TASK PRIMARY KEY (TASK_ID)
)
```

생성된 데이터 타입이 우리가 원하는 것이 아니라면 jdbc-type과 sql-type을 명시해서 감사 필드에 대한 데이터 타입을 다시 만들 수 있다. 마치 CMP 필드에서 했던 것과 같다.

```
<created-by>
    <column-name>AUDIT_CREATED_BY</column-name>
    <jdbc-type>VARCHAR</jdbc-type>
    <sql-type>VARCHAR(40)</sql-type>
</created-by>
```

이 감사 필드는 데이터베이스에 저장된다. 이 데이터는 관리 도구로는 접근할 수 있으나 애플리케이션에서는 이용할 수 없다. 실제로 ToDo 애플리케이션에서 AUDIT_CREATED_BY와 AUDIT_CREATED_TIME 필드는 TASK_USER와 TASK_STARTED의 값과 항상 동일하다. 중복 컬럼을 통합하고 JBoss가 객체를 생성할 때 자동으로 애플리케이션의 데이터 필드를 채운다면 애플리케이션에서 해당 데이터 필드를 채우는 노력을 줄일 수 있을 것이다.

이를 위해 감사 필드에 있는 column-name 엘리먼트를 감사 필드와 애플리케이션의 CMP 필드를 연결하는 field-name 엘리먼트로 교체할 필요가 있다.

```xml
<audit>
    <created-by>
        <field-name>user</field-name>
    </created-by>
    <created-time>
        <field-name>startedDate</field-name>
    </created-time>
</audit>
```

이 설정을 통해 스키마는 분리된 감사 필드 없이 이전 형태로 되돌아간다.

```
CREATE TABLE TODO_TASK
(
    TASK_ID VARCHAR(32) NOT NULL,
    TASK_NAME VARCHAR(256),
    TASK_USER VARCHAR(256),
    TASK_START TIMESTAMP,
    TASK_END TIMESTAMP,
    CONSTRAINT PK_TODO_TASK PRIMARY KEY (TASK_ID)
)
```

지금부터 작동 원리를 설명하겠다. 빈 인스턴스가 생성될 때 애플리케이션이 사용자 또는 시작 날짜 값을 지정하지 않았다면 JBoss는 적정한 감사 정보로 해당 필드를 채울 것이다. 따라서 애플리케이션에서는 사용자 또는 시작 날짜 값을 채우는 데 사용하는 TaskBean의 ejbCreate 메서드에서 해당 코드를 삭제하면 된다. 제거할 코드는 아래 코드에서 주석으로 처리했다.

```java
/** @ejb.create-method */
public String ejbCreate(String user, String name)
    throws CreateException
{
    setId(TaskUtil.generateGUID(this));
    setName(name);
    // setUser(user);
    // setStartedDate(new Date( ));
    logger.debug("creating task " + getId( ) + " for Name " + name);
    return null;
}
```

이렇게 변경하고 애플리케이션을 다시 배포하면 JBoss는 정확히 예상한 바와 같이 값을 채울 것이다.

## 방금 뭘 했지?

지금까지 CMP 엔티티 빈에 대한 감사 정보를 추가하는 방법을 살펴봤다. 감사 필드는 정규 CMP 필드처럼 정확하게 동작한다. 그리고 우리는 필드의 이름과 타입을 모두 조정할 수 있다. 감사 정보를 빈 안에 통합하고 싶다면 감사 정보를 빈에 있는 CMP 필드에 매핑할 수 있다.

## 7.5. 주키 생성

> 여러 프로젝트에서는 주키 생성을 위해 키를 생성하는 엘리먼트 빈을 추가한다. 그러나 애플리케이션 서버에 의해 제공된 주키 생성을 사용할 수 있다면 더할 나위 없을 것이다.

ToDo 애플리케이션에서는 XDoclet이 생성한 코드로 만들어지는 UUID를 주키로 사용했다. 이것은 JBoss에 대한 의존성 없이 주키를 생성할 수 있는 간단하고 이식하기도 쉬운 방법이다. 지금까지 본 것처럼 UUID는 원활히 동작하지만 그 밖에 다른 방법도 많다.

데이터베이스에 있는 시퀀스 테이블이나 자동 증가 컬럼과 같은 다른 방법을 선택할 수도 있다. 방법은 많지만 그러한 방법들은 모두 추가적인 코드가 필요하며, 잠재적으로 데이터베이스 의존성을 높인다. 또한 가능하면 그와 같은 코드를 엘리먼트 빈이 아닌 애플리케이션 서버에서 유지하기를 선호할 것이다.

JBoss는 주키를 생성할 수 있게 주키 생성기를 엔티티 빈에 첨부하는 방법을 제공한다. 빈은 주키 생성을 완전히 무시할 수 있으며 키를 생성하는 정책은 배포 시 설정 옵션으로 제어할 수 있다.

### 어떻게 해야 할까?

ToDo 애플리케이션을 만들 때 UUID 문자열을 키 객체로 사용하기로 했다. 그것은 별도의 외부 설정 없이 배포될 애플리케이션을 생성할 때 좋은 방법이나 키 생성 옵션을 제한한다. 대부분의 키 생성 전략은 문자열 기반 키 대신 숫자 키를 사용한다. 텍스트 키로 제한하는 대신에 여기서는 숫자를 주키로 사용해서 애플리케이션을 다시 수정할 것이다.

수정할 부분은 생각만큼 복잡하지 않다. 왜냐하면 XDoclet이 EJB 계층의 대부분을 다루기 때문이며, 아래와 같이 id 필드를 Integer 타입으로 변경하기만 하면 된다.

```
/**
 * @ejb.pk-field
 * @ejb.persistence
 * @ejb.interface-method
 */
public abstract Integer getId();
public abstract void setId(Integer id);
```

아울러 TaskBean의 ejbCreate() 메서드처럼 몇 가지 메서드는 시그니처를 변경해야 한다.

```
/** @ejb.create-method */
public Integer ejbCreate(String name)
    throws CreateException
{
    setName(name);
    return null;
}
```

> ejbCreate 메서드가 더는 ID를 채우지 않는다는 사실을 알아두자. JBOSS는 감사 데이터로 user와 started-Date 필드를 채운 것처럼 해당 값을 채울 것이다.

변경할 부분은 많지 않다. todo2 디렉터리에는 ToDo 애플리케이션의 대체 버전이 제공되는데, 여기서는 엘리먼트 퍼사드(façade)[2]와 JSF[3] 명령어를 약간 변경해야 한다.

리팩터링하고 나면 JBoss가 어떻게 ID 값을 채우는지 보자. 키 생성은 엔티티 명령어(entity command)와 엔티티 빈을 연결하는 식으로 수행된다. 엔티티 명령어는 주키가 어떤 값인지 계산하고 새롭게 생성된 빈을 데이터베이스에 넣는다.

아래 예제에서는 데이터베이스의 간단한 자동 증가 컬럼을 사용할 것이다. 하이퍼소닉에서는 식별자 컬럼이 포함된 테이블에 행이 삽입될 때마다 일련 키 번호를 생성하고 차후 CALL IDENTITY() 구문을 통해 클라이언트가 이용할 수 있게 한다.

---

2 디자인 패턴의 일종으로 복잡한 시스템에 접근하는 경로에 대한 단순한 인터페이스를 제공해서 사용자와 시스템 간의 복잡도를 낮춰줌
3 Swing과 AWT와 마찬가지로 표준의 재사용 가능한 GUI 컴포넌트를 제공하는 개발 프레임워크임

어떻게 일련 키를 생성하는지 알 수 있는 엔티티 명령어는 hsqldb-fetch-key다. 이 명령어는 모든 엔티티 빈에 대한 엔티티 명령어로서 entity-command 선언을 jbosscmp-jdbc.xml의 기본 영역에 추가한다.

```xml
<defaults>
    <create-table>true</create-table>
    <alter-table>true</alter-table>
    <remove-table>true</remove-table>
    <entity-command name="hsqldb-fetch-key" />
</defaults>
```

지금부터 개별 주키 필드를 auto-increment 필드로 표시한다.

```xml
<entity>
    <ejb-name>Task</ejb-name>
    <table-name>TODO_TASK</table-name>
    <cmp-field>
        <field-name>id</field-name>
        <column-name>TASK_ID</column-name>
        <auto-increment />
    </cmp-field>
    <!--다른 CMP 필드들은 생략함 -->
</entity>
```

이것으로 모든 것이 끝났다. 우리는 todo2 디렉터리에서 원본 애플리케이션과 같은 빌드 옵션으로 애플리케이션을 배포할 수 있다.

```
\todo2> ant main deploy
```

애플리케이션을 배포할 때 JBoss는 새로운 스키마를 생성하며, 주키를 식별자 컬럼으로 표시한다.

```sql
CREATE TABLE TODO_TASK
    (
        TASK_ID INTEGER NOT NULL IDENTITY,
        TASK_NAME VARCHAR(256),
        TASK_USER VARCHAR(256),
        TASK_START TIMESTAMP,
        TASK_END TIMESTAMP,
        CONSTRAINT PK_TODO_TASK PRIMARY KEY (TASK_ID)
    )
```

> UUID 키에 비해 숫자 키의 한 가지 장점은 간단한 숫자 키는 훨씬 더 가독성이 좋다는 것이다. TODO_TASK 테이블을 살펴보면 훨씬 더 이해하기가 쉬워졌다.

task를 몇 개 생성하고 TODO_TASK 테이블의 ID를 지켜보면 새롭게 생성된 태스크마다 값이 증가하는 것을 알 수 있다.

## 방금 뭘 했지?

앞에서는 JBoss에서 주키를 활성화하는 방법을 살펴봤다. 단지 적절한 엔티티 명령어를 선택해서 그것을 애플리케이션에 첨부하기만 하면 된다. 엔티티 명령어를 특정 빈과 연결할 수도 있지만, 일반적으로는 애플리케이션의 모든 엔티티 빈에 대해 키 생성 방식이 똑같이 작동하길 바랄 것이다.

## 이런 경우에는 …

### 다른 데이터베이스는 어떨까?

일반적으로 개별 데이터베이스는 키 생성을 위해 다른 메커니즘을 지원한다. MySQL을 예를 들면, mysql-get-generated-keys은 getGeneratedKeys() 함수를 활용한다. oracle-sequence 엔티티 명령어는 오라클 시퀀스를 가지고 동작한다. 특정 데이터베이스에 대한 전체 엔티티 명령어를 알려면 standardjbosscmp-jdbc.xml 파일을 참고한다.

### 자체적인 키 생성기를 사용한다면 어떨까?

자체적인 엔티티 명령을 작성하는 것도 가능하나 쉬운 일은 아니다. key-generator 엔티티 명령어를 살펴봐야 하며, JBoss 키 생성기 팩터리 MBean에 대한 인터페이스를 제공해서 자체적으로 만든 키 생성기를 제공할 팩터리로 바꿀 수 있다.

# 08
# JBoss 관리와 모니터링

아무리 애플리케이션을 잘 설계하고 구현해도 늘 문제는 발생하기 마련이다. 메모리가 부족해지거나, 새벽 3시에 데이터베이스가 중단되거나, 혹은 애플리케이션이 그냥 평소보다 느려지는 경우를 예로 들 수 있다. 문제는 언제든지 발생하는 것이고, 이것은 개발자가 감당해야 할 일이다.

다행히도 JBoss에서는 잘못된 부분을 쉽게 발견할 수 있다. 모든 서비스가 JBoss 마이크로커널에 의해 올려지고 관리되기 때문에 모든 서비스는 다양한 JBoss 관리도구에 의해 공개되고 관리된다.

JMX 콘솔은 JBoss 서비스를 관리하기 위한 단일 인터페이스다. 지금까지는 JBoss 서비스를 검사하고 관리하기 위한 용도로 JMX 콘솔을 사용했다. 이제 또 다른 웹 애플리케이션인 웹 콘솔을 소개한다. 웹 콘솔은 기본적인 모니터링과 알림 기능을 제공하는 JMX 콘솔보다 더욱 기능이 향상된 것으로, 이 장에서는 웹 콘솔을 사용하는 방법을 살펴보겠다.

JBoss는 관리 운영을 위해 더욱 발전된 인터페이스도 제공한다. 이제부터 원격으로 검수가 가능한 코드를 작성하고 서버를 관리하는 방법을 배운다. 그리고 명령어를 통해 관리 오퍼레이션에 접근할 수 있는 트위들(twiddle) 애플리케이션에 대해서도 살펴보겠다.

이러한 기능들이 지금까지 배워온 기능들에 비하면 그다지 흥미롭지 않을 수도 있지만, 한밤중에 문제가 탈생해서 야근하게 될 경우에는 꽤 유용한 기능이다. 자, 어떠한 기능이 있는지 살펴보자.

웹 콘솔 애플리케이션의 이름은 consolemgr. sar이고, deployment/ management 디렉터리에서 찾을 수 있다.

## 8.1. 웹 콘솔 시작하기

지금까지는 JMX 콘솔을 사용했지만 이제부터는 웹 콘솔을 사용하겠다. 웹 콘솔은 단지 애플릿이 추가된 표준형 JMX 콘솔에 불과하지만, 해당 애플릿은 좀 더 고차원적인 화면을 제공한다. 웹 콘솔은 원본 MBean을 그대로 보여주는 대신 서버를 다양하게 볼 수 있는 화면을 제공해서 관리자가 관심 있어 하는 부분들을 빨리 확인할 수 있게 해준다.

### 어떻게 해야 할까?

웹 콘솔은 web-console 컨텍스트 루트 밑에 있는 간단한 웹 애플리케이션이다. 웹 콘솔을 시작하려면 브라우저를 열고 http://localhost:8080/web-console/에 접속하면 된다. 이 페이지는 자바 애플릿을 로드하므로 완전히 시작되기까지는 몇 초 정도 걸린다. 웹 콘솔의 초기 화면은 그림 8-1과 비슷하다.

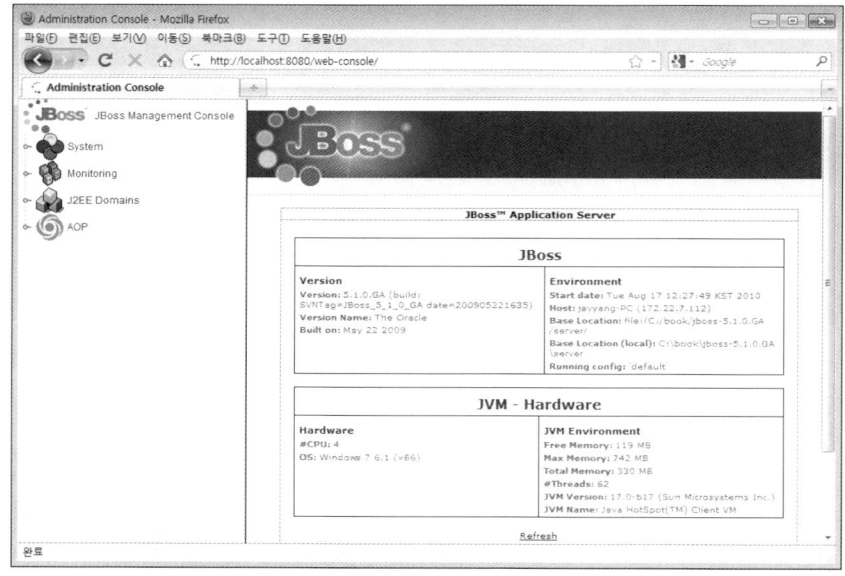

그림 8-1 | 웹 콘솔 메인 페이지

이 애플리케이션 화면은 두 영역으로 나뉜다. 왼쪽은 내비게이션 패널이라고 하는데, 이곳에 있는 항목을 클릭하면 오른쪽에 상세 페이지가 출력된다. JBoss의 로고를 클릭하면 그림 8-1과 같은 페이지가 출력된다. 로고를 대상으로 마우스 오른쪽 버튼을 클릭하면 내비게이션을 '새로고침'해서 서버와 동기화할 수 있는 컨텍스트 메뉴가 나타난다. 이 메뉴 항목 중에서는 shutdown 명령어도 찾아볼 수 있다.

### System
시스템 내에 있는 모든 MBean을 도메인별로 정렬해서 보여준다.

### Monitoring
모니터링 영역은 개발자가 생성한 스냅샷(snapshot)과 경고(alert)에 대한 링크를 제공한다. 현재는 빈 상태이지만, 나중에 항목들을 어떻게 생성하는지 살펴볼 때 내용이 나타날 것이다.

### J2EE Domains
J2EE Domain 영역은 이미 배포된 모든 애플리케이션과 서비스를 배포된 패키지의 이름순으로 정렬해서 보여준다.

### AOP
AOP는 현재 배포된 AOP 기반 애플리케이션의 상태를 보여준다.

다음으로 넘어가기 전에 웹 콘솔의 작동 방식에 익숙해지게끔 몇 분간만 살펴보자. 이어서 여러 가지 내용을 다루겠다.

> AOP란 관점 지향 프로그래밍(aspect-oriented programming)을 의미한다. AOP 애플리케이션의 배포는 JBoss에서 사용 가능한 비J2EE 서비스 중 하나다. 더 자세한 정보는 http://www.jboss.org/jbossaop를 참고한다.

## 8.2. 애플리케이션 모니터링하기

서버에 있는 것 중에서 가장 중요한 것은 다름아닌 사용자의 애플리케이션이다. 따라서 JBoss의 관리와 모니터링 기능 소개는 현재 구동 중인 애플리케이션에 대해 JBoss가 사용자에게 무엇을 알려줄 수 있는지를 알아보는 것부터 시작하자.

### 어떻게 해야 할까?

웹 콘솔의 J2EE Domains 영역을 펼쳐나가다 보면 현재 구동 중인 JBoss 인스턴스를 확인할 수 있다. EAR 파일, WAR 파일, EJB JAR 파일, JBoss SAR(service archive) 파일 등 내부적으로 서버에 배포돼 있는 모든 애플리케이션 패키지를 볼 수 있다. EAR 파일의 경우에는 내부에 포함된 아카이브들을 펼쳐볼 수 있다.

만일 ToDo 애플리케이션이 여전히 배포된 상태라면 목록의 최상단에서 todo.ear를 찾으면 된다. todo.ear를 선택하면 application.xml 배포 서술자가 오른쪽 프레임에 나타난다.

EAR 파일은 다른 아카이브를 배포하기 위한 컨테이너에 불과하고, 여기서는 볼 내용이 많지 않다. 아마 사용자가 보고 싶은 것은 EAR 파일의 내용물일 것이다. todo.ear을 확장하면 두 개의 애플리케이션 요소인 todo.jar와 todo.war를 확인할 수 있고, 둘 중 하나를 선택하면 EAR 파일에서 본 것과 동일한 아카이브의 배포 정보를 볼 수 있다.

하지만 조금 더 자세한 애플리케이션 통계 정보를 조회해보려면 JMX 콘솔을 조회해야 한다. todo.war의 Faces Servlet의 통계를 보고 싶다면 JMX 콘솔에서 jboss.web 도메인에 있는 J2EEApplication=none,J2EEServer=none,WebModule=//localhost/todo,j2eeType=Servlet,name=Faces Servlet를 클릭한다. 그림 8-2는 Faces Servlet을 보여준다.

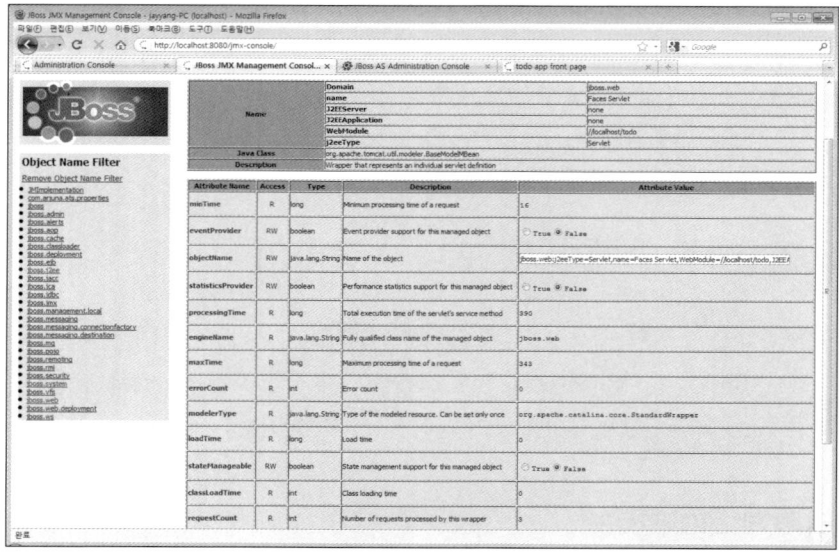

그림 8-2 | JMX 콘솔에서 제공하는 서블릿 정보

Faces Servlet은 JSF 요청을 처리하는데, 이 서블릿의 최소, 최대, 평균 응답 시간뿐 아니라 요청 횟수도 알 수 있다.

## 방금 뭘 했지?

각 아카이브의 배포 서술자와 서블릿 레벨까지 서버로부터 온 기본적인 통계 데이터의 활용법을 살펴봤다. 사용 가능한 정보가 전부 나열돼 있지는 않지만 향후 성능 문제가 발생했을 때 이를 조사하는 데 도움될 것이다.

## 8.3. MBean 다루기

MBean은 JBoss 마이크로커널에 등록된 서비스의 관리 인터페이스다. JBoss의 모든 서비스는 MBean에 의해 노출되므로 이를 통해 각 서비스와 상호작용할 수 있다.

지금까지는 MBean에 접근할 때 JMX 콘솔을 사용했다. 또한 데이터소스의 통계, 클래스를 로드한 클래스로더를 봤고, 서버를 정지시키기도 했으므로 일반적인 MBean 운영에는 부담이 없을 것이다. 여기서는 MBean을 웹 콘솔을 통해 보게 될 텐데, 여태껏 본 것과 다른 몇 가지가 더 있다.

### 어떻게 해야 할까?

MBean을 사용하려면 우선 내비게이션 패널의 System 영역에 위치한 JMX MBean 노드를 펼친다. 아마도 JMX 콘솔에서 본 것과 같은 MBean을 찾을 수 있을 테고, 웹 콘솔은 트리 형태의 뷰를 제공하므로 찾기가 더 쉬울 것이다.

먼저 이 책의 초반부에서 사용한 jboss.system:type=ServerInfo MBean을 찾아보자. jboss.system 도메인을 찾아서 확장한다. 그림 8-3과 같은 MBean이 나타날 것이다.

jboss.system:type=ServerInfo를 선택하면 웹 콘솔로부터 세부적인 MBean 페이지가 패널에 나타난다. 표시된 관리 인터페이스는 Attribute와 Operation으로 두 부분으로 구성돼 있다.

> 웹 콘솔은 JavaBeans 프로퍼티 에디터 속성을 가지고 있는 유형만 수정할 수 있다. JavaBeans property editor는 PropertyEditorManagerService를 사용하면 정의할 수 있다.

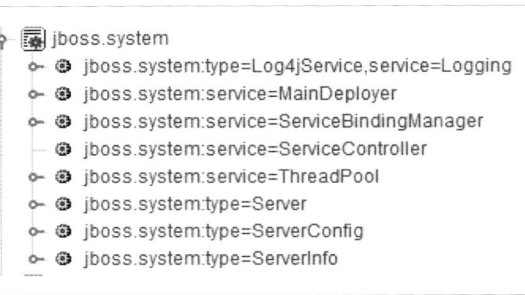

그림 8-3 | jboss.system 도메인의 MBean

Attribute는 주로 서비스의 상태나 구성을 나타낸다. Attribute는 오브젝트의 필드값과 유사하게 이름, 타입, 값을 가지고 있다. 또한 어트리뷰트에 대한 읽기 가능 여부와 쓰기 가능 여부를 알려주는 Access 플래그를 가지고 있다. 읽기와 쓰기가 모두 가능한 어트리뷰트는 Access 플래그에 RW로 나타난다.

ServiceInfo MBean은 서버의 상태 정보만 제공하며 모든 어트리뷰트는 읽기만 가능하다. 운영체제 이름과 버전 정보처럼 일부 어트리뷰트는 변화가 없고, free memory나 thread count 값과 같은 정보들은 자주 바뀐다. 페이지를 '새로고침'하면 이러한 값이 변하는 것을 볼 수 있다.

수정 가능한 어트리뷰트를 보려면 내비게이션 패널로 돌아가 6장에서 사용한 jboss.system:type=Log4jService,service=Logging MBean을 찾아야 한다. jboss-log4j.xml 파일을 좀 더 자주 체크해달라고 JBoss에 요청하기 위해 RefreshPeriod 어트리뷰트를 조정할 수 있다. 값을 바꾸려면 새로운 값을 입력 박스에 넣고 Apply Changes 버튼을 클릭하면 된다. JBoss가 기본 서비스의 구성을 변경하면 페이지가 '새로고침'되고 새로운 값이 MBean에 반영되는 것을 볼 수 있다.

MBean은 관리를 위해 자바 오브젝트의 메서드와 동일한 오퍼레이션도 제공한다. 일부 오퍼레이션의 용도는 서비스에 메시지를 보내는 것이다. 커넥션 풀에 초기화(flush)를 요청하거나 log4j 서비스에 대해 로그 레벨을 변경하는 것이 여기에 해당한다.

오로지 정보 제공만을 목적으로 하는 오퍼레이션도 있다. ServiceInfo MBean이 제공하는 listThreadDump 오퍼레이션은 JVM의 모든 스레드를 보여준다. 이 기능을 수행하려면 오퍼레이션 이름 옆에 있는 Invoke 버튼을 클릭하면 된다.

> JBOSS는 각 스레드의 전체 스택 트레이스도 제공한다.

```
Total Threads: 82
Total Thread Groups: 9
Timestamp: 20100817144320


Thread Group: system : max priority:10, demon:false
Thread: Reference Handler : priority:10, demon:true, threadId:2,
threadState:WAITING
- waiting on <0x39700b> (a java.lang.ref.Reference$Lock)
java.lang.Object.wait(Native Method)
java.lang.Object.wait(Object.java:485)
java.lang.ref.Reference$ReferenceHandler.run(Unknown Source)
Thread: Finalizer : priority:8, demon:true, threadId:3,
threadState:WAITING
- waiting on <0xeaff03> (a java.lang.ref.ReferenceQueue$Lock)
java.lang.Object.wait(Native Method)
java.lang.ref.ReferenceQueue.remove(Unknown Source)
java.lang.ref.ReferenceQueue.remove(Unknown Source)
java.lang.ref.Finalizer$FinalizerThread.run(Unknown Source)
Thread: Signal Dispatcher : priority:9, demon:true, threadId:4,
threadState:RUNNABLE
Thread: Attach Listener : priority:5, demon:true, threadId:5,
threadState:RUNNABLE
Thread: RMI TCP Accept-1098 : priority:5, demon:true, threadId:16,
threadState:RUNNABLE
java.net.PlainSocketImpl.socketAccept(Native Method)
java.net.PlainSocketImpl.accept(Unknown Source)
- locked <0xc4047> (a java.net.SocksSocketImpl)
java.net.ServerSocket.implAccept(Unknown Source)
java.net.ServerSocket.accept(Unknown Source)
sun.rmi.transport.tcp.TCPTransport$AcceptLoop.
executeAcceptLoop(Unknown Source)
sun.rmi.transport.tcp.TCPTransport$AcceptLoop.run(Unknown Source)
java.lang.Thread.run(Unknown Source)
(생략)
```

또 다른 정보를 제공하는 MBean으로는 JNDIView MBean이 있다. jboss:service=JNDIView MBean을 찾아 list 오퍼레이션을 수행할 경우 EJB의 엔터프라이즈 네이밍 컨텍스트를 포함해서 서버에 대한 JNDI 트리를 화면에서 확인할 수 있다. 다음은 todo.jar의 출력값 중 일부다.

```
Ejb 2.1 Module: "todo.jar"

java:comp namespace of the TaskMaster bean:

  +- TransactionSynchronizationRegistry[link ->
java:TransactionSynchronizationRegistry] (class: javax.naming.LinkRef)
   +- env (class: org.jnp.interfaces.NamingContext)
   |   +- ejb (class: org.jnp.interfaces.NamingContext)
   |   |   +- TaskLocal[link -> local/Task@25128846] (class: javax.naming.
LinkRef)
   |   |   +- CommentLocal[link -> local/Comment@24447422] (class: javax.
naming.LinkRef)
```

JNDI의 참조모델이 어떻게 구성됐는지 볼 수 있다. JNDIView MBean은 JNDI 트리에서 특정 오브젝트를 찾을 때 유용하다.

## 방금 뭘 했지?

지금까지 서버의 MBean이 동작하는 방식을 웹 콘솔을 통해 살펴봤다. 어트리뷰트를 살펴보고 수정할 수 있으며, JBoss의 어느 서버에서라도 관리 기능을 수행할 수 있다. MBean 관리 인터페이스를 활용하면 거의 모든 일을 할 수 있다.

## 8.4. MBean 모니터링

MBean이 뭐가 그렇게 중요할까? 왜 흥미로울까? MBean은 관리 클라이언트가 서버의 상태를 검사할 수 있는 표준화된 메타데이터를 제공한다. 이러한 자체 기술 서비스(self-describing service)를 활용하면 웹 콘솔처럼 유형에 관계없이 서비스를 관리할 수 있는 관리 애플리케이션을 쉽게 만들 수 있다.

MBean을 바탕으로 작성된 관리 애플리케이션은 커넥션 풀 크기를 모니터링하는 것처럼 남은 메모리를 쉽게 모니터링할 수도 있고, JBoss가 제공하는 서비스를 모니터링하듯 애플리케이션 내부에 있는 서비스를 모니터링할 수도 있다.

이를 염두에 두고 JBoss의 서비스 모니터링 기능을 살펴보자.

## 어떻게 해야 할까?

JBoss에서 중요하게 감독해야 하는 부분들 중 하나는 사용 가능한 메모리다. 사용 가능한 메모리를 체크하려면 우선 내비게이션 패널에서 jboss.system:type=ServerInfo MBean을 찾은 후 ServiceInfo MBean을 펼쳐서 모든 어트리뷰트를 볼 수 있게 만든다. 그리고 나서 FreeMemory를 대상으로 오른쪽 버튼을 클릭하면 그림 8-4와 같이 텍스트 메뉴가 표시된다.

그림 8-4 | Free Memory 그래프 메뉴

그래프 메뉴 아이템을 선택하면 JBoss는 사용 가능한 메모리를 시간대별 그래프로 보여준다. 잠시 동안 이 그래프 메뉴를 유지할 경우 자바의 가비지 컬렉션 주기에 따라 사용 가능한 메모리가 늘어나거나 줄어드는 모습을 그림 8-5와 같은 그래프의 형태로 볼 수 있다.

그래프의 모습을 바꾸거나 현재 상태를 저장, 혹은 출력하려면 마우스 오른쪽 버튼을 클릭하면 된다.

## 방금 뭘 했지?

앞서 JBoss 애플리케이션 서버에서 현재 사용 가능한 메모리의 상태에 대한 그래프를 보는 법을 살펴봤다. 볼 수 있는 항목이 다소 제한적이기는 하지만 그래프 자체를 만들기는 매우 쉽다. 큐의 상태나 커넥션 풀 크기를 모니터링할 때도 마치 애플리케이션에 접속하듯이 측정 항목을 통해 아주 쉽게 모니터링할 수 있다.

> MBean을 통해 애플리케이션의 일부분을 공개한다면 애플리케이션의 해당 값들도 쉽게 모니터링할 수 있다.

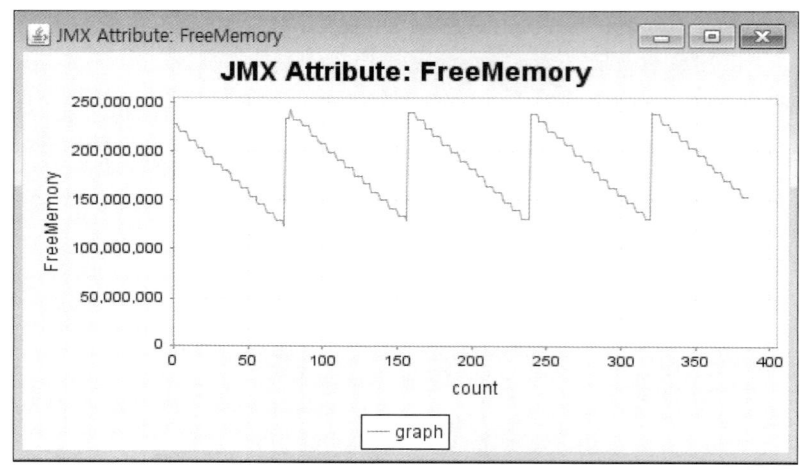

그림 8-5 | Free Memory 그래프

## 8.5. 스냅샷 만들기

실시간 차트가 강력하긴 하지만 애플리케이션이 데이터베이스와 연결이 끊길 때까지 항상 웹 콘솔을 열어놓은 상태로 앉아서 기다리고 있을 수만은 없다. 실제로 종종 새벽 3시에 갑자기 발생하는 문제도 있고, 오랜 시간에 걸쳐서 천천히 발생하는 문제도 있다.

> 수치화된 값만 그래프로 변환하거나 모니터링할 수 있다.

JBoss는 데이터를 일정한 간격으로 수집할 수 있게 해준다. 이 경우 JBoss는 특정 MBean 어트리뷰트를 관찰한 값을 수집할 것이다. 이러한 수집 프로세스를 필요에 따라 시작하거나 정지시킬 수 있고, 그 이후에 수집한 데이터를 분석하면 된다.

## 어떻게 해야 할까?

일정한 간격으로 스냅샷을 만드는 방법은 다음과 같다. 모니터링이 필요한 어트리뷰트 중 "Create Snapshot"이라는 메뉴 아이템을 선택하면 스냅샷의 설정을 위한 폼이 나타난다. 이때 측정하고자 하는 시간 간격을 입력하면 된다(단위는 밀리초). 2초 간격으로 모니터링하고 싶다면 텍스트 필드에 2000을 입력한 후 Create 버튼을 클릭한다.

스냅샷 관리(Manage snapshot) 페이지는 그림 8-6과 같다.

메모리 사용량에 대한 스냅샷을 생성할 경우 Start Snapshot 버튼을 클릭하면 된다. 몇 초 후에 Graph Dataset 버튼을 클릭하면 그림 8-7과 같은 그래프를 볼 수 있다.

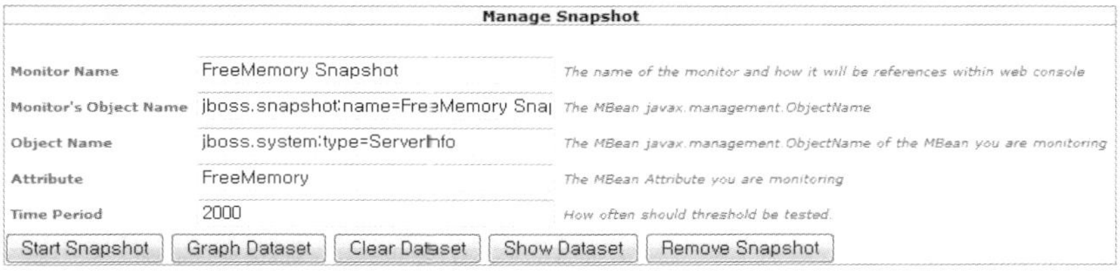

그림 8-6 | 스냅샷 관리

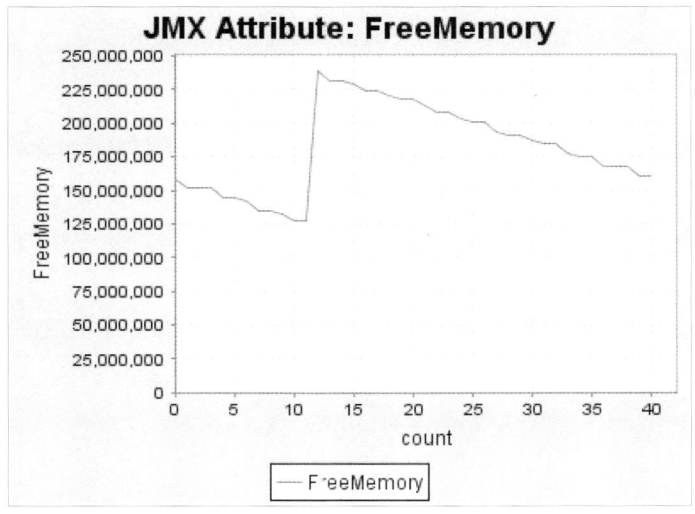

그림 8-7 | 스냅샷 그래프

주의해야 할 점은 이 그래프는 실시간으로 바뀌는 것이 아니고 그래프를 생성한 시점에 수집된 데이터를 바탕으로 고정된 그래프라는 점이다. 그래프는 특정 시간 구간 동안에 대해서만 어떤 일이 발생했는지 알려준다. 만일 더 상세하게 분석해야 한다면 모든 수집된 데이터를 출력하는 Show Dataset을 클릭하고, Dataset 뷰에서 데이터를 선택한 후 엑셀과 같은 프로그램에 복사/붙여넣기를 통해 더욱 세부적인 수치를 분석할 수 있다.

## 8.6. 모니터 생성하기

스냅샷은 일정 시간 동안 서버의 어떤 특정 현상에 대한 정보를 수집하므로 전반적인 서버 상황을 이해하는 데 유용하고 오작동 발생 여부를 파악할 수 있다. 그러나 어떤 특정 문제가 발생했을 때 해당 문제가 발생함과 동시에 알고 싶을 수도 있다. 그래야만 그 이후에 장기간에 걸쳐 스냅샷을 생성해서 서버가 어떻게 동작해서 문제가 발생하는지를 검사할 수가 있다.

웹 콘솔은 사용자에게 MBean 어트리뷰트 값을 모니터하고 경고를 발생시키는 기능을 제공한다. 어떤 특정 상태에 이르면 JBoss는 사용자에게 해당 상태를 알려주고자 알림 이벤트를 발생시킨다. 이 장에서는 JBoss 애플리케이션 서버의 사용 가능한 메모리를 모니터링할 것이다.

### 어떻게 해야 할까?

경고를 발생시키고자 jboss.system:type=ServerInfo MBean의 FreeMemory 어트리뷰트를 찾아 메뉴에서 Create Monitor를 선택한다. 웹 콘솔의 세부 영역에서는 그림 8-8과 같은 모니터 생성 폼을 제공한다.

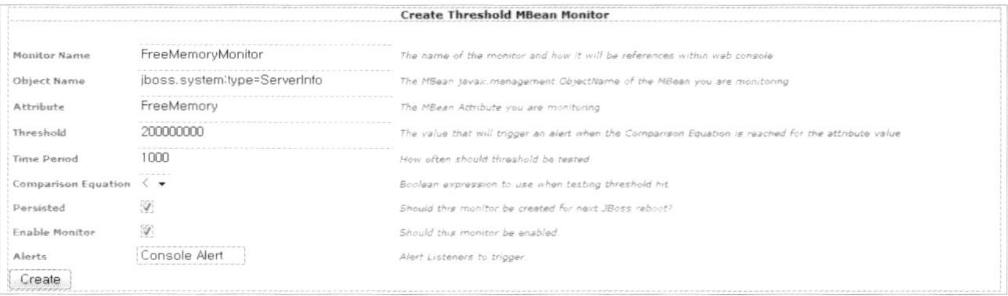

그림 8-8 | 모니터 생성

JBoss가 MBean 이름과 어트리뷰트 이름을 미리 알려준다. Threshold와 Comparison Equation 값은 이벤트를 위한 트리거를 결정한다. 모니터는 오로지 수치로만 값을 표시하고 고정 값과 비교할 수 있다. 모니터는 사용 가능한 메모리가 200,000,000 이하, 즉 200MB 이하로 내려갈 경우 경고를 발생시킬 것이다. JBoss가 체크하는 시간 간격은 1000분의 1초다.

경고가 발생하면 JBoss는 Alerts 선택 목록에서 선택할 수 있는 alert 핸들러에게 경고를 전달할 것이다. 기본적으로는 "Console Alert"이라는 하나의 alert 핸들러만이 목록에 나타난다. 이것이 경고 메시지를 콘솔 로그에 전달한다. 그 밖의 alert 옵션에 대해서는 나중에 좀 더 살펴보겠다.

경고가 지속될 수 있게 Persist Changes와 Enable Monitor를 체크하고 나서 Create 버튼을 클릭한다.

여기서는 사용 가능한 메모리가 특정 기준값 이하로 떨어질 때 경고가 발생하는 모니터를 만들었다. 그렇지만 모니터는 어디에 있을까? 모든 모니터들은 내비게이션 패널의 Alert 영역에 위치한다. Alert 섹션의 변경사항이 반영되어 보이도록 트리를 '새로고침'하자.

트리를 '새로 고침'하려면 JBOSS 로고를 대상으로 마우스 오른쪽 버튼을 클릭하면 된다.

Alert 노드를 선택하면 현재 기동 중인 모든 모니터의 목록을 볼 수 있다. 목록은 그림 8-9와 같다.

**Monitors and Monitor Status**

| Status | Monitor Name | Observed MBean | Observed Attribute | |
|---|---|---|---|---|
| OK | FreeMemoryMonitor | jboss.system:type=ServerInfo | FreeMemory | manage |

그림 8-9 | 기동 중인 모니터의 목록

초록색 OK 상태는 모니터가 아직 경고 메시지를 발생시키지 않았다는 뜻이다.

경고가 작동하는지 확인하려면 강제로 메시지를 발생시켜보면 된다. 그러자면 많은 메모리를 사용해서 사용 가능한 메모리를 200MB 이하로 만들어야 한다. 다음은 이러한 작업을 하기 위한 간단한 JSP 페이지다.

```
<%@ page import="java.util.*" %>

    <h1> Memory Eater </h1>
    <%! int count; %>
```

```
<%
    try {
        ArrayList list = new ArrayList( );
        while (true) {
            list.add(new Object( ));
            count++;
        }

    } catch (Throwable t) {
    }

%>

Created <%= count %> objects...
```

이 JSP는 메모리가 부족해질 때까지 계속 오브젝트를 생성한다. 이 JSP는 deploy 디렉터리에 있는 ROOT.war에 복사하면 사용할 수 있다.

파일의 이름을 memory.jsp로 지정했다면 http://localhost:8080/memory.jsp 로 접근할 수 있다. memory.jsp는 모든 메모리를 소비할 때까지 루프를 돌면서 메모리가 고갈될 때까지 계속 동작할 것이다. 메모리 크기가 크거나 CPU 사양이 낮지 않은 한 JVM의 모든 메모리를 고갈시키는 데는 15초도 걸리지 않을 것이다. 마침내 페이지가 로드될 경우 다음과 같은 경고가 콘솔로그에 나타날 것이다.

```
15:27:59,073 INFO  [ConsoleAlertListener] FreeMemoryMonitor was triggered
    for attribute FreeMemory.
```

모니터 목록으로 돌아가보면 상태가 초록색 OK에서 적색 경고로 바뀌어 있을 것이다. Manager를 클릭하면 Triggered Value가 기입돼 있는 모니터를 볼 수 있다. 이것이 경고 발생 시점에서 기준치를 초과한 값이다. 그림 8-10은 경고 발생 시점의 값을 보여준다.

> 콘솔 경고 리스너는 ConsoleAlertListener 카테고리의 org.jboss.monitor.alerts에 로그를 기록한다.

| | Manage Threshold MBean Monitor | |
|---|---|---|
| Monitor Name | FreeMemoryMonitor | The name of the monitor and how it will be references within web console |
| Monitor's Object Name | jboss.monitor:service=FreeMemoryMonit | The MBean javax.management.ObjectName |
| Object Name | jboss.system:type=ServerInfo | The MBean javax.management.ObjectName of the MBean you are monitoring |
| Attribute | FreeMemory | The MBean Attribute you are monitoring |
| Triggered Value | 99837560 | The attribute value the triggered the threshold |
| Threshold | 100000000 | The value that will trigger an alert when the Comparison Equation is reached for the attribute value |
| Time Period | 1000 | How often should threshold be tested |
| Comparison Equation | < ▼ | Boolean expression to use when testing threshold hit |
| Persist Changes | ☑ | Should changes be reflected in deployment file |
| Enable Monitor | ☑ | Should this monitor be enabled |
| Alerts | Console Alert | Alert Listeners to trigger |
| Update Monitor  Remove Monitor  Clear Alert | | |

그림 8-10 | 경고 발생 이후의 모니터

그림 8-10에서 볼 수 있듯이 JBoss가 공지한 바 대로 값은 200MB 이하로 떨어져 있다. JSP가 메모리를 대단히 빨리 소비했고 모니터도 1초 간격으로 그 값을 체크했지만 특정 기준치 이하로 떨어지기 전까지는 인식하지 못했다.

일반적으로 우리가 모니터링해야 하는 값은 이처럼 빨리 변화하지는 않지만 모니터링 기간을 정할 때는 신중해야 한다. 사용 가능한 메모리를 매초 간격으로 모니터링한다면 이벤트가 나타났다가도 JBoss가 값을 다시 체크하는 순간 사라질 것이므로 이벤트가 발생하는 것을 보지 못할 것이다.

## 방금 뭘 했지?

앞에서는 웹 콘솔을 이용해 모니터를 만들고 경고를 발생시켜봤다. 더 설명할 내용은 없지만 모니터가 한번 경고를 발생시키면 우리가 삭제할 때까지 남아 있다는 사실을 명심해야 한다. Clear Alert 버튼을 클릭하면 경고가 삭제되고 모니터가 재실행된다.

## 8.7. 이메일 경고 생성

앞에서는 모니터를 생성할 때 경고를 콘솔 경고 리스너로 발송해서 JBoss가 해당 경고를 읽기 대기 중인 INFO 메시지의 형태로 기록하게 했다. 경고 리스너는 수동적일 필요는 없다. 이 장에서는 이메일로 경고를 전송하도록 설정해보자.

테스트용 이메일 서버가 필요하면 JBoss Mail 서버를 사용해도 된다.

## 어떻게 해야 할까?

이메일 서비스를 이용해 이메일로 경고를 발송할 것이므로 이메일 서비스가 적절하게 구성돼 있는지 먼저 확인해야 한다. mail-service.xml 파일을 보자. 별도의 승인이 필요 없는 로컬 메일 서버를 보유하고 있다면 서버의 hostname을 mail.smtp.host에 입력하고 메일 서비스를 수행하면 된다.

메일 서버 승인이 필요할 경우 필요한 로그인 절차와 User와 Password 어트리뷰트를 구성해야 하고, mail.smtp.auth를 true로 설정해야 한다.

```xml
<MBean code="org.jboss.mail.MailService"
       name="jboss:service=Mail">
    <attribute name="JNDIName">java:/Mail</attribute>
    <attribute name="User">username</attribute>
    <attribute name="Password">my password</attribute>
    <attribute name="Configuration">
        <configuration>
            <!-- ... -->
            <property name="mail.smtp.host"
                      value="my.mail.server"/>
            <property name="mail.smtp.auth"
                      value="true" />
        </configuration>
    </attribute>
</MBean>
```

> Gmail은 SSL을 이용한 보안 접속이 필요하다는 점에서 일반적이지는 않다.

JavaMail의 모든 표준 설정 옵션은 여기에 기입하면 된다. 익숙하지 않은 설정이 필요하다면 http://java.sun.com/products/javamail/에 접속해서 JavaMail 문서를 참조한다. 아래는 Gmail에 연결하기 위한 JavaMail 구성 예제다.

```xml
<property name="mail.smtp.host"                   value="smtp.gmail.com"/>
<property name="mail.smtp.port"                   value="465"/>
<property name="mail.smtp.auth"                   value="true" />
<property name="mail.smtp.starttls.enable"        value="true" />
<property name="mail.smtp.socketFactory.port"     value="465" />
<property name="mail.smtp.socketFactory.fallback" value="false" />
<property name="mail.smtp.socketFactory.class"
          value="javax.net.ssl.SSLSocketFactory" />
```

이제 메일 서비스가 동작한다. monitoring-service.xml에 있는 Email AlertListener MBean을 감싸고 있는 주석 태그를 없애서 이메일 경고 리스너를 구성할 수 있다. 아래와 같이 이메일 메시지의 발신자와 수신자를 설정한다.

> 메일 발송에 문제가 생길 경우를 대비해 mail.smtp.debug를 true로 설정하자.

```
<MBean code="org.jboss.monitor.alerts.EmailAlertListener"
       name="jboss.alerts:service=EmailAlertListener">
    <depends>jboss:service=Mail</depends>
    <attribute name="MessageTemplate"><![CDATA[
        %(MONITOR_NAME) was triggered for attribute %(ATTRIBUTE).
    ]]></attribute>
    <attribute name="AlertName">Email Alert</attribute>
    <attribute name="To">jbossnotebook@gmail.com</attribute>
    <attribute name="From">jbossnotebook@gmail.com</attribute>
    <attribute name="ReplyTo">jbossnotebook@gmail.com</attribute>
    <attribute name="SubjectTemplate">
        <![CDATA[[jboss-alert] %(MONITOR_NAME)]]>
    </attribute>
</MBean>
```

이렇게 변경하고 나면 FreeMemoryMonitor가 Alert 박스에서 Email Alert 옵션을 보여줄 것이다. 이메일 리스너를 모니터에 추가한 후 경고를 발생시키기 위해 memory.jsp에 다시 접속하자. 이메일 서비스가 적절하게 구성돼 있다면 곧 이메일로 경고 메시지를 받아볼 수 있을 것이다. 그림 8-11은 Gmail로 경고 메시지를 받은 모습을 보여준다.

이것은 그리 멋진 메시지는 아니지만 잘 동작한다. 메시지 제목과 본문은 EmailAlertListener MBean에 있는 MessageTemplate과 SubjectTemplate 어트리뷰트를 변경해서 수정할 수 있다.

> 이메일로 충분하지 않다면 직접 경고를 전달할 수 있는 자신만의 리스너를 만들어도 된다.

```
From: jbossnotebook@gmail.com
Date: 2010.08.11 21:12
Subject: [jboss-alert] FreeMemoryMonitor

FreeMemoryMonitor was triggered for attribute FreeMemory.
```

그림 8-11 | Gmail에서 받은 이메일 경고 화면

### 방금 뭘 했지?

지금까지 이메일에 의한 경고 메시지 모니터를 구성해봤다. 이 작업을 위해 메일을 보내는 데 어떤 메일 서비스를 사용하는지 알아야 했다. 그러고 나서 이메일 경고 리스너 서비스를 기동했다.

## 8.8. 명령줄을 이용한 JBoss 관리

웹 콘솔을 활용하면 JBoss의 모든 서비스에 접근할 수 있지만 한 가지 큰 제약사항이 있다. 사용자가 직접 메뉴를 선택하고 클릭을 해야 하는 웹 애플리케이션이라는 것이다. 이것은 대부분의 경우 별 문제가 되지 않지만 JBoss 관리를 자동화해야 할 경우에는 곤란하다.

JBoss는 트위들(twiddle)이라는 아주 간단한 명령줄 애플리케이션을 제공한다. 트위들을 이용하면 MBean에 대한 쿼리, 어트리뷰트 값 불러오기 및 변경하기, 여러 오퍼레이션의 호출이 가능하다. JBoss 관리를 자동화하고 싶다면 트위들이 가장 사용하기 쉽고 적절한 도구다.

> 이메일로 충분하지 않다면 직접 경고를 전달할 수 있는 자신만의 리스너를 만들어도 된다.

### 어떻게 해야 할까?

트위들 스크립트는 bin 디렉터리에 있고, startup과 shutdown 스크립트 옆에 있다. 아무 터미널 창에서도 구동할 수 있다. Get 명령어를 이용하면 어트리뷰트 이름으로 MBean을 조회할 수 있다.

```
\bin> twiddle get jboss.system:type=ServerInfo FreeMemory ActiveThreadCount
    FreeMemory=90167064
    ActiveThreadCount=46
```

특정 어트리뷰트를 명시하지 않으면 아래와 같이 출력된다.

```
[bin]$ ./twiddle.sh get jboss.system:type=ServerInfo
    HostAddress=192.168.0.101
    AvailableProcessors=1
    OSArch=ppc
    OSVersion=10.3.9
```

```
HostName=toki.local
JavaVendor=Apple Computer, Inc.
JavaVMName=Java HotSpot(TM) Client VM
FreeMemory=90898472
ActiveThreadGroupCount=6
TotalMemory=132775936
JavaVMVersion=1.4.2-38
ActiveThreadCount=45
JavaVMVendor="Apple Computer, Inc."
OSName=Mac OS X
JavaVersion=1.4.2_05
MaxMemory=218103808
```

어떤 특정 값만을 스크립트에서 이용하고 싶다면 --noprefix 플래그를 사용하면 된다.

```
\bin> twiddle get --noprefix jboss.system:type=ServerInfo FreeMemory
92063536
```

Set 명령어는 어트리뷰트 값을 MBean에 설정해준다. 다음 명령어는 DefaultDS의 커넥션 풀 크기를 25로 설정한다.

```
\bin> twiddle set jboss.jca:name=DefaultDS,service=ManagedConnectionPool
MaxSize 25
MaxSize=25
```

Invoke 명령어를 사용해서 MBean 오퍼레이션을 수행할 수도 있다. 해당 오퍼레이션에 결과가 있으면 그 결과값이 반환된다. 이 명령어를 실행하면 가비지 컬렉션이 수행된다.

```
\bin> twiddle invoke jboss.system:type=Server runGarbageCollector
```

아래 예제는 사용 가능한 메모리 모니터링을 위한 clearAlert() 메서드의 사용 예다.

```
\bin> twiddle invoke jboss.monitor:service=FreeMemoryMonitor clearAlert
```

원격 장비에 접속해 있다면 -s 옵션을 사용해서 통신하고자 하는 장비명을 제시할 수도 있다.

```
\bin> twiddle -s hostname invoke jboss.system:type=Server shutdown
```

원격 장비에 대해서도 JBoss 인스턴스를 종료시킬 수 있다.

## 방금 뭘 했지?

앞에서는 트위들 명령어 스크립트를 사용해서 원격 장비에서 JBoss 인스턴스의 MBean에 접속했다. 트위들을 이용하면 JBoss 인스턴스의 종류에 상관없이 빠르게 스크립트를 통해 JBoss 인스턴스에 접근할 수 있다.

# 09
# JBoss 운영환경 구성

JBoss는 대단히 개발자 친화적이다. JBoss는 시작하는 데 설치 프로그램을 사용하지도 않고 다른 특별한 설정이 필요하지도 않다. 대부분의 경우 애플리케이션들을 배포하고 구동하기 위해 JBoss에서 설정을 변경해야 할 부분은 거의 없다. 기본 설정은 일반적으로 필요한 서비스와 동일하게끔 구성돼 있고 쉽게 연결할 수 있게 구동돼 있는 상태다.

이것은 개발자들에게는 이상적이지만 애플리케이션이 실제 운영 상태에서는 애플리케이션 서버가 아무에게나 우호적인 상태가 되기를 바라지는 않을 것이다. 특히 그러한 서비스가 외부에서 서버로 들어오는 진입점이 될 경우에는 서비스를 제한해서 필요로 하는 것들만 제공하기를 바랄 것이고, 나머지 서비스는 운영하기 쉽게 구성되기를 바랄 것이다. 이 장에서는 현재 설치돼 있는 JBoss를 살펴보고 외부에 공개할 JBoss 인스턴스를 만들려면 설정을 어떻게 변경해야 하는지 살펴보겠다.

운영 환경을 위한 서비스 설정을 위해서는 약간의 작업이 필요하지만 이 작업은 딱 한 번만 하면 된다. 1장에서 배운 새로운 서버 구성을 생성하는 방법을 통해 이번 실습에서는 운영 환경을 만들기 위해 별도로 서버 configuration을 만들기를 권장한다. 이 configuration은 향후 운영 환경을 설치하는 작업의 출발점으로 삼을 수도 있고 여러 서버가 동일하게 구성됐는지 확인하는 용도로도 사용할 수 있다.

*일관성을 유지하고자 예제에서는 default 구성을 사용하겠다.*

## 9.1. 관리 콘솔 보안

이 책에서는 JMX 콘솔과 웹 콘솔을 관리 콘솔로 사용해왔다. 이러한 콘솔 애플리케이션을 통해 JBoss 인스턴스를 완전히 제어할 수 있음에도 사용자명과 비밀번호가 필요하지 않다는 다소 이상한 점을 발견할 수도 있었을 것이다.

콘솔 애플리케이션은 서버에 접속하는 누구라도 접속이 가능하다. 만일 이 애플리케이션들을 계속 사용할 계획이라면 몇 가지 구성을 변경할 필요가 있다.

### 어떻게 해야 할까?

관리 콘솔이 필요 없다고 확신이 들면 그냥 제거해 버리면 그만이고, 이후에는 원격 사용자가 콘솔에 접속할 수 있는지조차 걱정할 필요가 없다. JMX 콘솔은 deploy/jmx-console.war에 있고, 웹 콘솔은 deploy/management 아래에 위치한다. 해당 디렉터리를 제거하면 JBoss는 관리 애플리케이션에 대해 신경 쓰지 않을 것이다.

하지만 해당 디렉터리를 제거하면 콘솔을 통해 서버를 관리하는 것도 불가능해진다. 이렇게 해도 괜찮은 경우도 있지만 관리 콘솔이라는 것은 매우 유용해서 대부분 계속 사용하고 싶을 것이다.

콘솔을 계속 사용하고 싶다면 ToDo 애플리케이션에서 한 것처럼 보안 도메인과 연결해서 웹 애플리케이션에 보안을 적용해야 한다. 이를 좀 더 쉽게 처리할 수 있게 JBoss에는 주석으로 처리된 상태로 미리 구성돼 있으므로 이 주석만 풀면 된다.

다음과 같이 jmx-console.war 디렉터리에 있는 WEB-INF/web.xml 파일에서 security-constraint의 주석을 제거한다.

```xml
<security-constraint>
    <web-resource-collection>
        <web-resource-name>HtmlAdaptor</web-resource-name>
        <description>
            An example security config that only allows users with the
            role JBossAdmin to access the HTML JMX console web application
        </description>
        <url-pattern>/*</url-pattern>
```

```xml
            <http-method>GET</http-method>
            <http-method>POST</http-method>
        </web-resource-collection>
        <auth-constraint>
            <role-name>JBossAdmin</role-name>
        </auth-constraint>
</security-constraint>
```

이렇게 하면 JBossAdmin 권한을 가진 사용자에게만 JMX 콘솔을 사용할 수 있게 제한한다. 5장에서 언급한 보안과 관련된 설명을 기억한다면 WEB-INF/jboss-web.xml의 보안 도메인과 링크할 필요가 있다는 점이 기억날 것이다.

```xml
<jboss-web>
   <security-domain>java:/jaas/jmx-console</security-domain>
</jboss-web>
```

이 보안 도메인은 이미 배포된 상태다.

```xml
        <application-policy name="jmx-console">
            <authentication>
                <login-module
                    code="org.jboss.security.auth.spi.UsersRolesLoginModule"
                    flag="required">
                    <module-option name="usersProperties">
                        props/jmx-console-users.properties
                    </module-option>
                    <module-option name="rolesProperties">
                        props/jmx-console-roles.properties
                    </module-option>
                </login-module>
            </authentication>
        </application-policy>
```

5장에서 살펴본 내용은 보안 도메인을 변경하고 커스터마이징하는 방법과 관련된 것이었다. 지금부터는 프로퍼티 파일의 메커니즘에 관해 다루겠다. 위에서 언급한 두 개의 프로퍼티 파일인 jmx-console-users.properties와 jmx-console-roles.properties는 conf/props 디렉터리에 있다. 파일을 웹 애플리케이션 디렉터리에 넣지 않고 공유 지역에 파일을 보관하면 웹 콘솔에서도 해당 사용자 정보를 사용할 수 있다.

이 두 프로퍼티 파일에는 기본값으로 사용자명과 비밀번호가 모두 admin으로 설정돼 있다. 꼭 바꿔서 사용하기를 권장한다. JMX 콘솔에 기본 사용자명과 비밀번호를 사용한다는 것은 전혀 보안을 적용하지 않는 것과 마찬가지다.

여태껏 설명한 내용이 JMX 콘솔에 필요한 설정의 전부다. 지금부터는 웹 콘솔에도 동일하게 변경사항을 적용하자. 일단 management/console-mgr.sar/web-console.war/WEB-INF 디렉터리로 가서 웹 콘솔 설정 파일을 찾는다.

web.xml에 있는 security constraint의 주석을 제거하고 jboss-web.xml의 보안 도메인을 설정한다. 이때 java:/jaas/web-console 보안 도메인 대신 java:/jass/jmx-console 보안 도메인으로 설정한다. 이렇게 설정하면 양쪽 애플리케이션이 모두 동일한 로그인 정보로 인증된다.

이 애플리케이션들을 재배포할 수도 있지만 가장 빠른 방법은 서버를 다시 시작하는 것이다.

## 방금 뭘 했지?

앞서 사용자 보안을 두 관리 콘솔에 적용했다. 둘 중 어디에 접속하든 JBoss는 로그인을 요청할 것이다. conf/props 디렉터리에 있는 jmx-console-users.properties와 jmx-console-roles.properties 파일들은 인증정보를 제공하며, login-config.xml에서 인증을 위한 세부사항을 변경할 수 있다.

아직 문제가 하나 남았다. 일반적인 HTTP를 이용해서 관리 콘솔에 접속하는 경우 사용자명과 비밀번호는 암호화되지 않은 평문으로 전달된다. 따라서 공용 네트워크를 이용하는 경우에는 5장에서 살펴본 SSL을 설정해서 HTTPS를 통해 애플리케이션에 접속하게 해야 한다.

## 9.2. JMX Invoker 보안

시스템을 관리할 때 관리 콘솔만 이용할 수 있는 것은 아니다. shutdown과 twiddle 스크립트는 JBoss와 관리 레벨에서 연계되는 프로그램이다. 두 프로그램은 웹 애플리케이션을 사용하지는 않지만 JMX Invoker와 통신한다.

Invoker란 JBoss가 invocation을 수락하는 서비스이고, Invocation이란 외부 클라이언트가 서버에게 특정 행위를 수행해 달라고 서버에게 요청하는 것이다. JMX 마이크로커널과 통신하려면 JMX invoker를 사용해야 한다.

Invoker라는 단어를 듣는 순간 즉시 외부로부터 온 특정 요청을 수락해야 할지 고민해야 한다. 수락하지 않는다면 Invoker를 삭제하는 것이 가장 좋다. 원격 shutdown을 포함한 원격 관리 업무를 수행할 필요가 없을 경우에는 JMX invoker를 삭제해도 된다. 하지만 원격 관리는 매우 유용하므로 JMX invoker를 구동 중인 상태로 두고 보안을 적용하는 것이 좋다.

## 어떻게 해야 할까?

JMX invoker 서비스는 deploy/jmx-invoker-service.xml에 구성돼 있고 보안을 적용하기가 매우 간단하다. jboss.jmx:type=adaptor,name=Invoker MBean에 대한 Invoke 오퍼레이션을 위해서는 인증 인터셉터를 추가해서 적절한 보안 도메인과 연결해야 한다. 어려운 작업 같지만 적절한 인터셉터는 이미 파일에 들어 있으므로 주석을 제거하기만 하면 된다.

```
<descriptors>
    <interceptors>
        <interceptor
            code="org.jboss.jmx.connector.invoker.AuthenticationInterceptor"
            securityDomain="java:/jaas/jmx-console"/>
    </interceptors>
</descriptors>
```

JMX invoker 서비스 가운데 원격 관리 기능을 실행하려면 사용자는 java:/jaas/jmx-console 보안 도메인에 의한 인증이 필요하다. 다음과 같이 서버에서 사용되는 shutdown 명령어를 수행해보면 인증 인터셉터가 동작하는지 알 수 있다.

```
\bin> shutdown -S
Exception in thread "main" java.lang.SecurityException: Failed to
authenticate principal=null, securityDomain=jmx-console
        at org.jboss.jmx.connector.invoker.AuthenticationInterceptor.invoke(
            AuthenticationInterceptor.java:76)
        at org.jboss.mx.server.Invocation.invoke(Invocation.java:74)
        at ...
```

shutdown 스크립트는 유효한 사용자명과 비밀번호를 스크립트에 명시하지 않으면 오류가 발생할 것이다. -u 와 –p 옵션을 사용해서 사용자명과 비밀번호를 명시한다.

```
\bin> shutdown -S -u admin -p admin
```

admin 사용자를 제거했거나 비밀번호를 변경했다면 올바른 사용자명과 비밀번호를 입력한다.

## 방금 뭘 했지?

앞에서는 인증 인터셉터를 추가해서 JMX invoker를 비정상적인 접근으로부터 보호했다. 이 인터셉터는 java:/jaas/jmx-console 보안 도메인에 링크돼 있어 JMX 콘솔과 웹 콘솔에 등록돼 있는 동일한 관리자의 아이디와 비밀번호를 사용할 수 있다.

## 9.3. HTTP Invoker 제거

Invoker는 외부 세계로부터 서버로의 잠재적인 접근 지점을 제공하므로 사용하기가 두려울 수도 있다. 올바르게 보안이 유지된다면 걱정할 만한 일은 거의 없지만 그것들이 안전하다고 확신하기 전에 올바른 위치에 있는지 알고 있어야 한다.

원격 접속을 위해 특정 포트와 통신하는 Invoker는 추적하기 쉽다. nmap, lsof, netstat과 같은 표준 네트워킹 도구를 활용하면 어떤 포트가 사용 중인지 쉽게 파악할 수 있다. 어려운 작업은 invoker가 다른 프로토콜을 통해 들어오는 경우인데 바로 HTTP가 그러한 프로토콜에 해당한다.

HTTP invocation은 중요하다. 업무가 과다한 네트워크 관리자는 주로 두 네트워크 간의 접속 포트를 80으로 제한한다. 이 경우 개발자는 해당 포트로 접속할 수 있는 터널 애플리케이션을 찾아야 한다. JBoss는 JNDI, JMX invocation, EJB invocation 등 80번 포트를 이용하는 모든 종류의 원격 접속을 허용한다.

JBoss는 기본적으로 HTTP를 통해 접속하는 것으로 구성돼 있지만 대부분의 애플리케이션은 80번 포트 터널이 필요하지 않다. 이런 경우 HTTP invoker가 많은 골칫거리를 만들어낼 수 있으므로 가장 좋은 정책은 이 invoker를 그냥 삭제하는 것이다.

## 어떻게 해야 할까?

HTTP invoker를 삭제하기는 어렵지 않다. HTTP invoker는 http-invoker.sar라는 단일 서비스로 관리되는데, 이 디렉터리를 몽땅 삭제하면 모든 것이 완료되어 원격 클라이언트들은 더는 HTTP invoker 백도어로 접속하지 못한다.

## 9.4. JMS 설정

ToDo 애플리케이션에서 메시징을 사용하지는 않았지만 메시징은 많은 기업용 애플리케이션에서 중요한 부분을 차지한다. JBoss는 JMS(Java Message Service)를 지원하여 애플리케이션 서버 니/외부에서 접근 가능한 JMS 목적지(destination)를 제공한다.

다행히도 운영 환경에서 사용하기 위한 JMS 설정은 매우 쉽다. JMS를 삭제하는 법과 JMS를 사용할 때의 접근권한 설정을 알아보자.

## 어떻게 해야 할까?

JMS를 전혀 사용하지 않기로 했다면 아래 디렉터리 및 파일을 삭제 또는 수정하면 된다.

- ▶ deploy/messaging 디렉터리 삭제
- ▶ deploy/jms-ra.rar 파일 삭제
- ▶ deployers/messaging-definitions-jboss-beans.xml 파일 삭제
- ▶ conf/standartjboss.xml 파일에서 jms 관련 내용 제거

만일 메시징 애플리케이션을 작성할 것이 아니라면 소중한 메모리 자원과 프로세서 시간을 JMS 서비스에 할당할 필요가 없다.

하지만 JMS는 너무나도 일반적이라서 그냥 삭제해버리기가 어렵다. 메시징을 이용해야만 한다면 접근 권한을 설정하자.

목적지는 deploy/messaging에 destinations-service.xml로 구성돼 있다. 다음은 구성 예다.

```xml
<mbean code="org.jboss.jms.server.destination.TopicService"
       name="jboss.messaging.destination:service=Topic,name=secureTopic"
       xmbean-dd="xmdesc/Topic-xmbean.xml">
  <depends optional-attributename="ServerPeer">
    jboss.messaging:service=ServerPeer
  </depends>
  <depends>jboss.messaging:service=PostOffice</depends>
  <attribute name="SecurityConf">
    <security>
       <role name="guest" read="true" write="true"/>
       <role name="publisher" read="true" write="true" create="false"/>
       <role name="durpublisher" read="true" write="true" create="true"/>
    </security>
  </attribute>
</mbean>
```

SecurityConf 어트리뷰트는 각 논리적인 역할의 권한을 정의한다. read와 write 권한은 각각 메시지가 어디로부터 왔는지 읽을 수 있는 권한과 메시지를 목적지에 보낼 수 있는 권한이고, create 권한은 목적지에서 영구적으로 메시지를 구독할 수 있는 권한이다.

다음과 같이 conf/login-config.xml 파일에 JMSRealm이라는 새로운 application policy를 생성한다.

```xml
<application-policy name="JMSRealm">
  <authentication>
   <login-module
      code="org.jboss.security.auth.spi.DatabaseServerLoginModule"
      flag="required">
     <module-option name="dsJndiName">java:/DefaultDS</module-option>
     <module-option name="principalsQuery">
      SELECT passwd from jbm_user WHERE user_id=?
     </module-option>
     <module-option name="rolesQuery">
      SELECT role_id,'Roles' FROM jbm_role WHERE user_id=?
     </module-option>
   </login-module>
```

```
        </authentication>
    <application-policy>
```

마지막으로 deploy/messaging/messaging-jboss-beans.xml 파일의 SecurityStore에 JMSRealm 보안 도메인을 추가한다.

```
<bean name="SecurityStore"
        class="org.jboss.jms.server.jbosssx.JBossASSecurityMetadataStore">
    <property name="defaultSecurityConfig">
    <![CDATA[
        <security>
            <role name="guest" read="true" write="true" create="true"/>
        </security>
    ]]>
    </property>
    <property name="securityDomain">JMSRealm</property>
</bean>
```

## 방금 뭘 했지?

앞서 운영 환경 시스템에서 JMS를 구성하는 데 필요한 절차를 살펴봤다. 만일 서비스를 사용하지 않는다면 완전히 삭제하고, JMS 서비스를 사용한다면 보안 구성을 적용한다.

## 9.5. 하이퍼소닉 삭제

하이퍼소닉은 애플리케이션을 테스트하는 데 훌륭한 데이터베이스이지만 운영 환경에 사용하기에는 적당하지 않다. 이미 4장에서 어떻게 다른 데이터베이스로 전환하는지 배웠으므로 하이퍼소닉을 사용하지 않는다면 전체 서비스를 삭제해도 된다. 하이퍼소닉은 별도의 구성이 없는 한 외부에서 접속하는 것을 허용하지 않으므로 보안에 대해서는 걱정하지 않아도 된다. 그러나 불필요한 관계형 데이터베이스가 서버의 메모리를 사용하게 놔두고 싶지는 않을 것이다. 비록 이 데이터베이스는 아주 적은 메모리만을 사용하지만 그래도 삭제하는 편이 좋다.

## 어떻게 해야 할까?

hsqldb-ds.xml에는 하이퍼소닉 데이터소스를 구성할 뿐 아니라 전체 임베디드 데이터베이스 서비스를 통제하는 MBean이 설정돼 있다. 이 파일을 삭제하면 하이퍼소닉이 남긴 모든 흔적이 삭제된다.

일부 서비스는 여전히 하이퍼소닉에 의존한다. 하지만 지금부터는 모든 서비스가 MySQL 데이터베이스를 사용한다고 가정하고 ToDo 애플리케이션에서 변경될 사항에 대해 다루겠다.

첫 번째 서비스는 ejb2-timer-service.xml에 들어 있는 EJB 타이머 서비스다. DefaultDS를 새로 추가된 데이터소스로 교체해야 한다. 4장에서는 name을 MySqlDS로 선택했다. 변경하는 것은 어렵지 않다.

```xml
<mbean code="org.jboss.ejb.txtimer.DatabasePersistencePolicy"
       name="jboss.ejb:service=EJBTimerService,persistencePolicy=database">
  <!-- DataSourceBinding ObjectName -->
  <depends optional-attribute-name="DataSource">
   jboss.jca:service=DataSourceBinding,name=MySqlDS
  </depends>
  <!-- The plugin that handles database persistence -->
  <attribute name="DatabasePersistencePlugin">
    org.jboss.ejb.txtimer.GeneralPurposeDatabasePersistencePlugin
  </attribute>
  <!-- The timers table name -->
  <attribute name="TimersTable">TIMERS</attribute>
    <depends>jboss.jdbc:datasource=MySqlDS,service=metadata</depends>
</mbean>
```

JMS도 변경해야 한다. JMS를 사용하지 않고 설정에서 삭제했다면 여기까지만 읽으면 된다. 그렇지 않을 경우 deploy/messaging 디렉터리로 가서 hsqldb-persistence-service.xml 파일을 지우고 동일 디렉터리에 다음과 같이 mysql-persistence-service.xml 파일을 만든다. JBOSS_HOME/docs/examples/jms 디렉터리를 보면 예제 mysql-persistence-service.xml 파일이 있으므로 참조한다.

```xml
<?xml version="1.0" encoding="UTF-8"?>
<server>
  <!-- Persistence Manager MBean configuration -->
  <mbean code="org.jboss.messaging.core.jmx.JDBCPersistenceManagerService"
```

```
          name="jboss.messaging:service=PersistenceManager"
          xmbean-dd="xmdesc/JDBCPersistenceManager-xmbean.xml">
    <depends>jboss.jca:service=DataSourceBinding,name=MySqlDS</depends>
    <depends optional-attribute-name="TransactionManager">
        jboss:service=TransactionManager</depends>
    <!-- 영속성 관리자에 쓸 데이터 소스 -->
    <attribute name="DataSource">java:/MySqlDS</attribute>
    <!-- true로 지정하면 구동할 때마다 테이블과 인덱스를 생성한다. -->
    <attribute name="CreateTablesOnStartup">true</attribute>
    <!-- true로 지정하면 실패 처리 과정에서 자동으로 중복 메시지를
         감지해서 거부한다. -->
    <attribute name="DetectDuplicates">true</attribute>
    <!-- 중복 메시지를 감지할 때 사용할 아이디 캐시의 크기 -->
    <attribute name="IDCacheSize">500</attribute>
    <attribute name="SqlProperties"><![CDATA[
CREATE_DUAL=CREATE TABLE JBM_DUAL (DUMMY INTEGER, PRIMARY KEY (DUMMY)) ENGINE = INNODB

(...생략...)

    </mbean>
</server>
```

DefaultDS의 마지막 종속성은 uuid-key-generator.sar다. 만일 JBoss의 UUID 키 생성기를 사용하고 있지 않다면 이 서비스를 배포 디렉터리에서 삭제해도 된다. 만일 계속 사용한다면 새로운 데이터소스로 META-INF/jboss-service.xml 파일을 업데이트할 필요가 있다.

```
<mbean code="org.jboss.ejb.plugins.keygenerator.hilo.HiLoKeyGeneratorFactory"
       name="jboss:service=KeyGeneratorFactory,type=HiLo">
    <!-- ... -->
    <depends optional-attribute-name="DataSource">
        jboss.jca:service=DataSourceBinding,name=MySqlDS
    </depends>
    <!-- ... -->
</mbean>
```

## 방금 뭘 했지?

앞에서 하이퍼소닉을 삭제하고 하이퍼소닉에 의존하는 서비스들을 업데이트하거나 삭제해봤다. 모든 서비스들은 새로운 데이터베이스의 테이블에 작성될 것이다. 만일 관련 서비스를 유지한 상태로 JBoss를 재시작하면 새로운 데이터베이스에 새로운 테이블이 생성된 것을 알 수 있다.

```
mysql> show tables in jbossdb;
+-------------------+
| Tables_in_jbossdb |
+-------------------+
| comment           |
| hilosequences     |
| jbm_counter       |
| jbm_dual          |
| jbm_id_cache      |
| jbm_msg           |
| jbm_msg_ref       |
| jbm_postoffice    |
| jbm_role          |
| jbm_tx            |
| jbm_user          |
| task              |
| timers            |
+-------------------+
13 rows in set (0.28 sec)
```

MySqlDS라는 별도 데이터소스명을 사용하지 않고 DefaultDS 자체를 변경했더라면 좀 더 쉽게 설정을 변경할 수 있었을지도 모른다. 그러면 굳이 모든 데이터소스를 참조하는 부분을 변경하지 않아도 됐을 것이다. 하지만 운영 환경에서는 설정 내용을 명시적으로 나타내는 것이 중요하다. 이러한 노력으로 모든 서비스가 제대로 구성됐는지 손쉽게 확인할 수 있다.

## 9.6. 톰캣 커넥터의 설정

톰캣에서는 외부에서 들어오는 웹 요청을 커넥터가 승인한다. 이 장의 초반부에서 살펴봤듯이 커넥터는 invoker와 유사하지만 웹 애플리케이션의 HTTP 요청만 승인하고 JBoss의 서비스에 대한 일반적인 invocation 요청은 승인하지 않는다. HTTP 요청을 서비스 invocation으로 변환하는 HTTP invoker와 같은 웹 애플리케이션이 있을 때 HTTP 커넥터들은 꽤 위험할 수 있다. 그러나 HTTP 커넥터를 걱정할 필요는 없고 커넥터 뒤에 있는 실제 웹 애플리케이션이 고려 대상이다. 커넥터와 관련된 유일한 고려사항이라면 올바른 것을 기동하고 올바른 포트로부터 통신하게 하는 것이다.

## 어떻게 해야 할까?

jbossweb.sar/server.xml에는 두 개의 커넥터가 정의돼 있다. 첫 번째는 mod_jk가 구동돼 있는 아파치 웹 서버로부터 프록시 요청을 통신하는 AJP 커넥터다.

```
<!-- AJP 1.3 커넥터, 8009 포트 -->
<Connector port="8009" address="${jboss.bind.address}"
           emptySessionPath="true" enableLookups="false"
           redirectPort="8443" protocol="AJP/1.3"/>
```

이 커넥터는 8009번 포트와 통신하지만 외부 클라이언트들은 이 포트를 볼 수 없으므로 변경하지 않아도 된다. mod_jk를 사용하지 않는다면 자원을 절약하기 위해 이 커넥터를 삭제할 수 있다.

일반적인 톰캣 서비스는 8080번 포트로 HTTP 요청을 받는다. 이 커넥터는 다음과 같다.

```
<Connector port="8080" address="${jboss.bind.address}"
           maxThreads="250" strategy="ms" maxHttpHeaderSize="8192"
           emptySessionPath="true"
           enableLookups="false" redirectPort="8443" acceptCount="100"
           connectionTimeout="20000" disableUploadTimeout="true"/>
```

> 유닉스 시스템을 사용 중이고, 포트를 1024번 아래로 변경했다면 JBOSS를 루트 계정으로 구동해야 한다.

표준 80번 포트로의 요청을 8080번 포트로 재전송하는 부하 분산기(load balancer)가 없을 경우, 외부에서 웹 서버에 접근할 때 표준 80번 포트를 사용하려면 port 어트리뷰트를 80으로 변경한다.

세 번째로 제공되는 커넥터는 SSL 커넥터다. 5장에서는 어떻게 SSL를 구동하는지 살펴봤는데 당시엔 8443번 포트를 사용하고 있었다. 표준 HTTP 포트는 443번이므로 해당 커넥터의 포트 번호를 변경해야 한다. SSL 커넥터는 아래와 같다.

```
<Connector port="443" address="${jboss.bind.address}"
           maxThreads="100" strategy="ms" maxHttpHeaderSize="8192"
```

```
                emptySessionPath="true" scheme="https"
                secure="true" clientAuth="false"
                keystoreFile="${jboss.server.home.dir}/conf/ssl.keystore"
                keystorePass="mypassword" keyAlias="testkey1"
                sslProtocol="TLS" />
```

다른 SSL 포트를 사용하고 있다면 HTTP 커넥터 포트의 변경된 포트가 SSL 포트(443)인지 확인해야 한다. HTTP 커넥터와 AJP 커넥터는 redirectPort 어트리뷰트를 가지고 있고 올바른 값은 다음과 같이 설정해야 한다.

```
<Connector port="80" address="${jboss.bind.address}"
           maxThreads="250" strategy="ms" maxHttpHeaderSize="8192"
           emptySessionPath="true"
           enableLookups="false" redirectPort="443" acceptCount="100"
           connectionTimeout="20000" disableUploadTimeout="true"/>
```

JBoss를 재시작해서 변경사항이 적용되게 한다. 서버는 포트 번호를 사용하지 않은 상태에서 http://localhost/로 접속할 수 있다.

## 방금 뭘 했지?

앞에서 톰캣 커넥터가 어디에 구성됐는지 살펴보고 HTTP 요청을 받을 경우에 대비해 톰캣에서 사용하던 포트를 바꿔봤다. 커넥터와 관련된 직접적인 보안상의 고려사항은 없다. 해야 할 일은 올바른 커넥터가 올바른 포트를 사용할 수 있게 하는 것이다.

## 이런 경우에는…

### 서버 80번 포트에 접속할 수 없으면 어떻게 될까?

시작할 때 에러가 발생했는지 콘솔 로그를 체크한다. 아마 다른 웹 서버에서 80번 포트를 사용하고 있거나 80번 포트처럼 권한이 필요한 포트에 적절한 권한을 가지지 않은 사용자로 운영하고 있을지도 모른다. 로그 메시지는 80번 포트를 사용하는 서비스 중 어느 서비스가 JBoss를 정지시켰는지 확인하는 데 도움될 것이다.

## 9.7. 루트 웹 애플리케이션 설정

JBoss에 처음으로 접속하면 그림 9-1과 같은 기본 루트 애플리케이션이 나타난다.

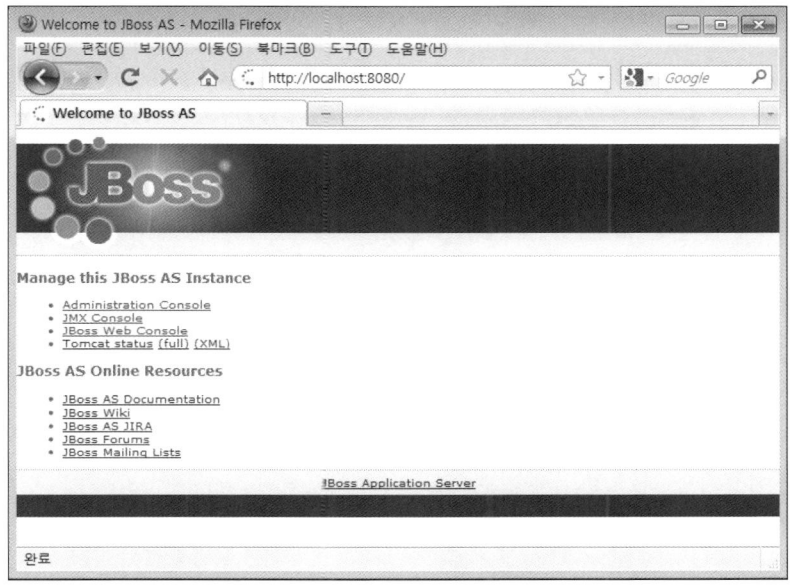

그림 9-1 │ 기본 루트 애플리케이션

운영 환경에서는 우리가 만든 애플리케이션이 루트 컨텍스트로 보이기를 바랄 것이다.

### 어떻게 해야 할까?

EAR 파일에 포함된 WAR 파일과 직접 배포된 WAR 파일은 웹 애플리케이션의 컨텍스트를 조정하는 방법이 다르다.

EAR 파일에는 웹 애플리케이션의 컨텍스트를 조절하기 위한 표준 J2EE 장치가 포함돼 있다. application.xml에 있는 웹 모듈의 context-root 엘리먼트는 루트 웹 애플리케이션을 조정한다. 루트 컨텍스트를 /로 설정하면 루트 컨텍스트에 ToDo 애플리케이션이 위치하게 된다. ToDo 애플리케이션에서 변경해야 할 사항은 다음과 같다.

> HTTP 포트를 80번으로 바꾸지 않았다면 http://localhost:8080/를 사용한다.

```xml
<application xmlns="http://java.sun.com/xml/ns/j2ee" version="1.4"
    xmlns:xsi="http://www.w3.org/2001/XMLSchema-instance"
    xsi:schemaLocation="http://java.sun.com /xml/ns/j2ee
        http://java.sun.com/xml/ns/j2ee/application_1_4.xsd">
    <display-name>JBoss Notebook ToDo Application</display-name>
    <description>JBoss Notebook ToDo Application</description>
    <module>
        <ejb>todo.jar</ejb>
    </module>
    <module>
        <web>
            <web-uri>todo.war</web-uri>
            <context-root>/</context-root>
        </web>
    </module>
</application>
```

애플리케이션을 위와 같이 변경하고 재배포하면 http://localhost/을 통해 바로 ToDo 애플리케이션으로 접속할 수 있다.

독립형 WAR 파일에 대한 context-root 엘리먼트는 jboss-web.xml에 추가해야 한다. 2장의 quote machine 웹 애플리케이션으로 돌아가서 quote/src/metadata 아래에 다음과 같은 jboss-web.xml 파일을 만든다.

```xml
<!DOCTYPE jboss-web PUBLIC
        "-//JBoss//DTD Web Application 2.4//EN"
        "http://www.jboss.org/j2ee/dtd/jboss-web_4_0.dtd">
<jboss-web>
        <context-root>/</context-root>
</jboss-web>.
```

이와 같이 수정하고 애플리케이션을 재배포한 후 http://localhost/로 접속해보면 quote 애플리케이션이 작동하는 것을 확인할 수 있다.

## 방금 뭘 했지?

JBoss에서 애플리케이션이 어떻게 루트 컨텍스트로 서비스하는지 살펴봤다. EAR 파일에서는 application.xml 파일에서 context root를 선언하면 되고, 독립형 WAR 파일은 jboss-web.xml 파일을 이용해 컨텍스트 루트를 선언한다.

*먼저 deploy/ROOT.war 디렉터리를 삭제해야 루트 컨텍스트 충돌에 따른 에러를 방지할 수 있다.*

## 9.8. 클래스 다운로드 서비스 제거

마지막으로 신경 써야 할 서비스는 클래스 다운로드 서비스다. 클래스 다운로드 서비스는 원격 RMI 클라이언트가 서버로부터 자바 클래스를 내려 받게 해준다. 이렇게 되면 서버 클래스를 외부 클라이언트에 배포할 필요가 없다.

하지만 클래스 다운로드 서비스를 그대로 두면 외부 클라이언트에서 서버의 클래스를 볼 수 있게 된다. http://localhost:8083/org/jboss/security/ClientLoginModule.class에 접속해보면 클래스 다운로드 서비스의 잠재적인 위험성을 확인할 수 있다.

### 어떻게 해야 할까?

클래스 파일을 다운로드하는 기능 자체를 아예 제거하려면 conf/jboss-service.xml 파일에서 아래 jboss:service=WebService라는 MBean을 제거하면 된다.

```xml
<!-- ============================================================ -->
<!-- Class Loading                                                -->
<!-- ============================================================ -->

<mbean code="org.jboss.web.WebService" name="jboss:service=WebService">
   <attribute name="BindAddress">
      <value-factory bean="ServiceBindingManager" method="getStringBinding"
                parameter="jboss:service=WebService"/>
   </attribute>
   <attribute name="Port">
      <value-factory bean="ServiceBindingManager" method="getIntBinding"
                parameter="jboss:service=WebService"/>
   </attribute>
   <attribute name="Host">${java.rmi.server.hostname}</attribute>

   <!-- Should non-EJB .class files be downloadable -->
   <attribute name="DownloadServerClasses">true</attribute>

   <attribute name="DownloadResources">true</attribute>
   <depends optional-attribute-name="ThreadPool"
      proxy-type="attribute">jboss.system:service=ThreadPool</depends>
</mbean>
```

원격 클라이언트에 대해 클래스 다운로드 서비스가 반드시 필요한 경우에는 최소한 DownloadServerClasses를 false로 설정해 EJB 관련 클래스들을 공급하기 위한 서비스 이외에는 제한해야 한다.

## 방금 뭘 했지?

앞에서는 클래스 다운로드 서비스를 제거하는 방법을 살펴봤다. 만일 외부 클라이언트의 관리 프로세스에 대해 클래스 다운로드 서비스가 필요할 경우 DownloadServerClasses를 false로 설정해서 서버의 정보가 클라이언트로 공개되는 것을 제한해야 한다.

# 부록 A

# 이클립스에서 JBoss 애플리케이션 개발환경 설정하기

자바로 웹 애플리케이션을 개발하는 대부분의 프로젝트 현장에서는 IDE(Integrated Development Environment)로 이클립스를 사용하고 있을 것이다. 이클립스는 IBM에서 개발하기 시작해서 Eclipse.org를 설립하고 오픈소스 소프트웨어로 소스 코드를 공개하고 무료로 사용할 수 있게 하면서 자바 개발자 사이에서 널리 퍼져나가기 시작했다. 자바 언어를 만든 썬에서도 넷빈즈(NetBeans)라는 IDE를 출시하고 있지만 아직까지는 비교적 성능이 느리다는 평가 탓에 이클립스처럼 널리 퍼지지는 못하고, 사실상 자바 개발 표준 IDE로 이클립스가 자리매김하고 있다.

JBoss 커뮤니티에서는 JBoss 애플리케이션 개발자들의 생산성 향상을 위해 무상으로 사용 가능한 JBoss Tools라는 이클립스 플러그인을 제공하는데, JBoss 애플리케이션을 개발할 때는 이 플러그인을 사용할 것을 권장한다.

## A.1. 이클립스 설치

본 문서를 작성하는 시점에서 이클립스의 최신 버전은 3.6.0이다(일명 이클립스 헬리오스라고 하는데, 참고로 이클립스는 주요 버전마다 목성의 위성 이름을 붙이고 있다). 하지만 현재 시점에서 JBoss Tools 플러그인의 안정적인 버전은 이클립스 갈릴레오(3.5.2)를 요구하고 있어 이클립스 헬리오스가 아닌 이클립스 갈릴레오를 설치하기를 권장한다.

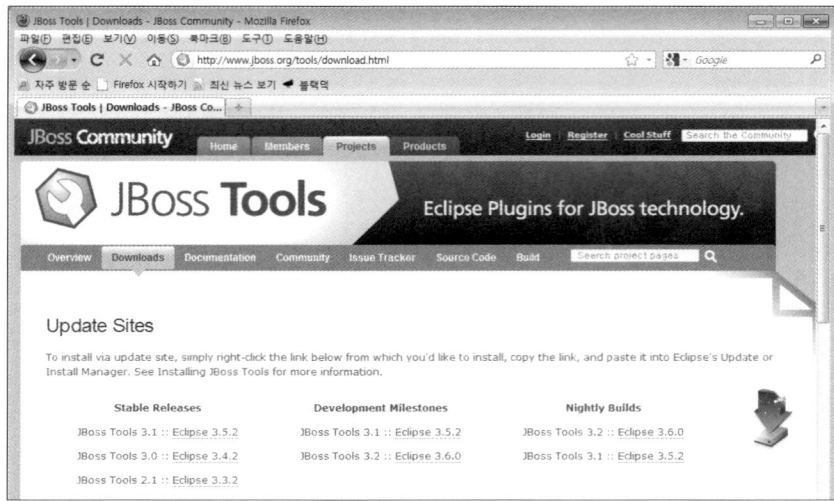

그림 A-1 | JBoss Tools 페이지

우선 이클립스를 실행하려면 JRE(Java Runtime Environment)가 필요하므로 먼저 개발자 PC에 JRE 5 이상을 설치한다. 본인의 PC에 설치된 JRE의 버전을 확인해보려면 윈도우 환경에서는 명령 프롬프트에서 java –version을 실행하면 된다.

```
C:\ >java -version
java version "1.6.0_21"
Java(TM) SE Runtime Environment (build 1.6.0_21-b07)
Java HotSpot(TM) Client VM (build 17.0-b17, mixed mode, sharing)
```

http://www.eclipse.org/downloads/ 사이트에 가면 다양한 버전의 이클립스를 내려 받을 수 있는데, 이클립스 헬리오스가 아니라 이클립스 갈릴레오 SR2 패키지(3.5.2) 중에서 Eclipse IDE for Java EE Developers를 내려 받는다. 아마도 개발자 대부분이 윈도우 32비트 환경이겠지만 자신의 개발 PC 환경에 맞는 플랫폼 버전을 내려 받도록 한다.

윈도우 버전의 경우 내려 받은 파일의 이름은 eclipse-jee-galileo-SR2-win32.zip일 것이다. 원하는 폴더에서 해당 압축 파일을 풀면 설치가 완료된다.

참고로 여기서는 C:\book\ 폴더 아래에 eclipse-jee-galileo-SR2-win32.zip 압축 파일을 풀었다. 이제 C:\book\eclipse 폴더에서 eclipse.exe를 더블클릭해서 실행한다.

# A 이클립스에서 JBoss 애플리케이션 개발환경 설정하기 | 177

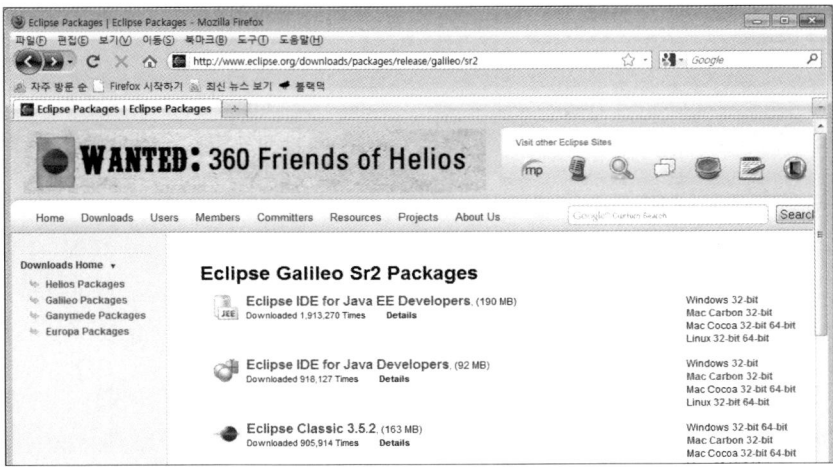

그림 A-2 | 이클립스 다운로드 페이지

개발자 PC의 가용한 메모리가 넉넉하지 않으면 JVM 메모리가 부족해서 시작이 안 될 수도 있는데, 이런 경우에는 eclipse 폴더에 위치한 eclipse.ini 파일에서 JVM 메모리 설정값을 낮추면 된다(즉, -Xms128m와 –Xmx256m를 낮춰준다).

처음 이클립스를 실행하면 다음 그림과 같이 작업공간(workspace)을 물어보는데, 여기서는 본인이 만드는 프로젝트 파일들이 생성되길 원하는 폴더를 지정해준다.

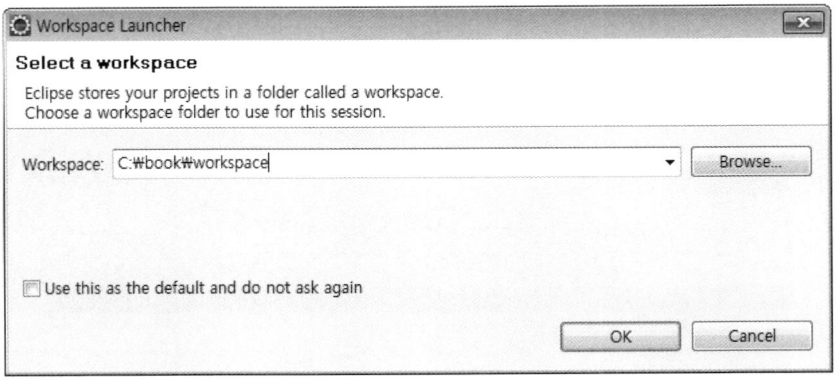

그림 A-3 | 작업공간 선택

## A.2. JBoss Tools 설치

이클립스 플러그인인 JBoss Tools는 http://www.jboss.org/tools 사이트를 방문하면 내려 받거나 정보를 살펴볼 수 있다. 이 사이트에서 Downloads & Updates를 클릭하거나 http://www.jboss.org/tools/download.html 페이지를 열면 JBoss Tools를 내려 받거나 업데이트하는 방법을 보여준다. 참고로 Update Sites와 Downloads외에 JBoss Developer Studio 메뉴도 보이는데, JBoss Developer Studio는 레드햇으로부터 별도로 유지보수 계약을 통해 구매해야 한다.

JBoss Tools를 설치하는 방법은 두 가지가 있는데, 이클립스에서 직접 온라인으로 설치하거나 플러그인을 내려 받아 오프라인으로 설치하는 것이다. 여기서는 플러그인을 내려 받아 오프라인으로 설치해보겠다. 현재 JBoss Tools의 안정적인 최신 버전은 JBoss Tools 3.1이므로 Downloads 메뉴에서 Stable Releases 아래의 JBoss Tools 3.1 :: Eclipse 3.5.2를 클릭한다. 그러면 아래 그림과 같이 다운로드 페이지가 나타나는데, 표의 첫 번째에 있는 Description이 All Plugins (repo)인 모듈을 내려 받는다.

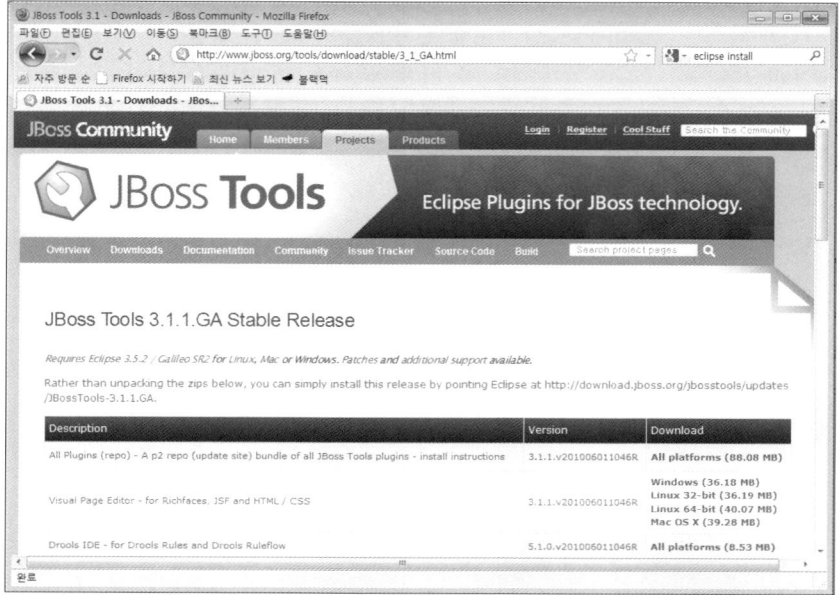

그림 A-4 | JBoss Tools 다운로드 페이지

이클립스를 실행하고 **Help** ⇨ **Install New Software** …를 선택한다. Install 창이 나타나면 Work with: 항목 오른편의 Add 버튼을 눌러 Add Site 창을 연 다음 Archive… 버튼을 눌러 방금 내려 받은 ZIP 파일을 선택하고 적당한 Name을 입력하고 OK 버튼을 누른다.

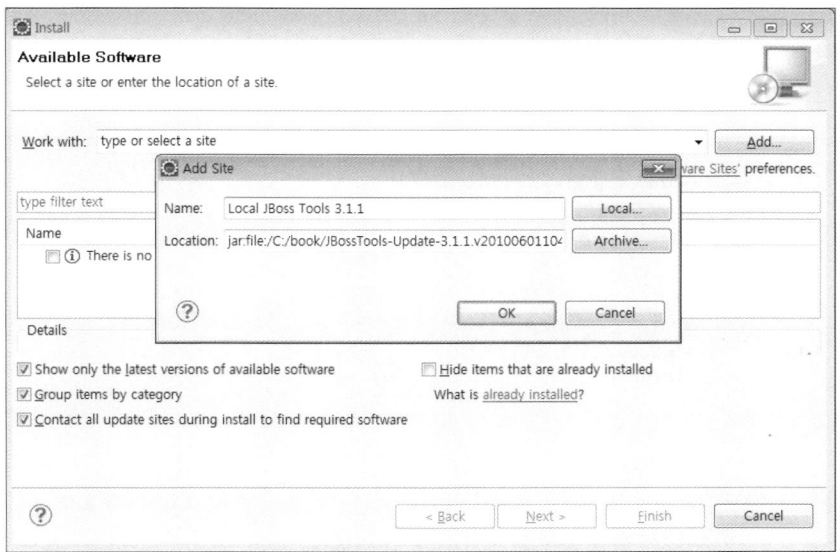

그림 A-5 | 업데이트 사이트 추가

그러고 나면 Install 창에 설치 가능한 모듈이 나타나는데, 우선 이클립스에서 개발된 애플리케이션을 배포하는 데 사용되는 플러그인인 JBossAS Tools만 설치해보겠다.

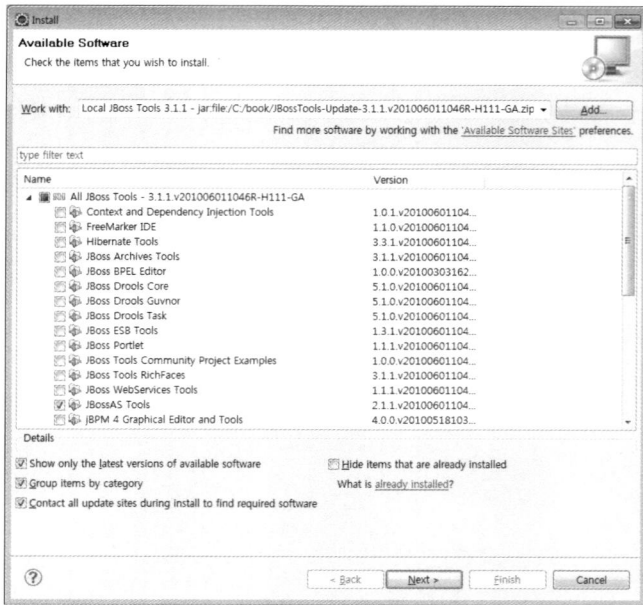

그림 A-6 | JBossAS Tools 설치

Next 버튼을 누르면 플러그인 간의 종속성을 검사해서 설치될 플러그인이 나타나고, 다시 Next 버튼을 누르면 Review Licenses 창이 보인다. 라이선스를 읽어보고 I accept the terms of the license agreements를 선택한 후 Finish 버튼을 누른다. 그러면 다음 그림과 같이 선택된 플러그인의 설치 진행 상황이 나타난다.

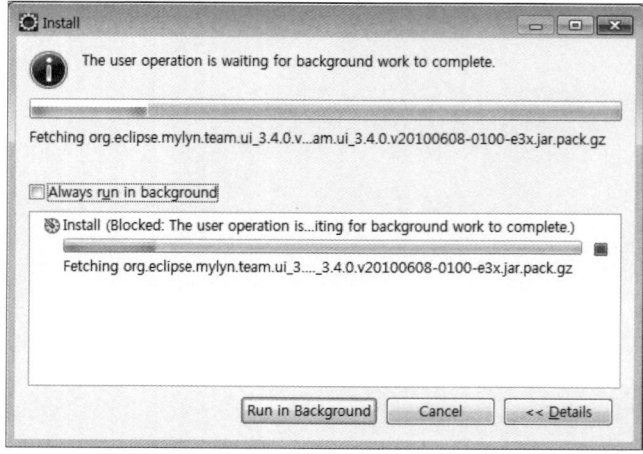

그림 A-7 | JBossAS Tools 설치 진행 상황

설치 도중에 검증되지 않은 모듈이라는 메시지가 나오는데, 허용하겠다는 버튼을 누르고 계속 진행하면 이클립스를 재시작하라는 메시지가 나온다. Yes 버튼을 누르면 이클립스가 재시작되고 설치가 완료된다.

이제 이클립스에서 Help ➪ About Eclipse를 선택해보자. About Eclipse 창이 뜨면 JBoss by Red Hat 아이콘을 누른다. 그러면 About Eclipse Features 창이 보이고, 목록에 JBossAS Tools가 설치된 것을 확인할 수 있다.

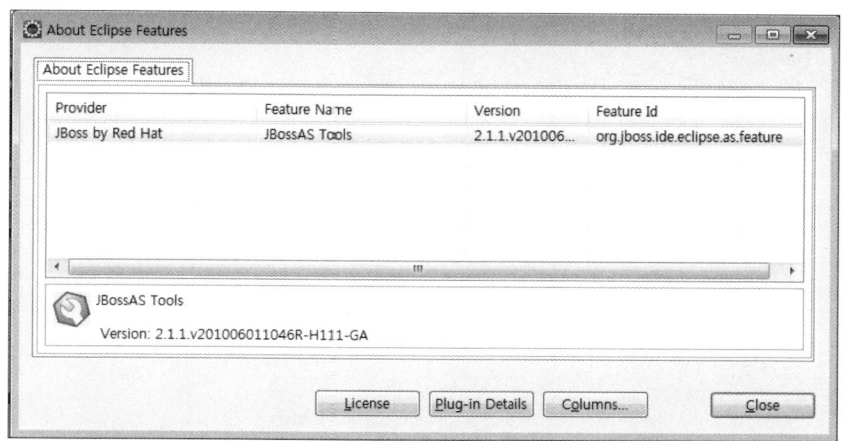

그림 A-8 | JBossAS Tools 인스톨 확인

## A.3. 웹 애플리케이션 배포

간단한 웹 애플리케이션을 만들고, JBossAS Tools를 이용해 배포해보자.

이클립스에서 New ➪ Dynamic Web Project를 선택한다. Project Name 항목에는 EclipseExampleWeb이라고 입력한다.

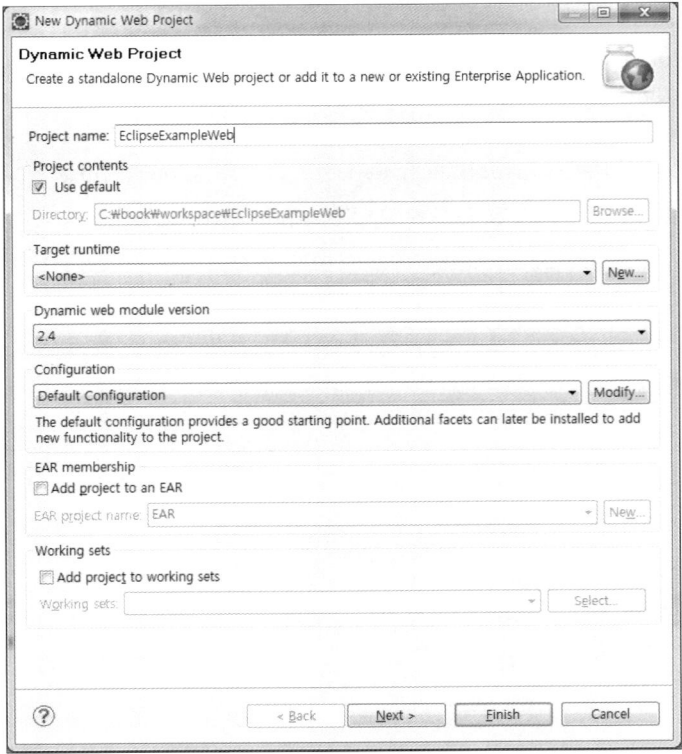

그림 A-9 | Dynamic Web Project

　Target Runtime 항목에서 JBoss 실행 환경을 설정할 차례다. Target Runtime 항목에서 New 버튼을 누르면 New Server Environment 창이 뜨는데, JBoss Community 폴더의 JBoss 5.1 Runtime을 선택한다. 참고로 JBoss 폴더는 JBossAS Tools를 설치하지 않아도 기본적으로 이클립스가 제공하는 항목인데 JBoss 폴더에서 JBoss를 선택하면 애플리케이션이 배포될 때 Incremental Publish나 Exploded Deploy가 안 된다. 하지만 JBossAS Tools 설치 후 생성되는 JBoss Community 폴더에서 해당 Runtime을 선택하면 Incremental Publish와 Exploded Deploy가 모두 가능해진다. 여기서 Incremental Publish란 애플리케이션이 일단 배포된 후에는 변경된 부분만 배포되는 기능이고, Exploded Deploy란 웹 애플리케이션이 *.WAR라는 파일로 압축되어 JBoss에 배포되는 것이 아니라 "프로젝트명.WAR"라는 폴더명으로 JBoss에 배포되는 기능을 말한다.

A 이클립스에서 JBoss 애플리케이션 개발환경 설정하기 | 183

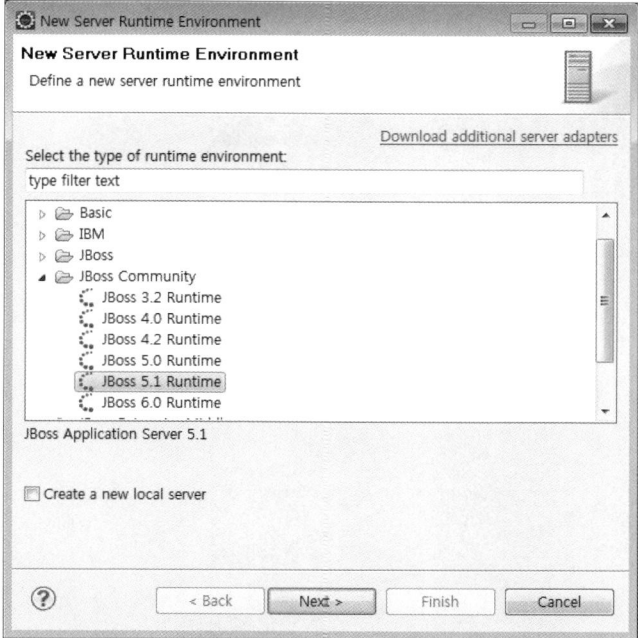

그림 A-10 | 서버 런타임 환경 추가

JBoss 5.1 Runtime을 선택하고 Next 버튼을 누른다. JBoss Runtime을 설정하는 창이 뜨면 Home Directory 항목에 JBoss가 설치된 디렉터리를 입력한다. JRE 항목에는 jre6를 선택하고, Configuration 항목에서는 애플리케이션을 배포하고 기동할 구성 항목을 선택한 다음 Finish 버튼을 누른다. JBoss Runtime 창이 닫히고 Dynamic Web Project 창이 보이면 Finish를 눌러 애플리케이션 생성을 마친다.

오른쪽 하단의 Servers 창을 열고, 마우스 오른쪽 버튼을 클릭한 뒤 New ⇨ Server를 선택한다.

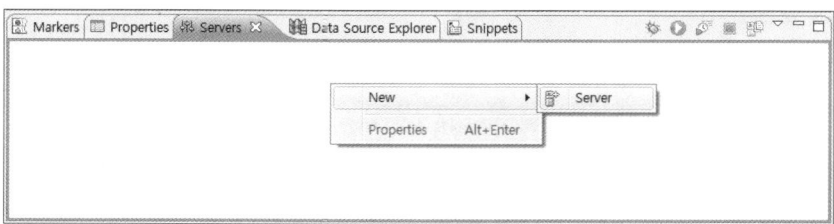

그림 A-11 | 새 서버 등록

그러면 Define a New Server 창이 뜨는데, Server runtime environment를 방금 전에 만든 JBoss 5.1 Runtime으로 설정하고 Finish 버튼을 누른다.

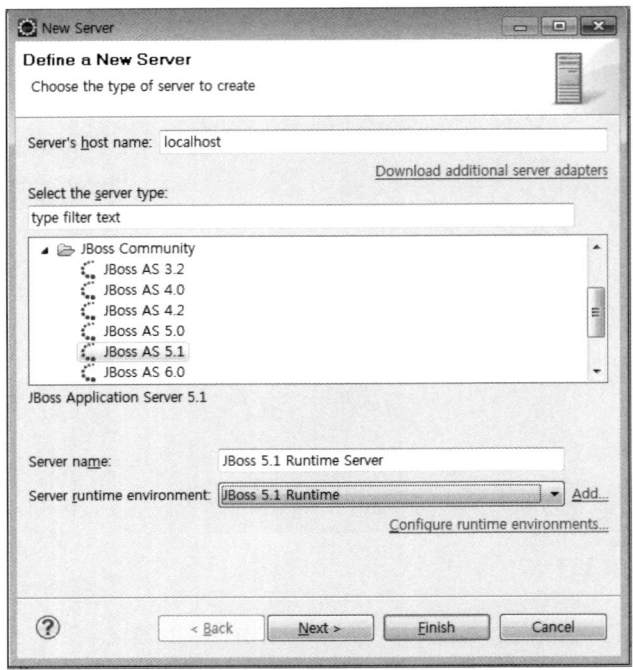

그림 A-12 | 새 서버 정의

Servers 창에 JBoss 5.1 Runtime Server가 생성된 것을 확인할 수 있다.

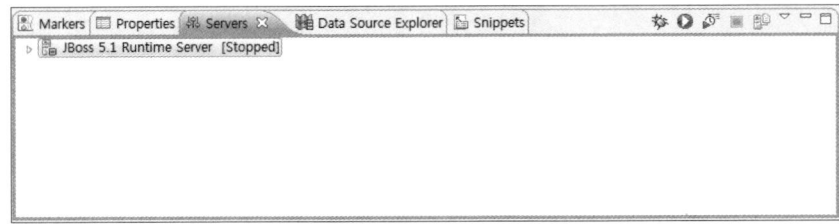

그림 A-13 | Server 생성 확인

이 Servers 창에서 JBoss 5.1 Runtime Server를 선택하고 마우스를 더블클릭하면 JBoss 5.1 Runtime Server의 설정 창이 나타나고, 이를 통해 추가적으로 설정 사항을 변경할 수 있다.

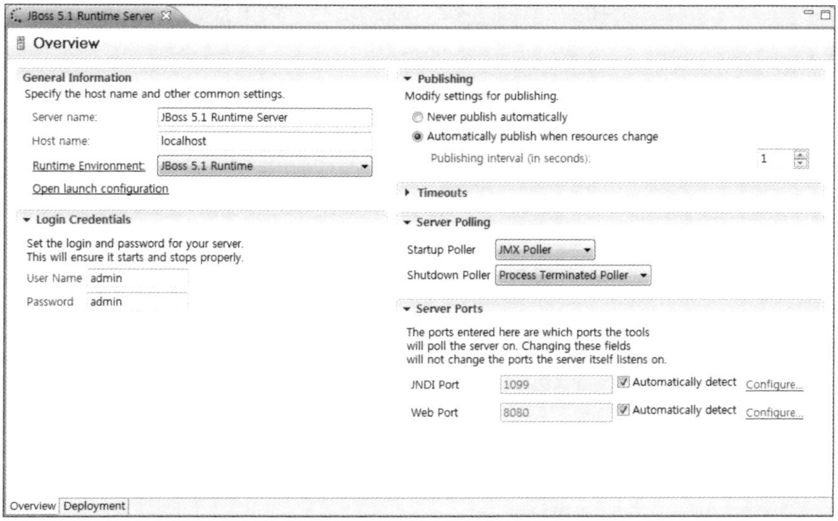

그림 A-14 | 서버 정보 확인

이제 테스트를 위해 EclipseExampleWeb 프로젝트의 WebContent 폴더에서 마우스 오른쪽 버튼을 클릭한 후 **New** ➪ **HTML Page**를 차례로 선택하고 File name을 index.html로 지정한다. &lt;body&gt; 부분에 간단한 메시지를 입력해보자.

```
<!DOCTYPE html PUBLIC "-//W3C//DTD HTML 4.01 Transitional//EN" "http://www.
w3.org/TR/html4/loose.dtd">
<html>
<head>
<meta http-equiv="Content-Type" content="text/html; charset=EUC-KR">
<title>Insert title here</title>
</head>
<body>
Hello, JBoss A Developer's Notebook Eclipse Sample !
</body>
</html>
```

이제 애플리케이션을 배포해보자.

Servers 창의 JBoss 5.1 Runtime Server를 선택하고 마우스 오른쪽 버튼을 클릭한 뒤 **Add and Remove**를 선택한다.

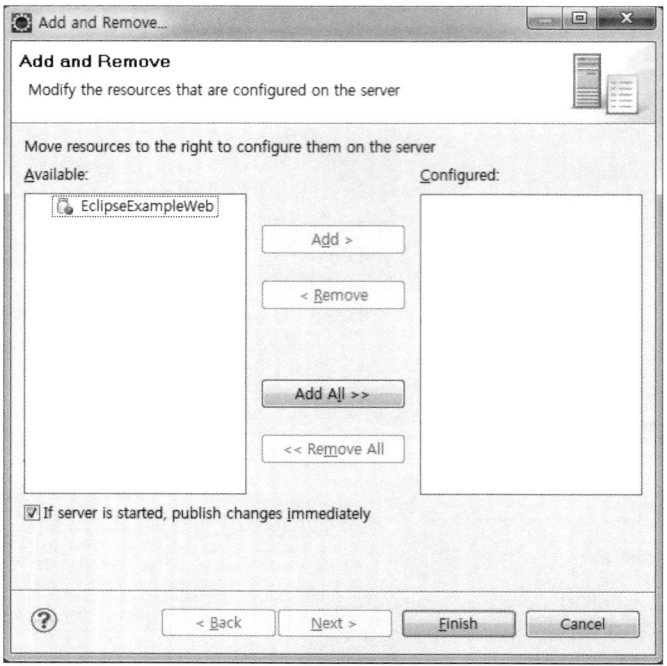

그림 A-15 | 서버 추가와 제거

그러면 Add and Remove 창이 뜨는데, 우리가 만든 EclipseExampleWeb이라는 동적 웹 프로젝트의 이름이 왼쪽의 Available 항목에 나타난다. 해당 프로젝트를 선택하면 Add > 버튼이 활성화되고 이 버튼을 눌러 EclipseExampleWeb 프로젝트가 Configured 항목으로 가게 한 다음 Finish 버튼을 누른다.

그 상태에서 다시 Servers 창의 JBoss 5.1 Runtime Server를 열어서 EclipseExampleWeb 프로젝트가 보이면 해당 EclipseExampleWeb을 선택하고, 마우스 오른쪽 버튼을 클릭해서 Full Publish를 눌러 해당 프로젝트가 게시되게 한다.

# A 이클립스에서 JBoss 애플리케이션 개발환경 설정하기 | 187

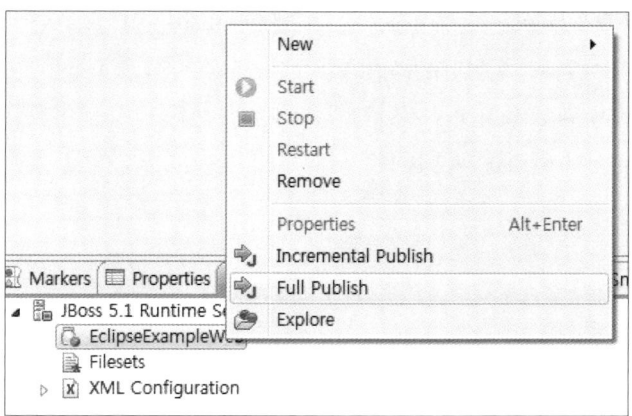

그림 A-16 | Full Publish

이렇게 하면 이클립스의 작업공간 디렉터리(이 경우 C:\book\workspace)
.metadata\.plugins\org.jboss.ide.eclipse.as.core\JBoss_5.1_Runtime_Server
JBoss_5.1_Runtime_Server1280732797580\deploy\EclipseExampleWeb.war
라는 디렉터리에 애플리케이션이 배포된다.

Servers 창에서 JBoss 5.1 Runtime Server를 선택하고 Start the Server
버튼을 눌러 JBoss를 기동하면 Console 창에 JBoss가 기동할 때 발생하
는 콘솔 로그가 나타난다. 다음과 같이 JBoss Started 메시지 이후 deploy,
ctxPath=/EclipseExampleWeb이라는 메시지가 나타나면 여기서 만든
EclipseExampleWeb 애플리케이션이 비로소 JBoss에 배포된 것이다.

```
16:30:40,051 INFO  [TomcatDeployment] deploy, ctxPath=/admin-console
16:30:40,191 INFO  [config] Initializing Mojarra (1.2_12-b01-FCS) for
context '/admin-console'
16:30:43,280 INFO  [TomcatDeployment] deploy, ctxPath=/
16:30:43,406 INFO  [TomcatDeployment] deploy, ctxPath=/jmx-console
16:30:43,499 INFO  [Http11Protocol] Starting Coyote HTTP/1.1 on http-
localhost%2F127.0.0.1-8080
16:30:43,515 INFO  [AjpProtocol] Starting Coyote AJP/1.3 on ajp-
localhost%2F127.0.0.1-8009
16:30:43,515 INFO  [ServerImpl] JBoss (Microcontainer) [5.1.0.GA (build:
SVNTag=JBoss_5_1_0_GA date=200905221634)] Started in 41s:409ms
16:30:48,409 INFO  [TomcatDeployment] deploy, ctxPath=/EclipseExampleWeb
```

여기서 잠깐 Publish와 Deploy의 차이점을 설명하면 Publish는 이클립스에서 JBoss의 Deploy 대상 폴더로 애플리케이션이 복사되는 것을 말하고, Deploy는 실제로 JBoss가 Deploy 대상 폴더에 위치한 애플리케이션을 JBoss 사용자가 접근 가능하게끔 메모리상에 올리는 과정을 말한다.

## A.4. 테스트

이제 우리가 만든 EclipseExampleWeb이라는 웹 애플리케이션에 접근해보자.

웹 브라우저에서 http://localhost:8080/EclipseExampleWeb/를 열면 index.html에 작성한 메시지가 제대로 보이는 것을 확인할 수 있다.

그림 A-17 | EclipseExampleWeb 화면

# 부록 B
# JPA 예제 애플리케이션

엔터프라이즈 자바 빈(EJB) 2.x를 활용해 애플리케이션을 개발해본 사람이면 아마도 EJB에서 요구하는 복잡한 배포 서술자 때문에 고생해본 적이 있을 것이다. 하지만 EJB3가 등장하면서 개발자 측면에서는 아주 단순해졌다. JBoss는 자바 EE 5를 지원하는 애플리케이션 플랫폼으로서 당연히 EJB3를 지원한다. 참고로 JBoss는 원래 EJB 컨테이너로부터 시작된 오픈소스 소프트웨어다.

우선 EJB3가 제공하는 EJB의 종류는 다음과 같다.

- 세션 빈
- 엔티티 (또는 엔티티 빈이라고도 함)
- 메시지-드리븐 빈

JPA(Java Persistence API)는 엔티티 빈을 구현하기 위한 애플리케이션 프로그램 인터페이스다. JPA에서는 자바 5에서부터 등장한 어노테이션을 사용해서 일반 자바 클래스를 엔티티 빈으로 만들고, SQL과 유사한 JPQL(Java Persistence Query Language)을 사용해 데이터베이스 제품에 독립적인 쿼리를 사용한다는 점에서 EJB2.x와 구분된다.

JBoss는 EJB3 이전부터 하이버네이트를 통해 OR 매핑(Object-Relation Mapping) 기능을 제공하고 있었고, JPA도 하이버네이트로 구현돼 있다.

이 장에서는 엔티티 빈을 만들고 사용하는 방법을 보여주는 예제를 만들어보겠다. 이 예제는 웹 애플리케이션에서 엔티티 빈을 만들고 JSP/서블릿을 통해 접근하는 방법을 보여준다.

## B.1. MySQL 테이블 생성

우선 MySQL에 다음과 같은 스크립트를 사용해서 JPA 예제 애플리케이션에서 사용할 데이터베이스를 생성하고 테이블을 생성한다. 아래 스크립트를 실행하면 데이터베이스명은 sampledb이고, 사용자는 jboss, 패스워드는 jboss이며, department 테이블과 employee 테이블이 생성된다.

```
CREATE DATABASE sampledb;
USE sampledb;
CREATE USER 'jboss'@'localhost' IDENTIFIED BY 'jboss';
GRANT ALL PRIVILEGES ON sampledb.* TO 'jboss'@'localhost' WITH GRANT OPTION;

CREATE TABLE `sampledb`.`department` (
`department_id` INTEGER UNSIGNED NOT NULL AUTO_INCREMENT,
`department_name` VARCHAR(45) NOT NULL,
PRIMARY KEY (`department_id`)
)
ENGINE = InnoDB;

CREATE TABLE `sampledb`.`employee` (
`employee_id` INTEGER UNSIGNED NOT NULL AUTO_INCREMENT,
`employee_name` VARCHAR(45) NOT NULL,
`employee_salary` INTEGER UNSIGNED NOT NULL,
`employee_department_id` INTEGER UNSIGNED NOT NULL,
PRIMARY KEY (`employee_id`),
CONSTRAINT `FK_employee` FOREIGN KEY `FK_employee` (`employee_department_id`)
REFERENCES `department` (`department_id`)
ON DELETE CASCADE
ON UPDATE CASCADE
)
ENGINE = InnoDB;
```

이제 JBoss에서 데이터소스를 설정해야 한다. 먼저 common/lib 폴더에 MySQL JDBC 드라이버가 복사돼 있는지 확인하고, %JBOSS_HOME%/server/default/deploy 폴더에 다음과 같이 sample-ds.xml 파일을 생성한다.

```
<?xml version="1.0" encoding="UTF-8"?>
<datasources>
  <local-tx-datasource>
    <jndi-name>SampleDS</jndi-name>
```

```
        <connection-url>jdbc:mysql://localhost:3306/sampledb</connection-url>
        <driver-class>com.mysql.jdbc.Driver</driver-class>
        <user-name>jboss</user-name>
        <password>jboss</password>
        <exception-sorter-class-name>org.jboss.resource.adapter.jdbc.vendor.
MySQLExceptionSorter</exception-sorter-class-name>
        <metadata>
            <type-mapping>mySQL</type-mapping>
        </metadata>
    </local-tx-datasource>
</datasources>
```

## B.2. 이클립스로 EntityExampleWeb 웹 애플리케이션 만들기

다행히도 이클립스에서는 테이블로부터 EJB3 엔티티 빈을 자동으로 생성하는 툴을 제공한다. 이 툴을 활용해 엔티티 빈을 생성해보자.

이클립스에서 **File ⇨ New ⇨ Dynamic Web Project**를 선택하고 프로젝트 이름을 EntityExampleWeb으로 지정한다.

프로젝트가 생성되면 해당 프로젝트를 선택하고 마우스 오른쪽 버튼을 클릭한 후 **Properties ⇨ Project Facets**을 열어 Java Persistence를 체크한 다음 OK 버튼을 누른다. 이는 이클립스에 이 프로젝트에서 JPA를 사용하겠다는 것을 알려주는 것이다.

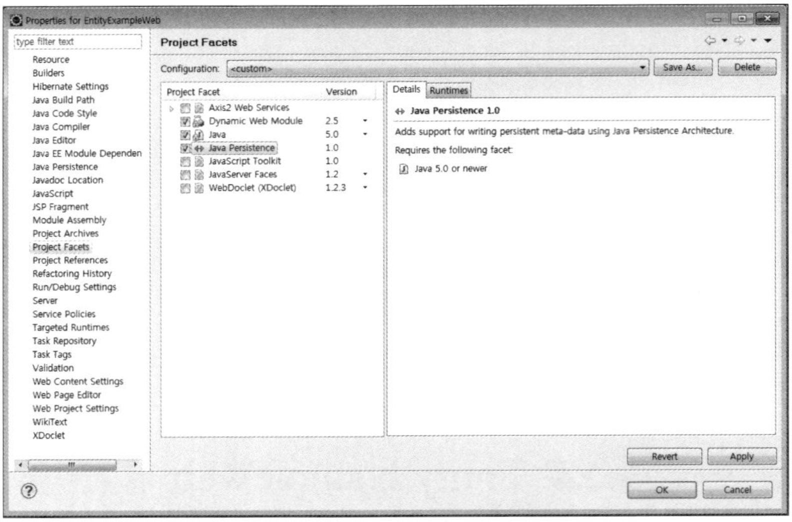

그림 B-1 | EntityExampleWeb의 속성

다시 해당 프로젝트를 선택하고 마우스 오른쪽 버튼을 클릭한 후 **New** ⇨ **Entities From Tables**를 차례로 선택한다. 이는 앞에서 만든 MySQL 데이터베이스의 테이블로부터 엔티티 빈을 만들기 위함이다.

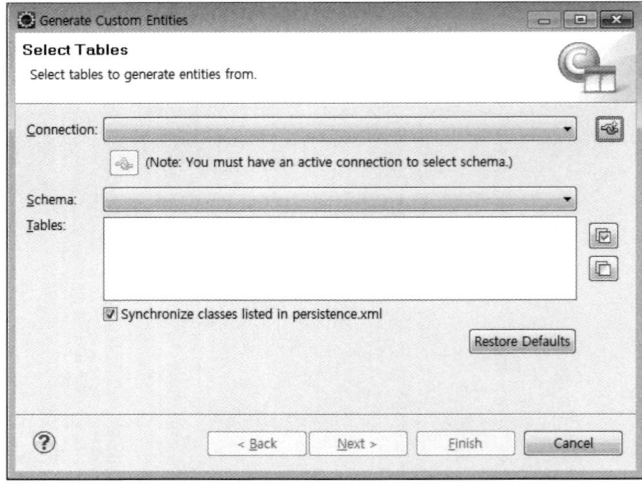

그림 B-2 | 커스텀 엔티티 생성

Generate Custom Entities 창에서 Connection 항목 오른쪽에 있는 Add Connections 버튼을 누른다.

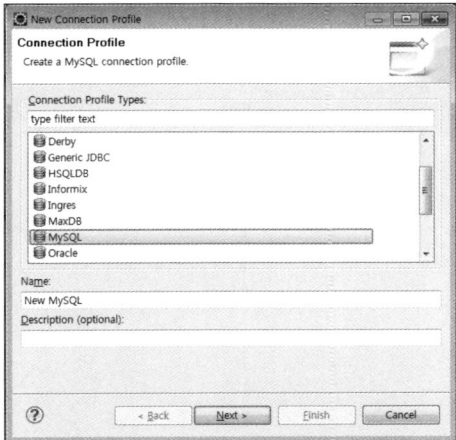

그림 B-3 | 커넥션 프로파일

New Connection Profile 창이 나타나면 Connection Profile Types 항목에서 MySQL을 선택하고 Next 버튼을 누른다. Specify a Driver and Connection Details 화면에서 Drivers 항목 오른쪽에 있는 New Driver Definition 버튼을 누른다.

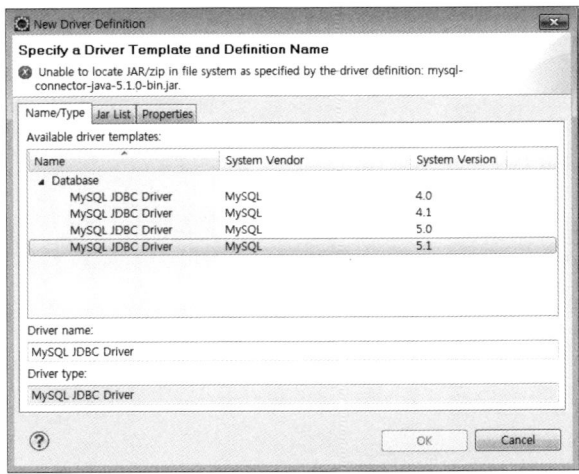

그림 B-4 | 드라이버 템플릿과 정의경 설정 - 이름과 타입

Name/Type 탭에서 MySQL 5.1을 선택하고, Jar List 탭에서 Add JAR/ZIP 버튼을 눌러 %JBOSS_HOME%\common\lib에 있는 MySQL JDBC 드라이버를 지정한 다음 OK 버튼을 누른다.

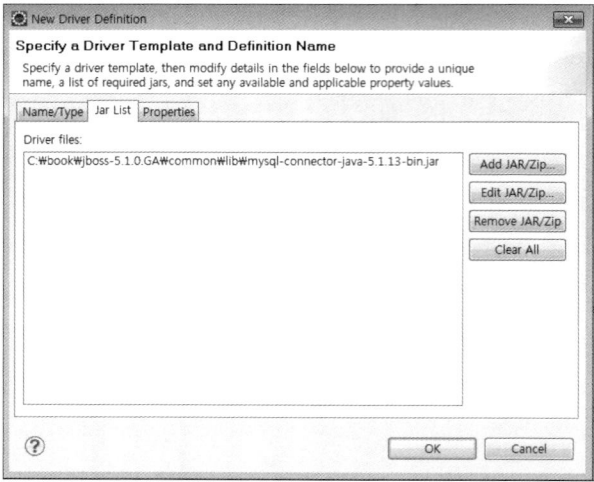

그림 B-5 | 드라이버 템플릿과 정의명 설정-이름과 타입-JAR 리스트

Properties의 General 탭에서 Database에는 sampledb, URL은 jdbc:mysql://localhost:3306/sampledb, User name과 Password를 모두 **jboss**로 입력하고 Save password를 체크한다. Test Connection 버튼을 눌러 이상이 없는지 확인한다.

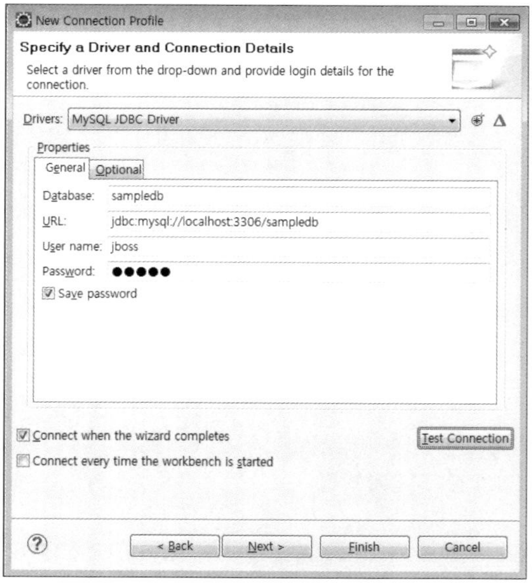

그림 B-6 | 드라이버와 커넥션 상세정보 설정

이제 이클립스에서 MySQL JDBC 드라이버를 통해 앞에서 만든 MySQL 데이터베이스에 접근할 수 있다.

Generate Custom Entities 창에서 앞에서 만든 department와 employee 테이블을 체크하고 Next 버튼을 누른다.

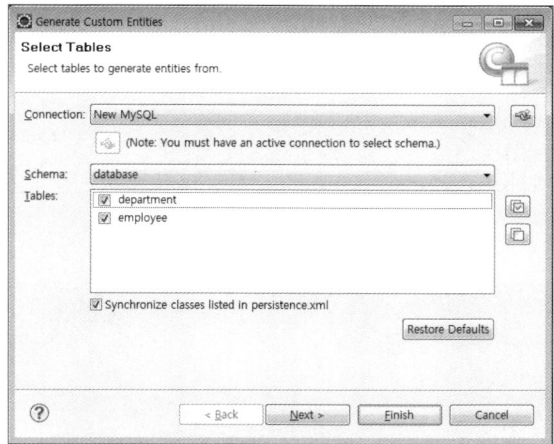

그림 B-7 | 테이블 선택

Table Associations에서 Table associations 항목의 다이어그램을 클릭하면 하단에 데이터베이스의 관계(Relationship)가 표시된다. 내용을 확인하고 Next 버튼을 누른다.

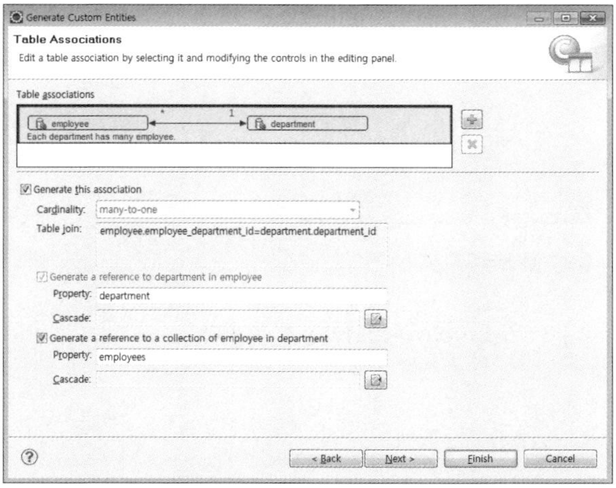

그림 B-8 | 테이블 관계 설정

그러면 Customize Default Entity Generation이 나타나는데 Table Mapping 그룹에서 Associations fetch를 Eager로, Collection properties type은 java.util.List를 선택한다. Association fetch 방법은 Eager와 Lazy가 있는데, Eager는 department 테이블에 있는 데이터를 가져올 때 해당 department에 소속된 employees 테이블의 데이터까지 가져오는 것이고, Lazy는 department 테이블에 있는 데이터를 가져올 때 employees 테이블의 데이터는 가져오지 않고 department 클래스에서 employees 클래스를 접근할 때 비로소 데이터베이스로부터 employees 테이블의 데이터를 가져오는 방식이다.

Domain Java Class 그룹에서는 Package에 com.jbossnotebook.jpa를 입력한다. Finish 버튼을 누르면 이 패키지에 엔티티 클래스가 생성된다.

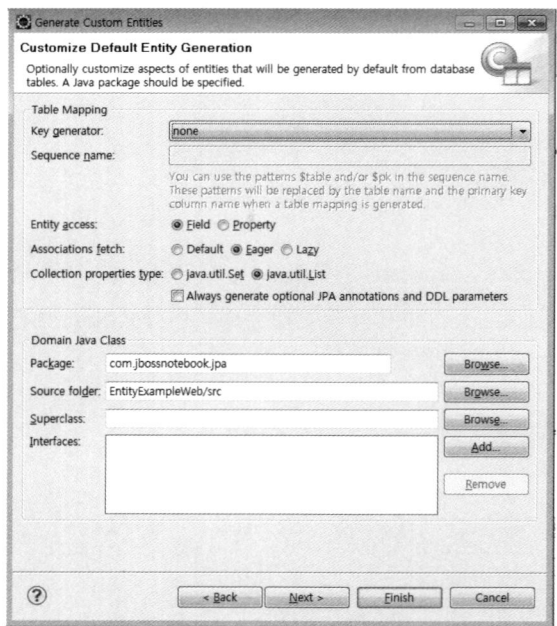

그림 B-9 | 기본적인 엔티티 생성 커스터마이즈

다음과 같이 Department.java와 Employee.java가 생성됐다.

`Department.java`

package com.jbossnotebook.jpa;

import java.io.Serializable;

```java
import javax.persistence.*;
import java.util.List;


/**
 * The persistent class for the department database table.
 * 
 */
@Entity
@Table(name="department")
public class Department implements Serializable {
    private static final long serialVersionUID = 1L;

    @Id
    @Column(name="department_id")
    private int departmentId;

    @Column(name="department_name")
    private String departmentName;

    //bi-directional many-to-one association to Employee
    @OneToMany(mappedBy="department", fetch=FetchType.EAGER)
    private List<Employee> employees;

    public Department() {
    }

    public int getDepartmentId() {
       return this.departmentId;
    }

    public void setDepartmentId(int departmentId) {
       this.departmentId = departmentId;
    }

    public String getDepartmentName() {
       return this.departmentName;
    }

    public void setDepartmentName(String departmentName) {
       this.departmentName = departmentName;
    }
```

```java
    public List<Employee> getEmployees() {
       return this.employees;
    }

    public void setEmployees(List<Employee> employees) {
       this.employees = employees;
    }

}
```

`Employee.java`

```java
package com.jbossnotebook.jpa;

import java.io.Serializable;
import javax.persistence.*;


/**
 * The persistent class for the employee database table.
 *
 */
@Entity
@Table(name="employee")
public class Employee implements Serializable {
    private static final long serialVersionUID = 1L;

    @Id
    @Column(name="employee_id")
    private int employeeId;

    @Column(name="employee_name")
    private String employeeName;

    @Column(name="employee_salary")
    private int employeeSalary;

    //bi-directional many-to-one association to Department
    @ManyToOne
    @JoinColumn(name="employee_department_id")
    private Department department;
```

```java
    public Employee() {
    }

    public int getEmployeeId() {
        return this.employeeId;
    }

    public void setEmployeeId(int employeeId) {
        this.employeeId = employeeId;
    }

    public String getEmployeeName() {
        return this.employeeName;
    }

    public void setEmployeeName(String employeeName) {
        this.employeeName = employeeName;
    }

    public int getEmployeeSalary() {
        return this.employeeSalary;
    }

    public void setEmployeeSalary(int employeeSalary) {
        this.employeeSalary = employeeSalary;
    }

    public Department getDepartment() {
        return this.department;
    }

    public void setDepartment(Department department) {
        this.department = department;
    }

}
```

이클립스에 의해 자동 생성된 코드를 잠시만 살펴보자. 평범한 자바 빈에 JPA 관련 어노테이션이 포함돼 있을 뿐임을 알 수 있다. @Entity를 통해 엔티티 빈임을 선언하고, @Table을 통해 어느 테이블과 매핑되는지, 각 필드에는 @Column을 통해 어느 컬럼과 매핑되는지 선언하고 있다.

이제 persistence.xml 파일을 편집해야 JBoss가 엔티티 빈을 처리할 때 어떤 데이터베이스에 접근해야 하는지 알 수가 있다. Project Explorer에서 EntityExampleWeb의 JPA Content를 열어보면 persistence.xml 파일이 있다. persistence-unit 엘리먼트의 name 속성값은 sampleds로 바꾸고 jta-data-source는 java:/SampleDS로 지정한다.

```xml
<?xml version="1.0" encoding="UTF-8"?>
<persistence version="1.0" xmlns="http://java.sun.com/xml/ns/
persistence" xmlns:xsi="http://www.w3.org/2001/XMLSchema-instance"
xsi:schemaLocation="http://java.sun.com/xml/ns/persistence http://java.sun.
com/xml/ns/persistence/persistence_1_0.xsd">
    <persistence-unit name="sampleds">
       <jta-data-source>java:/SampleDS</jta-data-source>
       <class>com.jbossnotebook.jpa.Department</class>
       <class>com.jbossnotebook.jpa.Employee</class>
    </persistence-unit>
</persistence>
```

이번에는 생성된 엔티티 빈을 사용하는 서블릿과 JSP를 만들어보자.

프로젝트에서 마우스 오른쪽 버튼을 클릭한 후 New ⇨ Servlet을 선택하고 Java package에는 com.jbossnotebook.jpa를, Class name에는 actionServlet을 입력한다. Finish를 누르고 해당 파일을 아래와 같이 작성한다.

```java
package com.jbossnotebook.jpa;

import java.io.IOException;
import java.util.List;

import javax.annotation.Resource;
import javax.persistence.EntityManager;
import javax.persistence.PersistenceContext;
import javax.persistence.Query;
import javax.servlet.RequestDispatcher;
import javax.servlet.ServletException;
import javax.servlet.http.HttpServlet;
import javax.servlet.http.HttpServletRequest;
import javax.servlet.http.HttpServletResponse;
import javax.transaction.SystemException;
```

```java
import javax.transaction.UserTransaction;

public class actionServlet extends HttpServlet {
    private static final long serialVersionUID = 1L;

    @PersistenceContext(unitName="sampleds")
    private EntityManager em;

    @Resource
    UserTransaction utx;

    public actionServlet() {
        super();
    }

    protected void doGet(HttpServletRequest request, HttpServletResponse response) throws ServletException, IOException {

        String action=request.getParameter("op");

        System.out.println("Action is "+action);
        String forward = null;
        if (action == null) {
            forward = employeeList(request);
        }
        else if (action.equals("newEmployee")) {
            forward = newEmployee(request);
        }
        else if (action.equals("newDepartment")) {
            forward = newDepartment(request);
        }
        else if (action.equals("saveEmployee")) {
            forward = saveEmployee(request);
        }
        else if (action.equals("saveDepartment")) {
            forward = saveDepartment(request);
        }

        RequestDispatcher dispatcher = getServletContext().getRequestDispatcher(forward);
        dispatcher.forward(request,response);
    }
```

```java
private String newDepartment(HttpServletRequest request) {
    return "/newDepartment.jsp";
}

private String employeeList(HttpServletRequest request) {

    try {
        Query query = em.createQuery("FROM Employee");
        List <Employee>list = query.getResultList();
        request.setAttribute("employee", list);
    }
    catch (Exception e) {
        e.printStackTrace();
    }
    finally {

    }
    return "/listEmployees.jsp";
}

private String saveDepartment(HttpServletRequest request) {

    String depName=request.getParameter("depName");

    Department dep;

    try {
        dep = new Department();
        dep.setDepartmentName(depName);
        utx.begin();
        em.persist(dep);
        utx.commit();
    }
    catch (Exception e) {
        try {
            utx.rollback();
        } catch (IllegalStateException e1) {
            e1.printStackTrace();
        } catch (SecurityException e1) {
            e1.printStackTrace();
        } catch (SystemException e1) {
            e1.printStackTrace();
```

```java
            }
            e.printStackTrace();
        }
        finally {

        }
        return employeeList(request);
    }


    private String newEmployee(HttpServletRequest request) {

        try {
            Query query = em.createQuery("from Department ");
            List <Department>list = query.getResultList();
            request.setAttribute("departmentList",list);
        }
        catch (Exception e) {
            e.printStackTrace();
        }
        finally {

        }
        return "/newEmployee.jsp";

    }


    private String saveEmployee(HttpServletRequest request) {

        String name=request.getParameter("name");
        String salary=request.getParameter("salary");
        String departmentId=request.getParameter("departmentId");

        try {
            Query query = em.createQuery("from Department d where d.departmentId = :departmentId");
            query.setParameter("departmentId", new Integer(departmentId));
            Department dep = (Department) query.getSingleResult();

            Employee emp = new Employee();
            emp.setDepartment(dep);
            emp.setEmployeeName(name);
            emp.setEmployeeSalary(Integer.parseInt(salary));
```

```
            utx.begin();
            em.persist(emp);
            utx.commit();
        }
        catch (Exception e) {
            try {
                utx.rollback();
            } catch (IllegalStateException e1) {
                e1.printStackTrace();
            } catch (SecurityException e1) {
                e1.printStackTrace();
            } catch (SystemException e1) {
                e1.printStackTrace();
            }
            e.printStackTrace();
        }
        finally {

        }
        return employeeList(request);
    }

    protected void doPost(HttpServletRequest request, HttpServletResponse
response) throws ServletException, IOException {
        doGet(request,response);
    }

}
```

보다시피 EntityManager를 사용해서 엔티티 빈과 DBMS 간의 처리가 이뤄지게 하는데, EntityManager em은 @PersistenceContext(unitName="sampleds")를 통해 persistence.xml 파일에서 정의한 데이터소스와 연결된다.

actionServlet을 이용하는 index.jsp, listEmployees.jsp, newDepartment.jsp, newEmployee.jsp를 WebContent 폴더에 만들어보자.

`Index.jsp`

```
<jsp:forward page="/actionServlet"/>
```

`listEmployees.jsp`

```jsp
<%@ page contentType="text/html;charset=UTF-8" pageEncoding="UTF-8"%>
<%@ taglib uri="http://java.sun.com/jsp/jstl/core" prefix="c"%>

<html>

<script language="JavaScript'>
 function doSubmit(url)  {
    document.module.action = url;
    document.module.submit();
 }
</script>

<body>
<table border="1">
    <TR>
        <TH>사원명</TH>
        <TH>월급</TH>
        <TH>부서</TH>
    </TR>
    <c:forEach items="${employee}" var="emp">
        <tr>
            <td><c:out value="${emp.employeeName}" /></td>
            <td><c:out value="${emp.employeeSalary}" /></td>
            <td><c:out value="${emp.department.departmentName}" /></td>
        </tr>
    </c:forEach>
</table>

<form name="module" method="POST">
<input type="button" value="사원등록" onClick="doSubmit('actionServlet?op=newEmployee')">
<input type="button" value="부서등록" onClick="doSubmit('actionServlet?op=newDepartment')">
</form>

</body>
</html>
```

### newDepartment.jsp

```jsp
<%@ page contentType="text/html;charset=UTF-8" pageEncoding="UTF-8"%>
<!DOCTYPE html PUBLIC "-//W3C//DTD HTML 4.01 Transitional//EN" "http://www.
w3.org/TR/html4/loose.dtd">
<html>
<head>
<meta http-equiv="Content-Type" content="text/html; charset=ISO-8859-1">
</head>

<form action="actionServlet?op=saveDepartment" method="post">
<fieldset><legend> 부서를 입력하세요. </legend> <label>부서명</label>
<input type="text" name="depName" size="20"><br />
</fieldset>
<input type="submit" value="저장"></form>
</html>
```

### newEmployee.jsp

```jsp
<%@ page contentType="text/html;charset=UTF-8" pageEncoding="UTF-8"%>
<%@ page
    import="javax.naming.*, org.hibernate.*, com.jbossnotebook.jpa.*"%>
<%@ taglib uri="http://java.sun.com/jsp/jstl/core" prefix="c"%>

<form name="module" action="actionServlet?op=saveEmployee" method="POST">
<fieldset><legend> 사원을 입력하세요. </legend> <label>사원명</label>
<input type="text" name="name" size="20"><br />
<label>월급</label> <input type="text" name="salary" size="20"><br />
<label>부서</label> <select name="departmentId">
    <c:forEach items="${departmentList}" var="dep">

      <option value="<c:out value="${dep.departmentId}"/>"><c:out
          value="${dep.departmentName}" /></option>

    </c:forEach>

</select></fieldset>

<input type="submit" value="저장"></form>
```

개발이 끝났다. EntityExampleWeb을 JBoss에 배포하자.

## B.3. 테스트

웹 브라우저로 http://localhost:8080/EntityExampleWeb/를 열고 부서등록 버튼을 눌러 부서 정보를 입력하고 사원등록 버튼을 눌러 사원 정보를 입력한다. MySQL을 통해 데이터베이스 테이블을 보면 입력값이 저장돼 있음을 확인할 수 있다.

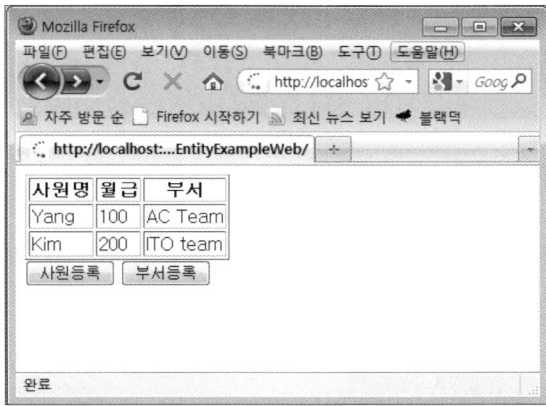

그림 B-10 | EntityExampleWeb 화면

# 부록 C

# 메시지-드리븐 빈 예제 애플리케이션

EJB3 표준 가운데 하나인 메시지-드리븐 빈(Message-Driven Bean)은 쉽게 말하면 Java EE가 제공하는 JMS 행선지(destination)에 메시지가 들어왔을 때 이를 처리하는 자바 객체라 할 수 있다. JBoss는 메시지 드리븐 빈이 정의한 행선지에 메시지가 들어오면 메시지 드리븐 빈의 특정 메서드를 호출해 준다.

JMS는 다음과 같이 두 가지 종류의 행선지 모델을 정의하고 있다.

- ▶ 토픽(Topic) – 발행자/구독자(Publisher/Subscriber) 모델
- ▶ 큐(Queue) – 생산자/소비자(Producer/Consumer) 모델

토픽 모델의 경우에는 발행자가 JMS에 메시지를 보내면 해당 메시지를 해당 행선지에 가입된 다수의 구독자에게 해당 메시지가 모두 전달되는 방식이고, 큐는 생산자가 JMS에 메시지를 보내면 단일 소비자가 받아가는 방식이다.

JBoss5 이전에는 JBossMQ를 통해 JMS를 제공했으나 JBoss5에서는 이를 성능 측면에서 크게 개선하고 JBoss Messaging이라고 이름을 바꿨다.

이 장에서는 JBoss의 큐 소비자를 메시지-드리븐 빈으로 만들고, 생산자는 서블릿/JSP 웹 애플리케이션으로 만들어보겠다.

## C.1. 행선지 만들기

먼저 %JBOSS_HOME%/server/default/deploy/messaging/destinations-service.xml을 참고해 다음과 같이 sample-destinations-service.xml을 deploy/messaging에 만들어 넣는다.

```xml
<?xml version="1.0" encoding="UTF-8"?>

<server>

    <mbean code="org.jboss.jms.server.destination.QueueService"
        name="jboss.messaging.destination:service=Queue,name=exampleQueue"
        xmbean-dd="xmdesc/Queue-xmbean.xml">
        <depends optional-attribute-name="ServerPeer">
jboss.messaging:service=ServerPeer
        </depends>
        <depends>jboss.messaging:service=PostOffice</depends>
    </mbean>

    <mbean code="org.jboss.jms.server.destination.TopicService"
        name="jboss.messaging.destination:service=Topic,name=exampleTopic"
        xmbean-dd="xmdesc/Topic-xmbean.xml">
        <depends optional-attribute-name="ServerPeer">
jboss.messaging:service=ServerPeer
        </depends>
        <depends>jboss.messaging:service=PostOffice</depends>
    </mbean>

</server>
```

여기서는 exampleQueue와 exampleTopic이라는 두 개의 행선지를 만들었다. 이름에서도 알 수 있듯이 exampleQueue는 큐 타입의 행선지이고, exampleTopic은 토픽 타입의 행선지다. 이번 실습에서는 exampleQueue만 사용한다.

## C.2. 이클립스로 MessageDrivenBeanExample EJB 만들기

exampleQueue에 메시지가 도착하면 도착한 메시지를 받아 JBoss 콘솔에 메시지 내용을 보여주는 메시지-드리븐 빈을 만들어보자.

우선 New ⇨ EJB Project를 선택해서 EJB Project를 만든다. Project Name은 MessageDrivenBeanExample로 한다. 참고로 이클립스에서 EJB Project를 만들면 JAR 파일로 배포된다. 해당 프로젝트를 선택하고 마우스 오른쪽 버튼을 클릭한 후 New ⇨ Others ⇨ EJB3 Message Driven Bean을 차례로 선택하고 Next 버튼을 누른다.

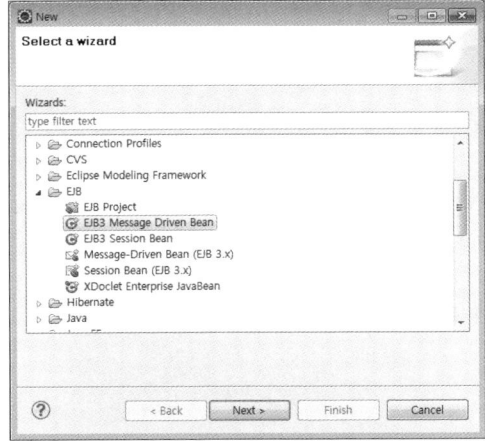

그림 C-1 | EJB3 Message Driven Bean 생성 마법사

Package에는 com.jbossnotebook.jms를, Name에는 MessageConsumer를 입력한 다음 Finish 버튼을 누른다.

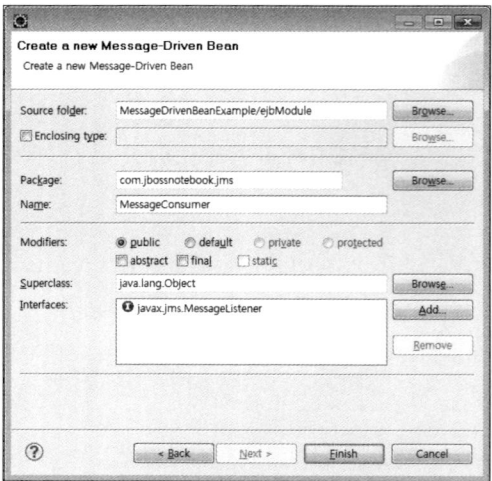

그림 C-2 | 신규 메시지 드리븐 빈의 생성

com.jbossnotebook.jms 패키지를 열어보면 javax.jms.MessageListener 인터페이스를 구현하는 MessageConsumer.java 파일이 생성된 것을 확인할 수 있다. 이 파일을 열고 다음과 같이 작성한다.

```
package com.jbossnotebook.jms;

import javax.jms.JMSException;
import javax.jms.Message;
import javax.jms.MessageListener;
import javax.jms.TextMessage;
import javax.ejb.ActivationConfigProperty;
import javax.ejb.MessageDriven;

@MessageDriven(activationConfig =
{
    @ActivationConfigProperty(propertyName="destinationType",
propertyValue="javax.jms.Queue"),
    @ActivationConfigProperty(propertyName="destination",
propertyValue="queue/exampleQueue")
})

public class MessageConsumer implements MessageListener {

    public void onMessage(Message msg) {
```

```
        TextMessage text = (TextMessage)msg;

        try {
            System.out.println("Received Message is " + text.getText());
        } catch (JMSException e) {
            e.printStackTrace();
        }

    }

}
```

@MessageDriven이라는 어노테이션으로 이 클래스가 메시지 드리븐 빈이라는 것을 명시했으며, 행선지 타입은 Queue이고, 메시지를 받을 행선지는 sample-destinations-service.xml에서 정의한 exampleQueue로 지정돼 있다.

MessageListener 인터페이스를 구현하는 클래스는 onMessage 메서드를 구현해야 하는데, 이 메서드는 JBoss가 exampleQueue에 메시지가 도착하면 msg 인자에 도착한 메시지를 넣어 onMessage를 호출해 준다. 결국 MessageConsumer라는 메시지 드리븐 빈은 exampleQueue의 메시지 consumer가 된다.

## C.3. 이클립스로 MessageDrivenBeanExampleWeb 웹 애플리케이션 만들기

앞서 메시지의 소비자를 메시지-드리븐 빈으로 만들었고, 이제는 메시지의 생산자를 만들 차례다. 이클립스에서 **New ⇨ Dynamic Web Project**를 선택해서 새 프로젝트를 만들고, Project Name은 MessageDrivenBeanExampleWeb이라고 하자.

해당 프로젝트를 선택한 후 마우스 오른쪽 버튼을 클릭하고 **New ⇨ Servlet**을 선택해 패키지는 com.jbossnotebook.jms이고 이름이 actionServlet인 서블릿을 생성한다. 그리고 나서 다음과 같이 메시지를 생성하는 내용을 작성한다.

```
package com.jbossnotebook.jms;
```

```java
import java.io.IOException;
import java.util.Properties;

import javax.jms.Connection;
import javax.jms.ConnectionFactory;
import javax.jms.JMSException;
import javax.jms.MessageProducer;
import javax.jms.Queue;
import javax.jms.Session;
import javax.jms.TextMessage;
import javax.naming.Context;
import javax.servlet.RequestDispatcher;
import javax.servlet.ServletException;
import javax.servlet.http.HttpServlet;
import javax.servlet.http.HttpServletRequest;
import javax.servlet.http.HttpServletResponse;

public class actionServlet extends HttpServlet {
    private static final long serialVersionUID = 1L;

    public actionServlet() {
        super();
    }

    protected void doGet(HttpServletRequest request, HttpServletResponse response) throws ServletException, IOException {
        String action=request.getParameter("op");

        System.out.println("Action is "+action);
        String forward = "/sendMessage.jsp";

        if (action.equals("sendMessage")) {
            forward = sendMessage(request);
        }

        RequestDispatcher dispatcher = getServletContext().getRequestDispatcher(forward);
        dispatcher.forward(request,response);
    }

    private String sendMessage(HttpServletRequest request) {
```

```java
        String myMessage = request.getParameter("myMessage");
        String destinationName = "queue/exampleQueue";

        Context ic = null;
        ConnectionFactory cf = null;
        Connection connection =  null;

        try {

            Properties p = new Properties( );
            p.put(Context.INITIAL_CONTEXT_FACTORY, "org.jnp.interfaces.NamingContextFactory");
            p.put(Context.URL_PKG_PREFIXES, "org.jboss.naming:org.jnp.interfaces");
            p.put(Context.PROVIDER_URL, "jnp://localhost:1099");
            ic = new javax.naming.InitialContext(p);

            cf = (ConnectionFactory)ic.lookup("/ConnectionFactory");
            Queue queue = (Queue)ic.lookup(destinationName);

            connection = cf.createConnection();
            Session session = connection.createSession(false, Session.AUTO_ACKNOWLEDGE);
            MessageProducer sender = session.createProducer(queue);

            TextMessage message = session.createTextMessage(myMessage);
            sender.send(message);

            System.out.println("The message was successfully sent to the " + queue.getQueueName() + " queue");


        }catch(Exception e){
            e.printStackTrace();

        }finally{

            if(ic != null) {
                try {
                    ic.close();
                }catch(Exception ignore){ }
            }
```

```
            try {
                if (connection != null) {
                    connection.close();
                }

            }catch(JMSException jmse) {
                System.out.println("Could not close connection " + connection
+" exception was " +jmse);
            }

        }
        return "/sendMessage.jsp";
    }

    protected void doPost(HttpServletRequest request, HttpServletResponse
response) throws ServletException, IOException {
        doGet(request,response);
    }

}
```

sendMessage 메서드를 살펴보자.

먼저 Properties 타입의 p에 JNDI 설정을 지정한 후 Context 타입의 ic를 통해 ConnectionFactory cf와 Queue 타입의 queue를 할당했다. 그러고 나서 cf를 통해 connection을 생성하고, connection을 통해 session을 만든다. session과 queue를 통해 MessageProducer인 sender를 생성하고, sender의 send 메서드를 통해 실제로 메시지를 전송한다.

이제 아래와 같이 index.jsp와 sendMessage.jsp를 작성하자.

`index.jsp`

```
<jsp:forward page="/sendMessage.jsp"/>
```

`sendMessage.jsp`

```
<%@ page contentType="text/html;charset=UTF-8" pageEncoding="UTF-8"%>
<!DOCTYPE html PUBLIC "-//W3C//DTD HTML 4.01 Transitional//EN" "http://www.
w3.org/TR/html4/loose.dtd">
<html>
<head>
```

```
<meta http-equiv="Content-Type" content="text/html; charset=ISO-8859-1">
</head>

<form action="actionServlet?op=sendMessage" method="post">
<fieldset><legend> 메시지를 입력하세요. </legend>
<input type="text" name="myMessage" size="100"><br />
</fieldset>
<input type="submit" value="전송"></form>
</html>
```

이제 애플리케이션 개발이 끝났다. JBoss에 MessageDrivenBeanExample과 MessageDrivenBeanExampleWeb을 배포한다.

## C.4. 테스트

웹 브라우저를 열고 http://localhost:8080/MessageDrivenBeanExampleWeb를 연다.

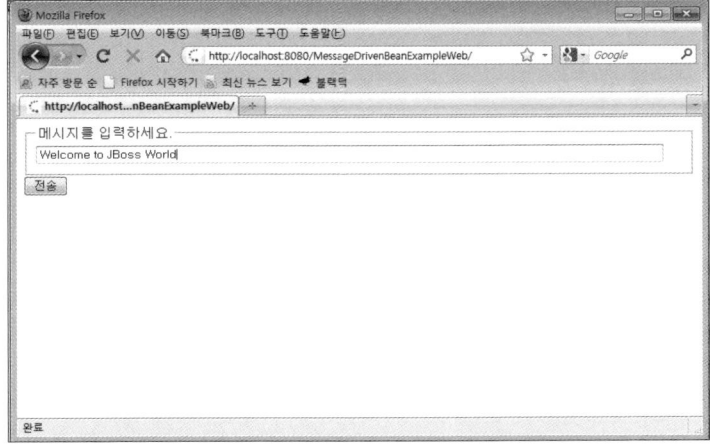

그림 C-3 | MessageDrivenBeanExampleWeb 화면

메시지 입력 필드에 적당한 메시지를 입력하고 전송 버튼을 누른다. JBoss의 콘솔을 살펴보면 아래와 같이 전송한 메시지가 나타나는 것을 볼 수 있다

```
13:02:17,075 INFO  [STDOUT] Received Message is Welcome to JBoss World
```

# 부록 D

# 웹서비스 예제 애플리케이션

웹 서비스는 플랫폼과 프로그래밍 언어에 상관없이 HTTP를 이용해 RPC(Remote Procedure Call) 등을 구현하는 표준이다. JBoss에서는 자바 5의 어노테이션과 클라이언트 툴을 이용해 쉽게 웹 서비스를 만들고 사용할 수 있다.

웹 서비스를 만드는 방식은 자바 클래스로부터 WSDL을 만드는 상향식(Bottom-Up)과 WSDL을 먼저 만들고 자바 클래스를 만드는 하향식(Top-Down)이 있는데, 이번 예제 애플리케이션에서는 자바 클래스를 먼저 만들고 WSDL을 만드는 상향식으로 구현한다.

## D.1. 이클립스로 WebServiceExampleWeb 웹 서비스 애플리케이션 만들기

웹 서비스를 만들려면 애플리케이션 자체가 웹 애플리케이션이어야 한다. 이클립스에서 File ⇨ New ⇨ Dynamic Web Project을 선택해서 Project name이 WebServiceExampleWeb인 프로젝트를 생성한다.

해당 프로젝트를 선택하고 마우스 오른쪽 버튼을 클릭한 후 New ⇨ Class를 선택해 com.jbossnotebook.webservice 패키지에 MathWebService를 만들고, 다음과 같이 웹 서비스 로직을 작성한다.

```
package com.jbossnotebook.webservice;

import javax.jws.WebMethod;
```

```
import javax.jws.WebParam;
import javax.jws.WebResult;
import javax.jws.WebService;
import javax.jws.soap.SOAPBinding;

@WebService(targetNamespace = "http://www.jbossnotebook.com/",
        serviceName = "MathService")
@SOAPBinding(style = SOAPBinding.Style.RPC)

public class MathWebService {

   @WebMethod
   @WebResult(name="result")
   public double addDouble(@WebParam(name="first") double first,
         @WebParam(name="second") double second) {
      return first + second;
   }
}
```

MathWebServie 클래스에는 두 개의 double 타입의 인자 값의 합계를 반환하는 addDouble() 메서드만 있다. 일반적인 자바 클래스에 @WebService라는 어노테이션을 명시해서 웹 서비스로 외부에 노출되게 한다. 서비스명은 MathService로 명시했다. 외부에서 웹 서비스로 접근 가능한 메서드에는 @WebMethod 어노테이션을 붙이고 반환값의 이름과 인자값의 이름은 각각 @WebResult와 @WebParam 어노테이션으로 설정한다.

웹 서비스로 동작할 수 있게 web.xml 파일을 편집해서 MathService 서블릿을 아래와 같이 등록한다.

```
<?xml version="1.0" encoding="UTF-8"?>
<web-app xmlns:xsi="http://www.w3.org/2001/XMLSchema-instance"
xmlns="http://java.sun.com/xml/ns/javaee" xmlns:web="http://java.sun.com/
xml/ns/javaee/web-app_2_5.xsd" xsi:schemaLocation="http://java.sun.com/xml/
ns/javaee http://java.sun.com/xml/ns/javaee/web-app_2_5.xsd" id="WebApp_ID"
version="2.5">
  <display-name>WebServciceExampleWeb</display-name>
  <welcome-file-list>
    <welcome-file>index.html</welcome-file>
    <welcome-file>index.htm</welcome-file>
    <welcome-file>index.jsp</welcome-file>
```

```
      <welcome-file>default.html</welcome-file>
      <welcome-file>default.htm</welcome-file>
      <welcome-file>default.jsp</welcome-file>
   </welcome-file-list>
   <servlet>
      <servlet-name>MathService</servlet-name>
      <servlet-class>com.jbossnotebook.webservice.MathWebService</servlet-class>
   </servlet>
   <servlet-mapping>
      <servlet-name>MathService</servlet-name>
      <url-pattern>/MathService</url-pattern>
   </servlet-mapping>
</web-app>
```

## D.2. 웹 서비스 올리기

이제 웹 서비스를 위한 애플리케이션 개발이 완료됐다. JBoss에 WebService ExampleWeb을 배포한다. 배포가 되고 나면 웹 브라우저로 http://localhost:8080/jbossws를 열면 JBossWS 애플리케이션이 나타난다.

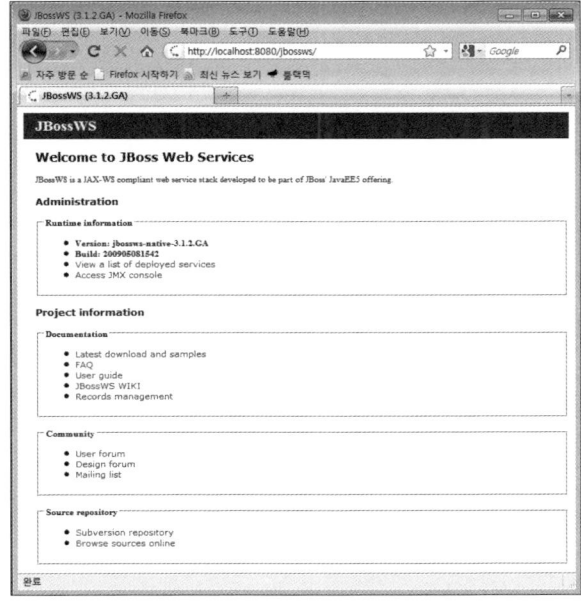

그림 D-1 | jbossws 애플리케이션

JBossWS 애플리케이션에서 Runtime information 그룹 박스의 View a list of deployed services를 클릭한다.

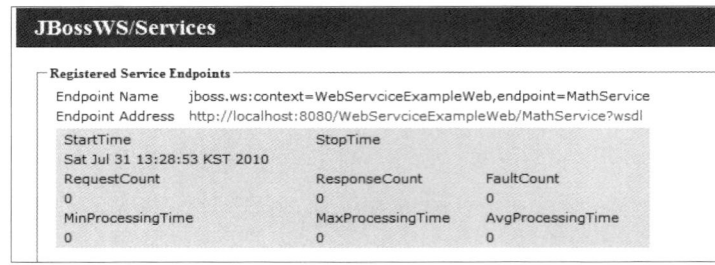

그림 D-2 | jbossws에서 MathService 확인

우리가 만든 웹 서비스가 등록돼 있음을 확인할 수 있다.

이번에는 종점주소(Endpoint Address)인 http://localhost:8080/WebServiceExampleWeb/MathService?wsdl를 클릭해보자. 앞에서 만든 웹 서비스의 WSDL 파일이 JBoss에 의해 자동으로 만들어져 등록돼 있음을 확인할 수 있다.

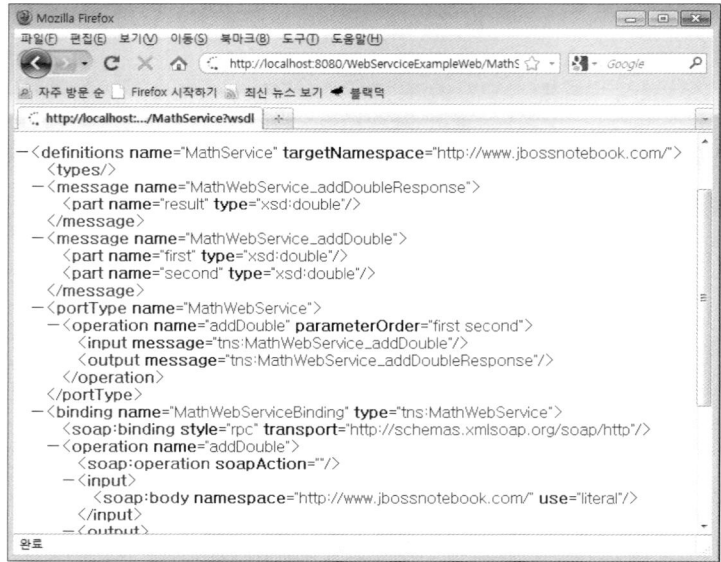

그림 D-3 | MathService의 wsdl

## D.3. 클라이언트 웹 애플리케이션 만들기

이제 우리가 만든 웹 서비스를 사용하는 웹 서비스 클라이언트를 웹 애플리케이션으로 만들어보자.

우선 New ⇨ Dynamic Web Project를 선택해서 Project name이 WebService ExampleClientWeb인 프로젝트를 생성한다. JBoss는 웹 서비스 클라이언트 애플리케이션을 쉽게 만들 수 있는 wsconsume와 wsprovide와 같은 툴들을 제공한다. wsprovide는 WSDL 파일을 생성하는 툴이고, wsconsume은 웹 서비스 클라이언트 자바 파일을 만들어주는 툴이다. 해당 툴들은 JBoss 홈 디렉터리 아래의 bin 디렉터리에 있다.

명령 프롬프트를 열고 bin 디렉터리로 이동한 후 다음과 같이 wsconsume을 실행한다.

-o 옵션은 Java 파일이 생성될 위치를 나타내므로 이클립스의 workspace내 저장될 위치에 맞게 조정하면 된다(다음 wsconsume 명령어를 실행하려면 JDK 1.5 이상이 설치된 디렉터리가 JAVA_HOME으로 설정돼 있어야 하고, 앞에서 만든 웹 서비스가 실행 중이어야 함).

```
\bin> wsconsume -k -p com.jbossnotebook.webserviceclient -o C:\book\
workspace\WebServiceExampleClientWeb\src http://localhost:8080/
WebServiceExampleWeb/MathService?wsdl
```

위 명령을 실행하면 WebServiceExampleClientWeb\src\com\jbossnotebook\webserviceclient 디렉터리에 다음과 같이 MathService.java 파일과 MathWebService.java 파일이 생성된다.

`MathService.java`

```
package com.jbossnotebook.webserviceclient;

import java.net.MalformedURLException;
import java.net.URL;
import java.util.logging.Logger;
import javax.xml.namespace.QName;
```

```java
import javax.xml.ws.Service;
import javax.xml.ws.WebEndpoint;
import javax.xml.ws.WebServiceClient;


/**
 * This class was generated by the JAX-WS RI.
 * JAX-WS RI 2.1.3-b02-
 * Generated source version: 2.0
 *
 */
@WebServiceClient(name = "MathService", targetNamespace = "http://
www.jbossnotebook.com/", wsdlLocation = "http://localhost:8080/
WebServiceExampleWeb/MathService?wsdl")
public class MathService
    extends Service
{

    private final static URL MATHSERVICE_WSDL_LOCATION;
    private final static Logger logger = Logger.getLogger(com.jbossnotebook.
webserviceclient.MathService.class.getName());

    static {
        URL url = null;
        try {
            URL baseUrl;
            baseUrl = com.jbossnotebook.webserviceclient.MathService.class.
getResource(".");
            url = new URL(baseUrl, "http://localhost:8080/
WebServiceExampleWeb/MathService?wsdl");
        } catch (MalformedURLException e) {
            logger.warning("Failed to create URL for the wsdl Location: 
'http://localhost:8080/WebServiceExampleWeb/MathService?wsdl', retrying as 
a local file");
            logger.warning(e.getMessage());
        }
        MATHSERVICE_WSDL_LOCATION = url;
    }

    public MathService(URL wsdlLocation, QName serviceName) {
        super(wsdlLocation, serviceName);
    }
```

```java
    public MathService() {
        super(MATHSERVICE_WSDL_LOCATION, new QName("http://www.jbossnotebook.com/", "MathService"));
    }

    /**
     *
     * @return
     *     returns MathWebService
     */
    @WebEndpoint(name = "MathWebServicePort")
    public MathWebService getMathWebServicePort() {
        return super.getPort(new QName("http://www.jbossnotebook.com/", "MathWebServicePort"), MathWebService.class);
    }

}
```

## MathWebService.java

```java
package com.jbossnotebook.webserviceclient;

import javax.jws.WebMethod;
import javax.jws.WebParam;
import javax.jws.WebResult;
import javax.jws.WebService;
import javax.jws.soap.SOAPBinding;


/**
 * This class was generated by the JAX-WS RI.
 * JAX-WS RI 2.1.3-b02-
 * Generated source version: 2.0
 *
 */
@WebService(name = "MathWebService", targetNamespace = "http://www.jbossnotebook.com/")
@SOAPBinding(style = SOAPBinding.Style.RPC)
public interface MathWebService {


    /**
```

```
     *
     * @param second
     * @param first
     * @return
     *     returns double
     */
    @WebMethod
    @WebResult(name = "result", partName = "result")
    public double addDouble(
        @WebParam(name = "first", partName = "first")
        double first,
        @WebParam(name = "second", partName = "second")
        double second);

}
```

이제 MathService 클래스와 MathWebService 인터페이스를 사용해서 웹 서비스를 호출하는 actionServlet을 작성해보자. 프로젝트에서 마우스 오른쪽 버튼을 클릭한 후 New ▷ Servlet을 선택하고, 패키지에는 com.jbossnotebook. webserviceclient를, 클래스 이름에는 actionServlet이라고 입력한다. 다음과 같이 actionServlet 내용을 채운다.

```
package com.jbossnotebook.webserviceclient;

import java.io.IOException;

import javax.servlet.RequestDispatcher;
import javax.servlet.ServletException;
import javax.servlet.http.HttpServlet;
import javax.servlet.http.HttpServletRequest;
import javax.servlet.http.HttpServletResponse;

public class actionServlet extends HttpServlet {
    private static final long serialVersionUID = 1L;

    public actionServlet() {
        super();
    }

    protected void doGet(HttpServletRequest request, HttpServletResponse
```

```
response) throws ServletException, IOException {

    String action=request.getParameter("op");

    System.out.println("Action is "+action);
    String forward = "/acdDouble.jsp";

    if (action.equals("acdDouble")) {
        forward = addDouble(request);
    }

    RequestDispatcher dispatcher = getServletContext().getRequestDispatcher(forward);
    dispatcher.forward(request,response);
}

private String addDouble(HttpServletRequest request) {
    double first = Double.parseDouble(request.getParameter("first"));
    double second = Double.parseDouble(request.getParameter("second"));

    MathService webServiceClient = new MathService();
    MathWebService webService = webServiceClient.getMathWebServicePort();

    double addresult = webService.addDouble(first, second);

    request.setAttribute("addresult", String.valueOf(addresult));

    return "/addDouble.jsp";
}

protected void doPost(HttpServletRequest request, HttpServletResponse response) throws ServletException, IOException {
    doGet(request,response);
}

}
```

addDouble() 메서드를 살펴보자. MathService 클래스를 생성하고 MathService 클래스의 getMathWebServicePort() 메서드를 호출해 웹 서비스의 인터페이스를 반환받고 이 인터페이스의 addDouble() 메서드를 호출하게 된다.

이제 actionServlet을 이용하는 index.jsp와 addDouble.jsp를 다음과 같이 작성한다.

`index.jsp`

```
<jsp:forward page="/addDouble.jsp?first=0&second=0"/>
```

`addDouble.jsp`

```
<%@ page contentType="text/html;charset=UTF-8" pageEncoding="UTF-8"%>
<%@ page
    import="javax.naming.*, org.hibernate.* "%>
<%@ taglib uri="http://java.sun.com/jsp/jstl/core" prefix="c"%>

<form name="module" action="actionServlet?op=addDouble" method="POST">
<fieldset><legend> Double 값을 입력하세요. </legend>
<label>First</label>
<input type="text" name="first" value=<%= request.getParameter("first") %> size="20">
<label>Second</label>
<input type="text" name="second" value=<%= request.getParameter("second") %> size="20">
<label>=</label>
<input type="text" name="addresult" value="${addresult}" size="20">
<br />
</fieldset>

<input type="submit" value="계산"></form>
```

웹 서비스를 테스트하기 위한 웹 애플리케이션 개발이 끝났다. JBoss에 WebServiceExampleClientWeb 애플리케이션을 배포한다.

## D.4. 테스트

웹 브라우저에서 http://localhost:8080/WebServiceExampleClientWeb/를 연다.

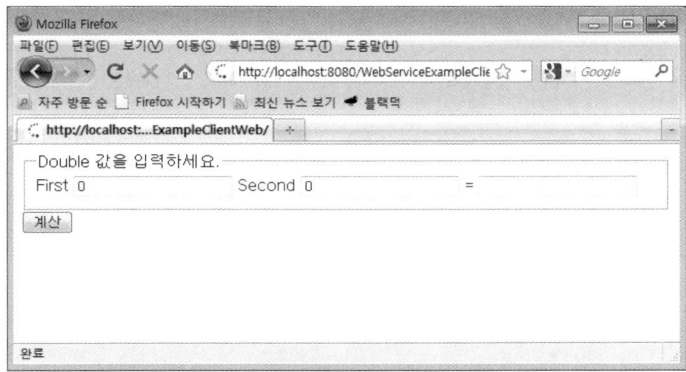

그림 D-4 ㅣ WebServiceExampleClientWeb 화면

First 항목과 Second 항목에 double 값을 입력하고 계산 버튼을 누르면 웹 서비스를 호출한 결과 값이 반환되어 맨 오른쪽 칸에 나타난다.

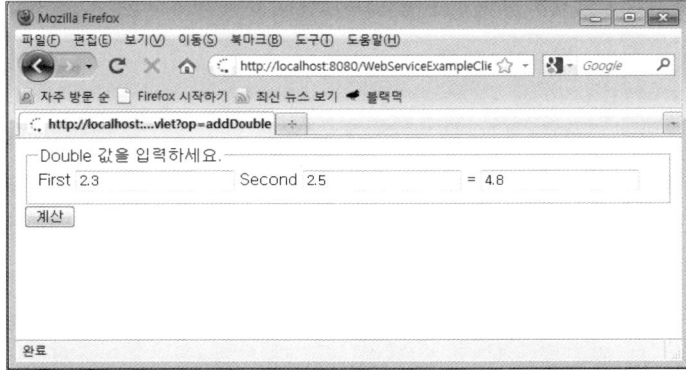

그림 D-5 ㅣ WebServiceExampleClientWeb 실행

# 부록 E

# UTF-8 인코딩

JBoss의 웹 컨테이너는 톰캣이며, 톰캣을 별도의 설정 없이 그대로 사용하면 JSP에서 서블릿으로 보내는 파라미터의 값이 한글 등 UTF-8 글자인 경우 모두 깨져서 전달된다. 이는 톰캣의 기본 인코딩이 ISO-8859-1이기 때문이다. 이 장에서는 테스트용 예제 웹 애플리케이션을 만들고 이를 해결하는 방법을 알아보자.

## E.1. 테스트 애플리케이션 개발하기

먼저 UTF-8로 된 파라미터 값이 깨지는 것을 확인하기 위해 간단한 웹 애플리케이션을 만들어 보겠다. 이클립스에서 New ⇨ Dynamic Web Project를 선택하고 프로젝트명은 UTF8ExampleWeb으로 한다.

다음과 같이 testUTF8.jsp 파일과 testUTF8_proc.jsp 파일을 WebContent 폴더에 만든다.

### testUTF8.jsp

```
<%@ page language="java" contentType="text/html; charset=UTF-8"
    pageEncoding="UTF-8"%>
<!DOCTYPE html PUBLIC "-//W3C//DTD HTML 4.01 Transitional//EN" "http://www.w3.org/TR/html4/loose.dtd">
<html>
<body>
GET<br/>
<form action="testUTF8_proc.jsp" method="get">
이름<input type="text" name="sname" /><br/>
전화번호<input type="text" name="stel" /><br/>
```

```
<input type="submit" value="OK" />
</form>
<br/><br/>
POST<br/>
<form action="testUTF8_proc.jsp" method="post">
이름<input type="text" name="sname" /><br/>
전화번호<input type="text" name="stel" /><br/>
<input type="submit" value="OK" />
</form>

<ul>
    <li>العربية</li>
    <li>Catala</li>
    <li>Česky</li>
    <li>Espanol</li>
    <li>Francais</li>
    <li>한국어</li>
    <li>תיברע</li>
    <li>フリー百科事典</li>
    <li>bokmal</li>
    <li>Portugues</li>
    <li>Русский</li>
    <li>Română</li>
    <li>Slovenčina</li>
    <li>Српски</li>
    <li>Turkce</li>
    <li>Українська</li>
    <li>Tiếng Việt</li>
    <li>Volapuk</li>
    <li>中文</li>
</ul>

</body>
</html>
```

**testUTF8_proc.jsp**

```
<%@ page language="java" contentType="text/html; charset=UTF-8"
    pageEncoding="UTF-8"%>
<%
    out.println("sname : " + request.getParameter("sname") + "<br/>");
    out.println("stel : " + request.getParameter("stel") + "<br/>");
%>
```

testUTF8.jsp에서는 GET 메서드로 파라미터를 보내는 폼과 POST 메서드로 파라미터를 보내는 폼이 있고, <li> 엘리먼트에는 UTF-8을 사용하는 다양한 언어가 나열돼 하고 있다. testUTF8_proc.jsp는 단순히 파라미터 값을 받아 화면에 표시하는 역할을 한다.

이제 UTF8ExampleWeb을 JBoss에 배포한 다음, 웹 브라우저로 http://localhost:8080/UTF8ExampleWeb/testUTF8.jsp를 열어보자.

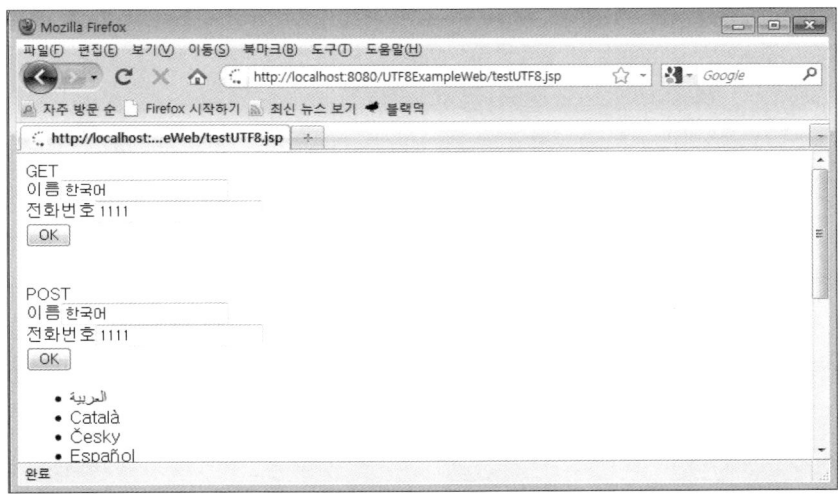

그림 E-1 | testUTF8.jsp 입력

화면이 열리면 GET의 이름 항목에 '한국어'라고 입력하고 전화번호에 숫자를 입력한 후 OK 버튼을 누른다. 그러면 GET 메서드로 파라미터가 testUTF8_proc.jsp로 전달되는데, 결과 화면에서는 다음 그림과 같이 '한국어'라는 글자가 깨진 상태로 나타난다.

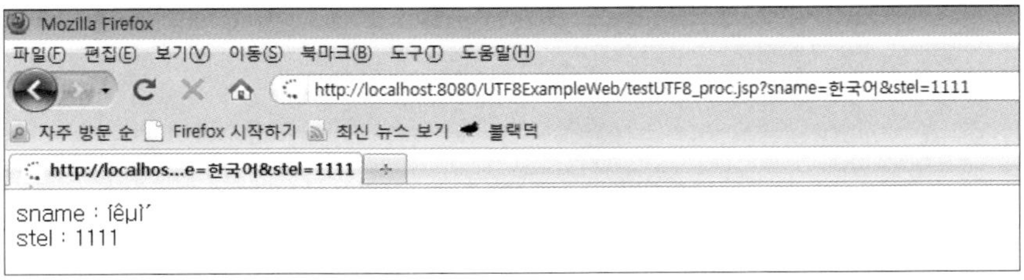

그림 E-2 | testUTF8.jsp GET 실행

그러면 이제 POST 메서드는 어떤지 알아보자. 다시 testUTF8.jsp를 열고 이번에는 POST 부분에 동일하게 입력하고 OK 버튼을 누른다. 역시 다음 그림과 같이 '한국어'라는 글자가 깨진 상태로 나타난다.

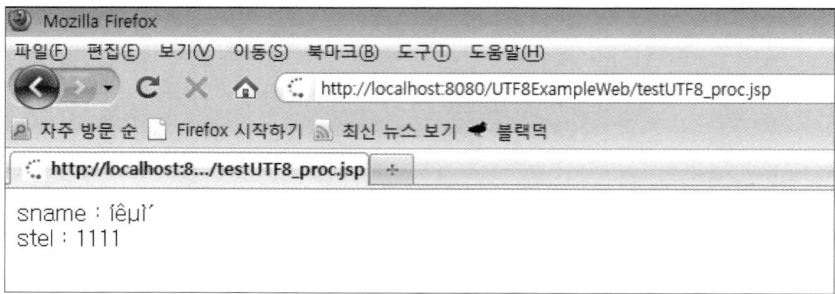

그림 E-3 | testUTF8.jsp POST 실행

## E.2. GET

GET 메서드로 전달되는 파라미터 값을 UTF-8로 인코딩하는 방법은 다음과 같다. JBoss의 Configuration 아래에 있는 deploy\jbossweb.sar 폴더를 보면 server.xml 파일이 있는데, 이 파일을 열고 다음과 같이 HTTP Connector에 URIEncoding을 UTF-8로 지정한다. Apache HTTP Server와 같은 다른 웹 서버가 JK모듈을 거쳐 AJP 통신이 이뤄지는 환경이라면 AJP Connector의 URIEncoding을 UTF-8로 설정하면 된다.

```
<Server>

<Listener className="org.apache.catalina.core.JasperListener" />
    <Service name="jboss.web">
      <!-- A HTTP/1.1 Connector on port 8080 -->
      <Connector protocol="HTTP/1.1"
          port="8080"
          address="${jboss.bind.address}"
              connectionTimeout="20000" redirectPort="8443"
URIEncoding="UTF-8" />

      <!-- A AJP 1.3 Connector on port 8009 -->
      <Connector protocol="AJP/1.3"
```

```
                port="8009" address="${jboss.bind.address}"
                redirectPort="8443" URIEncoding="UTF-8" />
```

이제 JBoss를 재시작한 후 testUTF8.jsp를 다시 실행해보자. 이제 아래와 같이 글자가 깨지지 않고 제대로 나타나는 것을 확인할 수 있다.

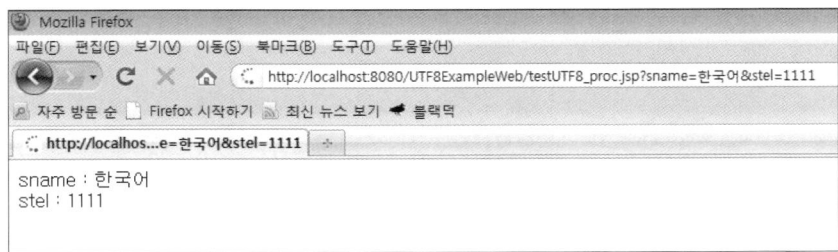

그림 E-4 | 변경 후 testUTF8.jsp GET 실행

하지만 POST 메서드는 여전히 한글이 깨지는 것을 확인할 수 있다.

## E.3. POST

이제 POST 메서드로 HTTP Request가 전달되는 경우의 파라미터 값의 인코딩이 UTF-8로 이뤄지게 하는 방법을 알아보자. POST 메서드에 대한 인코딩 처리는 GET 메서드 인코딩 처리보다 복잡하다. 먼저 인코딩 필터를 만든 다음, 요청이 오는 모든 페이지가 필터를 통해 한글 인코딩을 수행하게 해야 한다.

이클립스에서 해당 프로젝트를 선택하고 마우스 오른쪽 버튼을 클릭한 후 New ▷ Class를 선택해 filters 패키지에 SetCharacterEncodingFilter.java라는 파일을 작성한다.

```java
package filters;

import java.io.IOException;
import javax.servlet.Filter;
import javax.servlet.FilterChain;
import javax.servlet.FilterConfig;
import javax.servlet.ServletException;
import javax.servlet.ServletRequest;
import javax.servlet.ServletResponse;
```

```java
public class SetCharacterEncodingFilter implements Filter {
    protected String encoding = null;
    protected FilterConfig filterConfig = null;
    protected boolean ignore = true;

    public void destroy() {
        this.encoding = null;
        this.filterConfig = null;
    }

    public void doFilter(ServletRequest request, ServletResponse response,
  FilterChain chain)
        throws IOException, ServletException {
        // 사용될 character encoding의 선택과 설정
        if (ignore || (request.getCharacterEncoding() == null)) {
            String encoding = selectEncoding(request);
            if (encoding != null)
                request.setCharacterEncoding(encoding);
        }
        // 다음 필터로 제어권 전달
        chain.doFilter(request, response);
    }

    public void init(FilterConfig filterConfig) throws ServletException {
        this.filterConfig = filterConfig;
        this.encoding = filterConfig.getInitParameter("encoding");
        String value = filterConfig.getInitParameter("ignore");
        if (value == null)
            this.ignore = true;
        else if (value.equalsIgnoreCase("true"))
            this.ignore = true;
        else if (value.equalsIgnoreCase("yes"))
            this.ignore = true;
        else
            this.ignore = false;
    }

    protected String selectEncoding(ServletRequest request) {
        return (this.encoding);
    }
}
```

그리고 아래와 같이 web.xml 파일에 필터를 추가한다.

```xml
<?xml version="1.0" encoding="UTF-8"?>
<web-app xmlns:xsi="http://www.w3.org/2001/XMLSchema-instance"
xmlns="http://java.sun.com/xml/ns/javaee" xmlns:web="http://java.sun.com/
xml/ns/javaee/web-app_2_5.xsd" xsi:schemaLocation="http://java.sun.com/xml/
ns/javaee http://java.sun.com/xml/ns/javaee/web-app_2_5.xsd" id="WebApp_ID"
version="2.5">
  <display-name>UTF8ExampleWeb</display-name>
  <welcome-file-list>
    <welcome-file>index.html</welcome-file>
    <welcome-file>index.htm</welcome-file>
    <welcome-file>index.jsp</welcome-file>
    <welcome-file>default.html</welcome-file>
    <welcome-file>default.htm</welcome-file>
    <welcome-file>default.jsp</welcome-file>
  </welcome-file-list>

  <filter>
   <filter-name>Set Character Encoding</filter-name>
   <filter-class>filters.SetCharacterEncodingFilter</filter-class>
    <init-param>
        <param-name>encoding</param-name>
        <param-value>UTF-8</param-value>
    </init-param>
  </filter>
  <filter-mapping>
    <filter-name>Set Character Encoding</filter-name>
    <url-pattern>/*</url-pattern>
  </filter-mapping>

</web-app>
```

이제 다시 애플리케이션을 배포하고 웹 애플리케이션을 다시 테스트해보자. GET 메서드뿐 아니라 POST 메서드도 다음 그림과 같이 한글 처리가 제대로 되는 것을 확인할 수 있다.

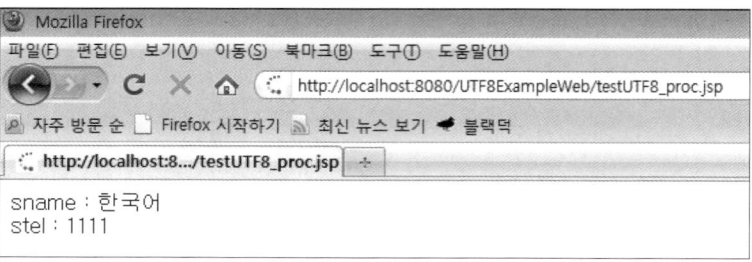

그림 E-5 | 변경 후 testUTF8.jsp POST 실행

# 부록 F

# 클래스 충돌 해결

윈도우 환경에서 애플리케이션을 개발해본 적이 있다면 DLL(Dynamic Link Library) Hell이라는 말을 들어본 적이 있을 것이다. 이와 유사하게 자바 개발 환경에서는 JAR(Java Archive) Hell이라는 말이 있다. 특히 WAS(Web Application Server) 환경에서 제공하는 다양한 jar 파일에 의해 런타임 시 발생하는 클래스 충돌 문제는 개발자들 사이에서 악명 높은 문제다. 실제로 JBoss 환경에서 개발할 때 발생하는 문제 중 상당수가 클래스 충돌로 일어나는 문제다. 이번 장에서는 JBoss 개발 환경에서 클래스 충돌이 발생하는 테스트용 애플리케이션을 만들어 클래스 충돌을 회피하는 방법과 충돌하는 클래스와 JAR 파일을 쉽게 발견하는 방법을 알아보고 JBoss에서 제공하는 클래스 공유 폴더의 클래스로딩 우선순위를 알아보자.

## F.1. 테스트 애플리케이션 작성

먼저 이클립스에서 New ⇨ Dynamic Web Project를 선택해서 ClassLoading ExampleWeb을 생성한다.

해당 프로젝트를 선택하고 마우스 오른쪽 버튼을 클릭한 후 New ⇨ Class를 차례로 선택해 다음과 같이 클래스를 두 개 만든다. 이때 패키지명은 org.apache. commons.logging로 설정한다.

**LogFactory.java**

```java
package org.apache.commons.logging;

public class LogFactory {

    public static Log getLog(Class clazz){
        return new Log();
    }
}
```

**Log.java**

```java
package org.apache.commons.logging;

public class Log {

    String suffix = "[/WEB-INF/classes]";


    public String toString(){

        return "ClassLoadingExampleWeb " + suffix;
    }

    public void info(Object msg) {
        System.out.println(msg.toString());
    }

}
```

해당 프로젝트를 선택하고 마우스 오른쪽 버튼을 클릭한 후 **New** ⇨ **Servlet** 을 선택해 아래와 같이 actionServlet.java를 생성한다.

```java
package com.jbossnotebook.classloading;

import java.io.IOException;
import javax.servlet.ServletException;
import javax.servlet.ServletOutputStream;
import javax.servlet.http.HttpServlet;
import javax.servlet.http.HttpServletRequest;
import javax.servlet.http.HttpServletResponse;
```

```java
import org.apache.commons.logging.Log;
import org.apache.commons.logging.LogFactory;

public class actionServlet extends HttpServlet {
    private static final long serialVersionUID = 1L;

    private Log log = LogFactory.getLog(actionServlet.class);

    public actionServlet() {
        super();
    }

    protected void doGet(HttpServletRequest request, HttpServletResponse response) throws ServletException, IOException {

        ServletOutputStream out = response.getOutputStream();
         response.setContentType("text/plain");
         out.println("You called me. Look at the log file.");

        log.info("...this is info log...");

        out.println(log.toString());
        out.println(getClassLoaderList(log));

    }

    private String getClassLoaderList(Object object) {

        ClassLoader loader = object.getClass().getClassLoader();
        String suffix = "class = " + object.getClass().getName() + "\r\n";

        while(loader != null){
            suffix = suffix + "class loader = " + loader.getClass().getName() + "\r\n";
            loader = loader.getParent();
        }

        return suffix;
    }

    protected void doPost(HttpServletRequest request, HttpServletResponse response) throws ServletException, IOException {
```

```
        doGet(request,response);
    }

}
```

그리고 아래와 같이 WebContent 폴더에 index.jsp를 만든다.

```
<jsp:forward page="/actionServlet"/>
```

JBoss에 ClassLoadingExampleWeb을 배포하고 웹 브라우저로 http://localhost:8080/ClassLoadingExampleWeb/를 연다. 그러면 아마 에러가 발생할 것이다. 이클립스의 콘솔 창을 보면 IncompatibleClassChangeError가 발생한 것을 알 수 있다.

```
13:01:51,454 INFO  [TomcatDeployment] deploy, ctxPath=/
ClassLoadingExampleWeb
13:03:20,376 ERROR [[actionServlet]] Servlet.service() for servlet
actionServlet threw exception
java.lang.IncompatibleClassChangeError: Found interface org.apache.commons.
logging.Log, but class was expected
    at com.jbossnotebook.classloading.actionServlet.doGet(actionServlet.
java:28)
(..생략..)
 org.apache.tomcat.util.net.JIoEndpoint$Worker.run(JIoEndpoint.java:447)
    at java.lang.Thread.run(Unknown Source)
```

JBoss는 org.apache.commons.logging.LogFactory 클래스와 org.apache.commons.logging.Log 인터페이스를 이미 제공하고 있는데, 동일한 이름의 클래스를 사용한 탓에 클래스 충돌이 발생한 것이다.

클래스 충돌을 피하는 가장 좋은 방법은 우리가 만든 클래스들의 패키지를 org.apache.commons.logging2으로 바꾼 다음 다시 배포하는 것이다. 그러면 다음 그림과 같이 정상적으로 동작한다.

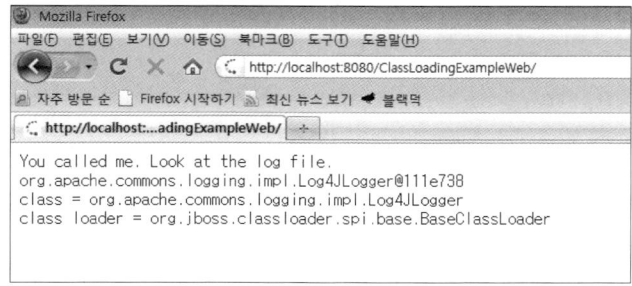

그림 F-1 | ClassLoadingExampleWeb 화면

또 다른 방법은 우리가 만든 애플리케이션의 클래스들을 먼저 참조하게 하는 것으로, WebContent/WEB-INF 폴더에 다음과 같이 jboss-classloading.xml 파일을 작성한다.

```
<classloading xmlns="urn:jboss:classloading:1.0"
              name="MyWebApp.war"
              domain="MyWebAppWar"
              parent-first="false">
</classloading>
```

위 코드에서 name과 domain에는 JBoss 전체에서 고유한 값을 지정하면 된다. parent-first를 false로 하면 이미 동일한 이름의 클래스가 로딩돼 있더라도 해당 애플리케이션에 포함된 클래스를 로딩해서 사용하게 된다. 다시 배포하면 다음과 같이 정상적으로 동작하는 것을 볼 수 있다.

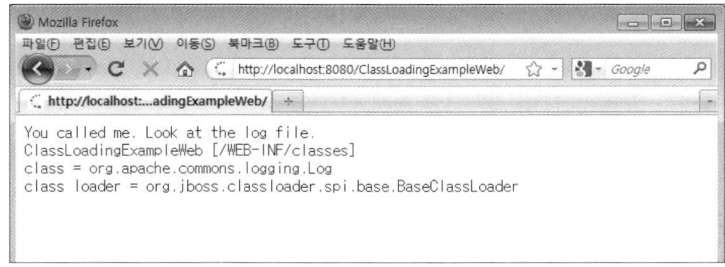

그림 F-2 | 클래스 로딩 설정을 변경한 후의 ClassLoadingExampleWeb 화면

실제로 웹 애플리케이션에서 다양한 JAR 파일들을 WEB-INF/lib에 두고 개발하는 경우가 많다. 그럼 에러가 발생할 때 어떤 JAR 파일이 문제를 일으키는지 어떻게 효율적으로 찾을 수 있을까? 다음 절에서는 JBoss에서 오픈소스 소프트

웨어로 제공하는 툴을 사용해 충돌하는 클래스나 JAR 파일을 좀 더 효율적으로 찾는 방법을 알아보자.

## F.2. Tattletale

JBoss 프로젝트 중의 하나인 tattletale은 http://jboss.org/tattletale에서 내려 받을 수 있다. 이 툴을 활용하면 동일한 클래스가 여러 JAR 파일에 있는지 파악할 수 있다.

우선 해당 사이트에서 tattletale을 내려 받는다. 설치 방법은 간단한데, 내려 받은 파일(jboss-tattletale-1.1.0.Final.zip)을 적당한 폴더에 압축을 풀기만 하면 된다.

tattletale을 구동하려면 명령행에서 java –jar tattletale.jar [소스폴더] [출력폴더] 형식으로 tattletale.jar 파일을 실행하면 된다.

```
C:\> set RUN_DIR=jboss-tattletale-1.1.0.Final
C:\> set OUTPUT_DIR=tattletale-output
C:\> set SOURCE_DIR=tattletale-input
C:\> java -jar %RUN_DIR%\tattletale.jar %SOURCE_DIR% %OUTPUT_DIR%
```

위와 같이 명령을 실행하고 나서 tattletale-out 폴더에 생기는 index.html 파일을 웹 브라우저로 열어보면 리포트를 볼 수 있다.

테스트 삼아 ClassLoadingExampleWeb.war의 WebContent/WEB-INF/lib 폴더에 먼저 log4j-1.2.14.jar 파일을 넣어 둔다. 리포트에서 JAR 파일의 위치를 추적하기 쉽게 tattletale-input 폴더를 생성하고, 그 아래에 ClassLoadingExampleWeb.war 폴더와 jboss-5.1.0.GA 폴더를 함께 복사해 넣은 다음 tattletale.jar를 실행하고 tattletale-output 폴더의 index.html을 열어 보자.

# F 클래스 충돌 해결 | 245

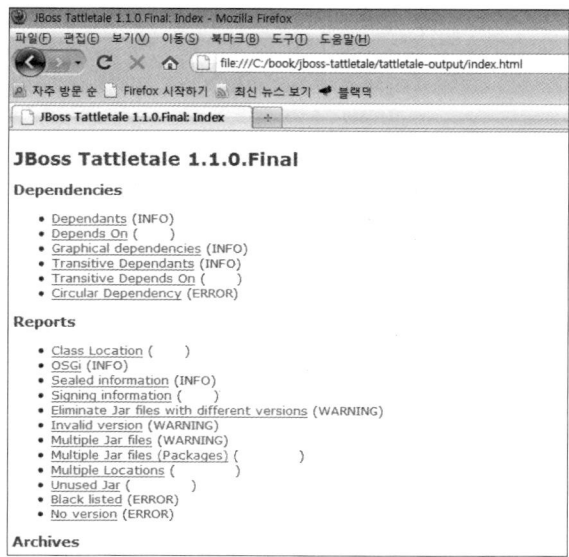

그림 F-3 | JBoss Tattletale index.html 화면

Multiple Jar files 메뉴를 클릭하면 동일한 클래스가 여러 JAR 파일에 있을 때 아래 그림과 같이 목록으로 표시된다.

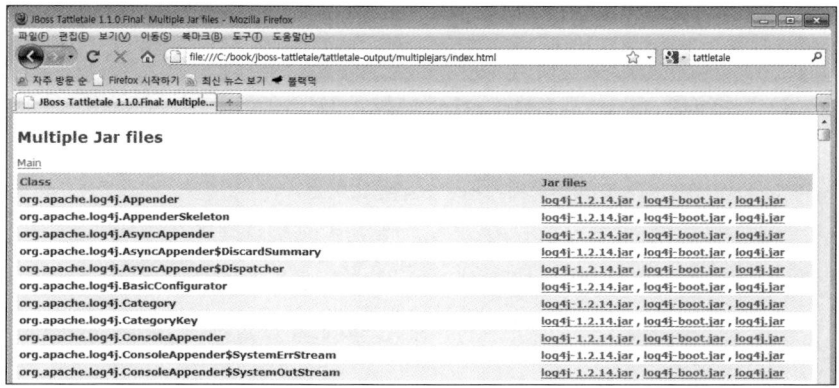

그림 F-4 | 중복되는 JAR 파일들

위의 그림에서 볼 수 있듯이 org.apache.log4j.Appender 등 다수의 클래스가 log4j-1.2.14.jar, log4j-boot.jar, log4j.jar 파일에 중복돼 있음을 알 수 있다. 여기

서 각 파일명을 클릭하면 해당 파일의 위치를 알 수 있다. 이를 통해 log4j-1.2.14. jar 파일이 JBoss가 제공하는 log4j-boot.jar 파일 및 log4j.jar과 충돌한다는 것을 쉽게 추적할 수 있다.

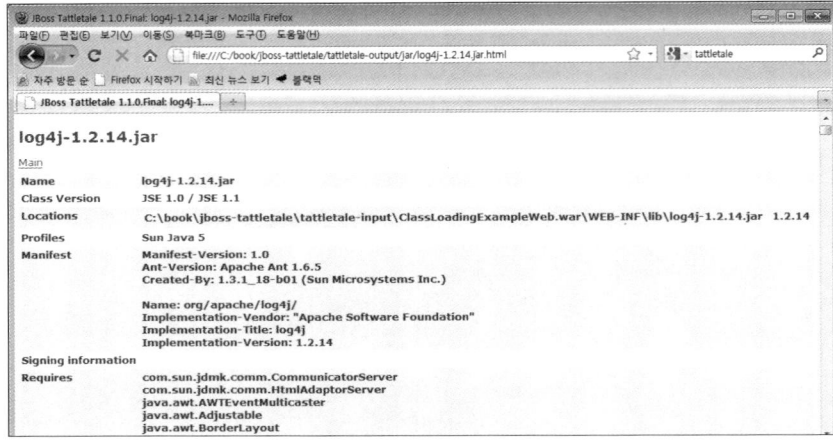

그림 F-5 | log4j-1.2.14.jar

참고로 index.html의 Multiple Locations 메뉴는 동일한 JAR 파일명이 하나 이상의 폴더에 존재하는 경우 각 JAR 파일이 어떤 폴더에 존재하는지 보여준다.

## F.3. 클래스로딩 우선순위

클래스명(full class name, 즉 **패키지명+클래스 이름**)이 동일한 클래스가 여러 곳에 존재할 경우 웹 애플리케이션에서 어느 클래스에 접근할 수 있는지를 다음과 같은 방법으로 알 수 있다. 동일 클래스가 여러 위치에 존재하는 경우 번호가 낮은 클래스에 우선적으로 접근한다(여기서는 default 구성에 웹 애플리케이션이 배포된다고 가정)

1. 웹 애플리케이션의 WEB-INF/classes 폴더에 있는 클래스
2. 웹 애플리케이션의 WEB-INF/lib 폴더의 JAR 파일에 있는 클래스
3. JBOSS_HOME/server/default/lib 폴더의 JAR 파일에 있는 클래스
4. JBOSS_HOME/common/lib 폴더의 JAR 파일에 있는 클래스
5. JBOSS_HOME/server/default/deploy 폴더의 JAR 파일에 있는 클래스

하지만 JBOSS_HOME/lib 폴더나 JBOSS_HOME/client 폴더에 넣어둔 JAR 파일에는 접근할 수 없으며, WAR 파일 간에는 서로 내부에 있는 클래스에 접근할 수 없다.

예를 들어, 앞에서 만든 예제 웹 애플리케이션의 org.apache.commons.logging2 패키지를 logging2.jar 파일로 만든 다음, 웹 애플리케이션에서는 없애고 해당 파일을 JBOSS_HOME/server/default/lib 폴더와 JBOSS_HOME/common/lib 폴더에 각각 복사해 넣으면 어떻게 될까? 이 경우 예제 웹 애플리케이션의 actionServlet 클래스에서 접근하는 클래스는 JBOSS_HOME/server/default/lib의 logging2.jar 파일에 들어 있는 클래스가 된다.

참고로 웹 애플리케이션의 WEB-INF/lib 폴더에 있는 JAR 파일들이 동일한 클래스를 갖고 있다면 JAR 파일명의 알파벳 순서에 의해 먼저 읽혀지는 JAR 파일에 있는 클래스에 접근하게 된다.

# 부록 G

# 마이그레이션 사례

JBoss의 도입은 신규 프로젝트에 적용하는 경우와 기존 서버를 대체 도입하는 경우를 고려해 볼 수 있다.

신규 프로젝트에 도입하는 경우 제품의 특성에 맞게 구성하고 운영하는 측면에 중점을 둔다면 기존 서버를 대체하는 경우에는 여기에 더해 기존 서버에서 운영되던 애플리케이션의 마이그레이션 및 마이그레이션 이후의 기능 및 성능, 안정성에 대한 확인과 변경된 제품에 맞는 환경설정이 중요하게 여겨진다. 특히 이러한 마이그레이션의 가능 여부 및 작업의 용이성, 소요 시간, 마이그레이션 후의 기능 및 성능상의 제약 여부는 제품의 도입 여부를 결정하는 중요한 요소로 작용한다.

본 부록에서는 웹스피어를 사용 중인 L사의 C시스템에 대한 마이그레이션 사례를 토대로 마이그레이션 과정에 대한 독자의 이해를 돕고자 한다.

## G.1. JBoss 설정

### 설치 환경

본 사례의 설치 환경은 아래와 같다.

| 구분 | 내용 |
| --- | --- |
| 대상 시스템 | 테스트 서버(2EA) |
| 운영체제 | IBM AIX 5.3 |

| 구분 | 내용 |
| --- | --- |
| WAS 소프트웨어 | JBoss [EAP] 4.3.0.GA_CP06 |
| 데이터베이스 | Oracle 10.2.0.4 |
| 부하테스트 도구 | LoadRunner |
| CPU | PowerPC_POWER4(1452 MHz) * 4 |
| 메모리 | 24G |
| 자바 버전 | java version "1.5.0"<br>Java(TM) 2 Runtime Environment, Standard Edition (build pap64devifx-20080906 (SR8a + IZ29767 + IZ30684 + IZ31214 + IZ31213))<br>IBM J9 VM (build 2.3, J2RE 1.5.0 IBM J9 2.3 AIX ppc64-64 j9vmap6423ifx-20080811 (JIT enabled)<br>J9VM - 20080809_21892_BHdSMr<br>JIT  - 20080620_1845_r8<br>GC   - 200806_19)<br>JCL  - 20080906 |

## 테스트 환경 구성

테스트를 위해 2대의 IBM 서버에 2대의 아파치 웹 서버와 4개의 JBoss 인스턴스를 구성했고, 각 아파치 웹 서버는 4개의 JBoss 인스턴스에 모두 접근할 수 있게 설정했다.

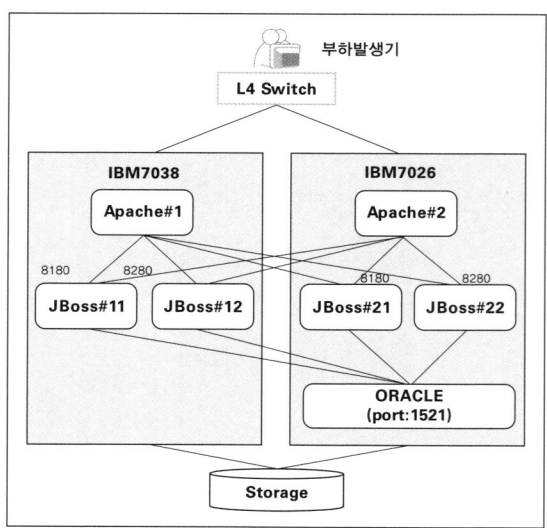

그림 G-1 ㅣ 테스트 환경 구성

| 구분 | H/W | HTTP | AJP | Application |
|---|---|---|---|---|
| bmtSrv11 | WAS1 | 8180 | 8109 | /svc/bmt/was/app |
| bmtSrv12 | WAS1 | 8280 | 8209 | /svc/bmt/was/app |
| bmtSrv21 | WAS2 | 8180 | 8109 | /svc/bmt/was/app |
| bmtSrv22 | WAS2 | 8280 | 8209 | /svc/bmt/was/app |

## JBoss 인스턴스 설정

JBoss는 jboss 사용자의 계정 디렉터리 아래의 /svc/bmt/was/jboss-eap-4.3 디렉터리에 설치하고, 인스턴스별 파일들은 /svc/bmt/was/jboss-eap-4.3/domains/bmtSrv11와 같이 /svc/bmt/was/jboss-eap-4.3/domains 하위 디렉터리에 구성했다.

```
+ /svc/bmt/was/jboss-eap-4.3              ← JBoss 설치 디렉터리
+ /svc/bmt/was/jboss-eap-4.3/domains      ← JBoss 인스턴스 모음 디렉터리
+ /svc/bmt/was/jboss-eap-4.3/domains/bmtSrv11  ← JBoss 인스턴스 디렉터리
+ /svc/bmt/was/app/bmtWebApp/XXX.ear      ← 사용자 애플리케이션 디렉터리
```

각 인스턴스 디렉터리는 다음과 같이 구성돼 있다.

```
+ bmtSrv11
    *.sh       ← JBoss 인스턴스를 시작/정지하는 셸 스크립트 파일
    +conf      ← JBoss 메인 구성 파일
    +deploy    ← JBoss 배포 디렉터리
    +lib       ← 서버가 구동될 때 로딩하는 정적 JAR 파일 디렉터리
    +data      ← 각 서비스에서 데이터를 저장하는 데 사용하는 디렉터리
    +log       ← JBoss 로그 파일 디렉터리
    +tmp       ← JBoss가 배포와 같은 작업에 사용하는 임시 디렉터리
```

## 셸 스크립트 설정

env.sh는 JBoss 인스턴스에 대한 기본 정보로 구성돼 있다.

```sh
#!/bin/sh

export JAVA_HOME=/usr/java5
export PATH=$JAVA_HOME/bin:$PATH
export JBOSS_HOME=/svc/bmt/was/jboss-eap-4.3/jboss-as
export SERVER_HOME=/svc/bmt/was/jboss-eap-4.3/domains
export SERVER_NAME=bmtSrv11
export PARTITION_NAME=bmtCluster
export MULTICAST_ADDR=228.1.1.1
export JBM_DC_PORT=11011
export JBM_CC_PORT=11021


echo "================================================"
echo "JBOSS_HOME=$JBOSS_HOME"
echo "SERVER_HOME=$SERVER_HOME"
echo "SERVER_NAME=$SERVER_NAME"
echo "================================================"
```

start.sh는 JBoss 인스턴스를 시작할 때 사용한다.

```sh
#!/bin/sh

DATE=`date +%Y%m%d%H%M%S`

. env.sh

PID=`ps -ef | grep java | grep "=$SERVER_NAME" | awk '{print $2}'`
echo $PID

if [ e$PID != "e" ]
then
    echo "JBoss SERVER - $SERVER_NAME is already RUNNING..."
    exit;
fi

UNAME=`id -u -n`
if [ e$UNAME != "ejboss" ]
then
    echo "Use jboss account to start JBoss SERVER - $SERVER_NAME..."
    exit;
```

```
fi

export LD_LIBRARY_PATH=$LD_LIBRARY_PATH:/usr/local/jboss/apache22/tomcat-
native/lib:/svc/bmt/was/app/bmtWebApp/XXX.ear/XXXWeb.war/WEB-INF/lib
export LIBPATH=$LD_LIBRARY_PATH

export JAVA_OPTS="-Dsun.rmi.dgc.client.gcInterval=3600000 -Dsun.rmi.dgc.
server.gcInterval=3600000 -Dsun.lang.ClassLoader.allowArraySyntax=true
-Djava.net.preferIPv4Stack=true -Dfile.encoding=KSC5601 "

export JAVA_OPTS="-server –Xms1024m –Xmx1024m -XX:MaxPermSize=256m $JAVA_
OPTS"
export JAVA_OPTS=" $JAVA_OPTS -Dlaf.home=/svc/bmt/was/app/DSMS/env "
export JAVA_OPTS=" $JAVA_OPTS -verbose:gc "
export JAVA_OPTS=" $JAVA_OPTS -Djboss.messaging.datachanneludpport=$JBM_DC_
PORT "
export JAVA_OPTS=" $JAVA_OPTS -Djboss.messaging.controlchanneludpport=$JBM_
CC_PORT "

mv $SERVER_NAME.out ./nohup/$SERVER_NAME.out$DATE
nohup $JBOSS_HOME/bin/run.sh -b 0.0.0.0 -Dserver=$SERVER_NAME -Djboss.
server.base.dir=$SERVER_HOME -Djboss.server.base.url=file://$SERVER_HOME -c
$SERVER_NAME -g $PARTITION_NAME -u $MULTICAST_ADDR >> $SERVER_NAME.out &


if [ e$1 = "enotail" ]
then
    echo "Starting... $SERVER_NAME"
    exit;
fi

tail -f $SERVER_NAME.out
```

stop.sh는 인스턴스를 종료할 때 사용한다. 한 장비에 여러 인스턴스를 구성할 경우 해당 인스턴스의 JNDI 포트 번호로 변경해야 한다.

```
#!/bin/sh

. ./env.sh

$JBOSS_HOME/bin/shutdown.sh -s jnp://localhost:1199 -u jboss -p jboss -S
```

kill.sh는 kill -9 명령으로 인스턴스를 즉시 종료할 때 사용한다.

```
#!/bin/sh

. ./env.sh

ps -ef | grep java | grep "=$SERVER_NAME " | awk {'print "kill -9 " $2'} | sh -x
```

dump.sh는 인스턴스가 느려지거나 JVM의 현재 상황을 보기 위한 스레드 덤프를 확보할 때 사용하는 스크립트다. 장애 상황이라면 5초 간격으로 3~5회를 실행한다.

```
#!/bin/sh

. ./env.sh

ps -ef | grep java | grep "$SERVER_NAME " | awk {'print "kill -3 " $2'} | sh -x
```

status.sh는 프로세스가 동작 중인지 체크하는 스크립트다.

```
#!/bin/sh

. ./env.sh

ps -ef | grep java | grep "=$SERVER_NAME "
```

tail.sh는 서버 로그를 확인하는 스크립트다.

```
#!/bin/sh

. ./env.sh

tail -f log/$SERVER_NAME.log
```

nohup.sh는 nohup 로그를 확인하는 스크립트이다.

```
#!/bin/sh
```

```
. ./env.sh

tail -f $SERVER_NAME.out
```

## 네트워크 포트 설정

같은 장비에서 여러 개의 JBoss 인스턴스를 구성하려면 port-binding.xml 파일을 사용하면 된다. 포트 바인딩 설정을 위해 /svc/bmt/was/jboss-eap-4.3/jboss-as/conf/port-binding.xml 파일을 추가하고, 각 인스턴스에서는 $SERVER_NAME/conf/jboss-services.xml 파일에서 포트 번호를 변경해야 한다.

```
$SERVER_HOME/$SERVER_NAME/conf/jboss-services.xml
    <mbean code="org.jboss.services.binding.ServiceBindingManager"
      name="jboss.system:service=ServiceBindingManager">
    <attribute name="ServerName">ports-01</attribute>
    <attribute name="StoreURL">
        ${jboss.home.url}/conf/port-bindings.xml
    </attribute>
    <attribute name="StoreFactoryClassName">
        org.jboss.services.binding.XMLServicesStoreFactory
    </attribute>
    </mbean>
```

포트 번호는 ports-01, ports-02, ports-03, ports-04, ports-05를 사용할 수 있다.

| Name | HTTP Port | AJP13 Port |
|---|---|---|
| ports-01 | 8180 | 8109 |
| ports-02 | 8280 | 8209 |
| ports-03 | 8380 | 8309 |
| ports-04 | 8480 | 8409 |
| ports-05 | 8580 | 8509 |

웹 서버와의 접속은 mod_jk의 AJP13 프로토콜을 통해 이뤄지는데, 웹 서버와 WAS 서버 사이에 방화벽이 있다면 AJP 포트(8109, 8209, 8309, 8409, 8509)를 웹 서버에서 WAS로 연결될 수 있게 설정해야 한다.

## JBoss 메시징 클러스터 설정

메시징 클러스터는 JBoss EAP 4.3의 메시징 기능을 사용할 때 해당하는 설정이다. JBoss 메시징을 클러스터 환경에서 사용하려면 각 인스턴스 마다 고유한 ServerPeerID를 설정해야 한다.

ServerPeerID를 변경하려면 $SERVER_NAME/deploy/jboss-messaging.sar/messaging-service.xml 파일의 아래 부분을 각 인스턴스마다 유일한 숫자 값으로 변경하면 된다.

```
<attribute name="ServerPeerID">
    ${jboss.messaging.ServerPeerID:1}
</attribute>
```

## JBoss Web 설정

JBoss와 아파치의 mod_jk을 연결하기 위해 $SERVER_NAME/deploy/jbossweb.deployer 디렉터리에 다음 설정을 추가했다. workers.properties 파일에 정의된 이름과 동일한 이름으로 server.xml 파일에 jvmRoute를 지정해야 한다. 예를 들어, workers.properties 파일에서 bmtSrv11이라고 지정했다면 $SERVER_NAME/deploy/jboss-web.deployer/server.xml 파일에서 다음과 같이 Engine 태그에 jvmRoute 속성을 bmtSrv11으로 지정해야 한다.

```
<Engine name="jboss.web" defaultHost="localhost" jvmRoute="bmtSrv11">
... ...
</Engine>
```

각 JBoss Tomcat 인스턴스가 mod_jk를 사용할 것인지, 즉 jvmRoute에 지정된 값을 세션 쿠키에 추가할 것인지를 지정하는 옵션이 UseJK 설정이다. $SERVER_NAME/deploy/jboss-web.deployer/META-INF/jboss-service.xml 파일의 UseJK를 true로 설정했다.

```
<attribute name="UseJK">true</attribute>
```

## 웹 애플리케이션 세션 복제

웹 애플리케이션의 HTTP 세션 복제를 설정하려면 web.xml 파일에 <distributable/>를 추가하면 된다.

```
<web-app ...>
    <distributable/>
    <!-- ... -->
</web-app>
```

## JBoss jmx-console 보안 설정

jmx-console과 web-console은 표준 서블릿 기반으로 작성돼 있으며, J2EE 역할 기반 보안 모델을 사용한다. 다음 디렉터리의 properties 파일을 이용해 보안을 설정할 수 있다.

```
$SERVER_NAME/conf/props/jmx-console-users.properties
# A sample users.properties file for use with the UsersRolesLoginModule
admin=admin
```

## JBoss web-console 보안 설정

$SERVER_NAME/deploy/management/console-mgr.sar/web-console.war/WEB-INF/classes/web-console-users.properties

```
# A sample users.properties file for use with the UsersRolesLoginModule
admin=admin
```

## HTTP 커넥션 스레드 최대값 설정

HTTP 연결에 대한 스레드 풀(Thread Pool)의 최댓값을 250으로 설정했으며, Encoding을 EUC-KR로 설정했다.

```
$SERVER_NAME/deploy/jboss-web.deployer/server.xml
<Connector port="8088" address="${jboss.bind.address}"
        maxThreads="250" maxHttpHeaderSize="8192"
```

```
                    minSpareThreads="25" maxSpareThreads="75"
                    emptySessionPath="true" protocol="HTTP/1.1"
                    enableLookups="false" redirectPort="8443" acceptCount="100"
                    connectionTimeout="20000" disableUploadTimeout="true"
                    URIEncoding="EUC-KR"/>
```

## 오라클 JDBC 드라이버 설치

오라클 연결을 위해 오라클용 JDBC 드라이버인 ojdbc14.jar 파일을 $SERVER_NAME/lib에 복사해 놓았다. 그러나 BMT 대상 시스템 웹 애플리케이션의 WEB-INF/lib 디렉터리에 이미 이전 버전의 오라클 JDBC 드라이버인 classes12.jar 파일이 들어 있는 탓에 ClassCastException이 발생했고, 이 파일을 제거했다. JBoss에서 데이터베이스 커넥션 풀을 제공하므로 $SERVER_NAME/lib에 JDBC 드라이버 파일이 있어야 한다.

## 예제 애플리케이션

구성한 모든 인스턴스에 세션 테스트를 위한 애플리케이션을 배포했다. 세션 추적을 테스트하기 위한 JSP 파일은 모든 요청에 대해 카운터 숫자를 하나씩 증가시키며, 각 세션 ID를 웹 페이지와 콘솔 로그에 출력하도록 작성했다.

```
<html>
  <head><title>Session Tracking Test</title>
</head>
    <body>
    <h1>Session Tracking Test</h1>
    Session tracking with JSP is easy
    <P>
<%@ page session="true" %>
<%
    // 세션 데이터 값 추출
    Integer ival = (Integer) session.getValue ("counter");
    if (ival == null) ival = new Integer (1);
    else ival = new Integer (ival.intValue() + 1);
    session.putValue ("counter", ival);
%>
    You have hit this page <%= ival %> times.<br>
<%
```

```
        out.println("Your Session ID is " + session.getId() +  "<br>");
        System.out.println("session=" + session.getId() + ", counter=" + ival);
%>
</body></html>
```

작성된 애플리케이션을 배포할 별도의 디렉터리를 지정하려면 jboss-service. xml 파일에 디렉터리를 추가하면 된다. 하위 디렉터리의 애플리케이션을 찾아 배포하려면 /으로 끝나도록 설정해야 한다. 각 인스턴스는 별도의 애플리케이션 디렉터리로 설정했다.

```
$SERVER_NAME/conf/jboss-service.xml
<attribute name="URLs">
    deploy/, /svc/bmt/was/app/bmtWebApp/
</attribute>
```

다양한 배포 옵션에 대해서는 아래 URL을 참고한다.

http://www.redhat.com/docs/manuals/jboss/jboss-eap-4.3/doc/Server_Configuration_Guide/html/Deployment.html

## G.2. 애플리케이션 마이그레이션

웹스피어 기반의 L사 C시스템에 대한 마이그레이션에는 총 1.5일이 소요됐으며, 이 과정에서 데이터소스, 웹 및 일반 애플리케이션, 서블릿 설정, 주요 라이브러리의 jar 파일 추가 및 삭제 등의 작업을 수행했다.

### 오라클 데이터소스 설정

```
/svc/bmt/was/app/bmtWebApp/JBOSSBMT-oracle-ds.xml
<?xml version="1.0" encoding="UTF-8"?>
<datasources>

   <local-tx-datasource>
       <jndi-name>jdbc/JBossDS</jndi-name>

       <connection-url>jdbc:oracle:thin:@165.244.235.85:1521:JBSBMT</connection-url>
```

```
            <driver-class>oracle.jdbc.driver.OracleDriver</driver-class>
            <user-name>XXX</user-name>
            <password>XXX</password>

            <min-pool-size>10</min-pool-size>
            <max-pool-size>150</max-pool-size>

            <share-prepared-statements>true</share-prepared-statements>
            <prepared-statement-cache-size>10</prepared-statement-cache-size>

            <valid-connection-checker-class-name>org.jboss.resource.adapter.jdbc.
vendor.OracleValidConnectionChecker</valid-connection-checker-class-name>
            <background-validation>true</background-validation>
            <background-validation-minutes>2</background-validation-minutes>

            <set-tx-query-timeout>true</set-tx-query-timeout>
            <query-timeout>600</query-timeout>

            <exception-sorter-class-name>
               org.jboss.resource.adapter.jdbc.vendor.OracleExceptionSorter
            </exception-sorter-class-name>
            <metadata>
                <type-mapping>Oracle9i</type-mapping>
            </metadata>

        </local-tx-datasource>

    </datasources>
```

## web.xml 설정 변경

데이터소스를 넘겨주는 설정을 추가했으며, 한글 처리를 위한 인코딩 필터를 추가해 EUC-KR로 변환되게 했다.

`/svc/bmt/was/app/bmtWebApp/XXX.ear/XXXWeb.war/WEB-INF/web.xml`

```
<?xml version="1.0" encoding="UTF-8"?>
<web-app id="WebApp_ID" version="2.4" xmlns="http://java.sun.com/xml/ns/
   j2ee" xmlns:xsi="http://www.w3.org/2001/XMLSchema-instance"
   xsi:schemaLocation="http://java.sun.com/xml/ns/j2ee http://java.sun.com/
   xml/ns/j2ee/web-app_2_4.xsd">
```

```xml
<display-name>
XXXWeb</display-name>
<welcome-file-list>
        <welcome-file>index.html</welcome-file>
        <welcome-file>index.htm</welcome-file>
        <welcome-file>index.jsp</welcome-file>
        <welcome-file>default.html</welcome-file>
        <welcome-file>default.htm</welcome-file>
        <welcome-file>default.jsp</welcome-file>
</welcome-file-list>

<error-page>
      <error-code>403</error-code>
      <location>/error/error403.jsp</location>
</error-page>
<error-page>
      <error-code>404</error-code>
      <location>/error/error404.jsp</location>
</error-page>
<error-page>
      <error-code>500</error-code>
      <location>/error/error500.jsp</location>
</error-page>
<error-page>
      <exception-type>java.lang.NullPointerException</exception-type>
      <location>/error/error.jsp</location>
</error-page>

<filter>
        <filter-name>Request Monitor Filter</filter-name>
        <filter-class>filters.RequestMonFilter</filter-class>
</filter>
   <filter-mapping>
        <filter-name>Request Monitor Filter</filter-name>
    <url-pattern>/*</url-pattern>
    </filter-mapping>

<filter>
   <filter-name>Set Character Encoding</filter-name>
   <filter-class>filters.SetCharacterEncodingFilter</filter-class>
   <init-param>
      <param-name>encoding</param-name>
```

```xml
            <param-value>EUC-KR</param-value>
        </init-param>
    </filter>
    <filter-mapping>
        <filter-name>Set Character Encoding</filter-name>
        <url-pattern>/*</url-pattern>
    </filter-mapping>

        <resource-ref>
            <res-ref-name>jdbc/JBossDS</res-ref-name>
            <res-type>javax.sql.DataSource</res-type>
            <res-auth>Container</res-auth>
        </resource-ref>
</web-app>
```

## jboss-web.xml 파일 설정

일반적인 웹 애플리케이션 배포 서술자인 web.xml과 달리 jboss-web.xml 파일은 jboss에 특화된 배포 서술자다. 이 파일에 데이터소스 설정과 컨텍스트 루트를 설정했다.

```
/svc/bmt/was/app/bmtWebApp/XXX.ear/XXXWeb.war/WEB-INF/jboss-web.xml
```

```xml
<jboss-web>
<context-root>/</context-root>
    <resource-ref>
        <res-ref-name>jdbc/JBossDS</res-ref-name>
        <jndi-name>java:jdbc/JBossDS</jndi-name>
    </resource-ref>
</jboss-web>
```

## 애플리케이션 설정 파일 변경

해당 애플리케이션에서 사용 중인 log4j 관련 설정 파일에서 SOCKET 관련 부분은 모두 주석으로 처리했다.

```
/svc/bmt/was/app/bmtWebApp/XXX.ear/XXXWeb.war/WEB-INF/classes/log4j.properties
```

```
log4j.rootCategory=WARN, CONSOL

#log4j.category.jsp=DEBUG, SOCKET
```

```
#log4j.category.sso=DEBUG, SOCKET
#log4j.category.TRACE=DEBUG, SOCKET
#log4j.category.org.apache.jsp=DEBUG, SOCKET
#log4j.category.com.cidow.wa.minisso=DEBUG, SOCKET


log4j.appender.CONSOL=org.apache.log4j.ConsoleAppender
log4j.appender.CONSOL.layout=org.apache.log4j.PatternLayout
log4j.appender.CONSOL.layout.ConversionPattern=%d [%t] %-5p %c %x - %m%n

#log4j.appender.SOCKET=org.apache.log4j.net.SocketAppender
#log4j.appender.SOCKET.RemoteHost=165.243.23.127
#log4j.appender.SOCKET.Port=4445
#log4j.appender.SOCKET.LocationInfo=true
```

## Invoker Servlet 설정

해당 애플리케이션은 web.xml 파일에 서블릿을 등록해서 사용하지 않고, 동적으로 서블릿을 로딩해 사용하고 있어 JBoss에서 Invoker Servlet을 사용하게끔 설정했다.

```
$SERVER_HOME/deploy/jboss-web.deployer/conf/web.xml
...

<servlet>
        <servlet-name>invoker</servlet-name>
        <servlet-class>
           org.apache.catalina.servlets.InvokerServlet
        </servlet-class>
        <init-param>
            <param-name>debug</param-name>
            <param-value>0</param-value>
        </init-param>
        <load-on-startup>2</load-on-startup>
    </servlet>
...

<!-- invoker servlet 매핑 -->
    <servlet-mapping>
        <servlet-name>invoker</servlet-name>
```

```
        <url-pattern>/servlet/*</url-pattern>
    </servlet-mapping>
```

$SERVER_HOME/deploy/jboss-web.deployer/context.xml

```
<!--이 파일의 컨텐츠는 각 웹 애플리케이션마다 로딩됨 -->
<Context cookies="true" crossContext="true" privileged="true">
    <!--세션에 대한 지속성은 기본으로 보존되지 않음. 웹 애플리케이션의 세션을
지속시키려면 pathname에 값을 지정해야 함:
    <Manager pathname="SESSIONS.ser" />

    하나의 웹 애플리케이션에 대해서만 세션 지속성을 부여하려면 WEB-INF/context.
xml을 추가해야 함
    -->
    <Manager pathname="" />

    <!--서블릿의 초기화와 종료 이벤트를 처리하기 위한 인스턴스 리스너의 설치.
    -->
    <InstanceListener>org.jboss.web.tomcat.security.RunAsListener</InstanceListener>

</Context>
```

## WEB-INF/lib에 들어 있는 JAR 파일의 추가 및 삭제

중복되어 불필요한 JAR 파일을 제거했으며, 추가적으로 필요한 JAR 파일을 추가했다. 추가 및 삭제된 파일 목록은 다음과 같다.

### 추가된 JAR 파일

- encodingfilter.jar
- libjRFC12.so
- librfccm.o
- libsapjcorfc.so
- sapjco.jar

삭제된 JAR 파일

- activation.jar.bak
- jaxp.jar.bak
- log4j-1.2.6.jar.bak
- xerces.jar.bak
- xmlParserAPIs.jar.bak
- ibmwebas.jar.bak
- libjRFC11.so.bak
- servlet.jar.bak
- xercesImpl.jar.bak
- xmlparserv2.jar.bak
- jCO.jar.bak
- libjvm.a.bak
- xalan.jar.bak
- xml-apis.jar.bak

## WEB-INF/classes의 하위 디렉터리 삭제

Web-INF/classes 디렉터리 아래에 존재하는 java의 디폴트 패키지인 java나 javax로 시작하는 디렉터리와 오라클 JDBC 드라이버를 풀어 놓은 oracle 디렉터리를 삭제했다.

삭제된 디렉터리

- java
- javax
- oracle

## 마이그레이션 시 발생한 에러 및 특이사항

### 에러1: UDP Network 오류

다음과 같이 자바 1.5의 IPv6가 기본값으로 사용되어 UDP 네트워크 오류가 발생했다.

```
13:42:36,581 WARN  [ServiceController] Problem starting service jboss.cache
:service=TomcatClusteringCache
org.jgroups.ChannelException: failed to start protocol stack
    at org.jgroups.JChannel.connect(JChannel.java:389)
    at org.jboss.cache.TreeCache.startService(TreeCache.java:1549)
    at org.jboss.cache.aop.PojoCache.startService(PojoCache.java:94)
(생략)


Caused by:
java.lang.Exception: exception caused by UDP.start()
    at org.jgroups.stack.Protocol.handleSpecialDownEvent(Protocol.java:582)
    at org.jgroups.stack.Protocol.receiveDownEvent(Protocol.java:496)
    at org.jgroups.stack.Protocol.passDown(Protocol.java:533)
    at org.jgroups.protocols.Discovery.down(Discovery.java:333)
    at org.jgroups.stack.Protocol.receiveDownEvent(Protocol.java:499)
    at org.jgroups.stack.Protocol.passDown(Protocol.java:533)
    at org.jgroups.protocols.MERGE2.down(MERGE2.java:207)
(생략)

    at org.jgroups.JChannel.connect(JChannel.java:386)
    ... 95 more
Caused by:
java.lang.Exception: problem creating sockets (bind_
addr=lgchmail05/165.244.235.85, mcast_addr=228.1.1.1:45577)
    at org.jgroups.protocols.UDP.start(UDP.java:379)
    at org.jgroups.stack.Protocol.handleSpecialDownEvent(Protocol.java:571)
    ... 136 more
Caused by:
java.net.SocketException: The socket name is not available on this system.
    at java.net.PlainDatagramSocketImpl.socketSetOption(Native Method)
    at java.net.PlainDatagramSocketImpl.setOption(PlainDatagramSocketImpl.java:347)
    at java.net.MulticastSocket.setInterface(MulticastSocket.java:443)
```

```
        at org.jgroups.protocols.UDP.createSockets(UDP.java:490)
        at org.jgroups.protocols.UDP.start(UDP.java:374)
        ... 137 more
```

**해결책**

시작 스크립트에 -Djava.net.preferIPv4Stack=true 설정을 추가해서 IPv4를 사용하게 했다.

## 에러2: 일부 한글이 깨지는 문제

서블릿 코드에서 HTML 파일을 읽어 처리하는 부분의 한글 인코딩이 맞지 않아 표시 내용 중 한글이 깨지는 문제가 발생했다.

`/svc/bmt/was/app/bmtWebApp/XXX.ear/XXXWeb.war/WEB-INF/classes/yyy/yyy002.java`

```java
public String toStr(String fil) throws IOException
    {
        File myFile = new File(fil);
        byte buf[] = new byte[(int)myFile.length()];
        FileInputStream i = rew FileInputStream(myFile);

        i.read(buf);
        i.close();

        return new String(buf, "KSC5601");
        //return new String(buf);
    }
```

**해결책**

위 예제 소스코드와 같이 인코딩 변경 로직을 추가했다.

## 에러3: 자동커밋(autocommit) 상태에서 롤백(Rollback) 시도

게시판에서 다음과 같은 오류 메시지가 표시된다.

```
Can't call rollback when autocommit=true
```

### 해결책

이 오류는 서블릿 코드에서 Autocommit이 true인 상태에서 commit()이나 rollback()을 실행하면 발생하는 오류로 해당 코드를 다음과 같이 수정했다.

/svc/bmt/was/app/bmtWebApp/XXX.ear/XXXWeb.war/WEB-INF/classes/AAA/BBSReadDB.java

```java
public Vector Method( String id,   String bid) throws SQLException,
    ClassNotFoundException  {

    String variable1 = "" ;
    String variable2   = "" ;
    String variable3 = "" ;
    String variable4 = "" ;
    Vector variable5 = null ;
    id =util.clearXSS(id, "");
    bid =util.clearXSS(bid, "");

    boolean bState = false;

    try {
        // 데이터베이스에 연결
        conn = ConnectionManager.getConnection() ;

        conn.setAutoCommit(false); //
        sql_state   = " UPDATE AAA SET A = A + 1 WHERE B = ? AND B = ? ";

        pstmt    = conn.prepareStatement(variable1) ;
```

/svc/bmt/was/app/bmtWebApp/XXX.ear/XXXWeb.war/WEB-INF/classes/AAA/Class.java

```java
public Vector Method( String id,   String bid) throws SQLException,
    ClassNotFoundException  {

    String variable1 = "" ;
    String variable2   = "" ;
    String variable3 = "" ;
    String variable4 = "" ;
    Vector variable5 = null ;
    boolean bState = false;
```

```
    if (id == null){
        id = "";
    } else {
        id =util.clearXSS(id, "");
    }

    if (bid == null){
        bid = "";
    } else {
        bid =util.clearXSS(bid, "");
    }

    try {
        // 데이터베이스에 연결
        conn = ConnectionManager.getConnection() ;
        conn.setAutoCommit(false);
        sql_state = " UPDATE TECOE SET coun_ter0=coun_ter0+1 WHERE id00_0000= ? ";
```

## G.3. 주요 기능의 개념 검증

다음과 같이 J2EE에 포함된 EJB3, JMS 등의 주요 기능과 ORM 프레임워크인 하이버네이트의 기능들을 테스트했다.

주요 테스트 항목별 결과는 다음과 같다.

| 테스트 항목 | 결과 |
| --- | --- |
| EJB 3 기능 테스트 | 정상 동작 |
| JMS 기능 테스트 | 정상 동작 |
| 하이버네이트 기능 테스트 | 정상 동작 |
| 분산 트랜잭션 기능 테스트 | 정상 동작 |
| 세션 클러스터 기능 테스트 | 정상 동작 |
| 실패극복(Fail-Over) 기능 테스트 | 정상 동작 |

## 테스트 환경 구성

테스트용 애플리케이션을 확인하기 위한 초기 페이지를 다음과 같이 구성했다.

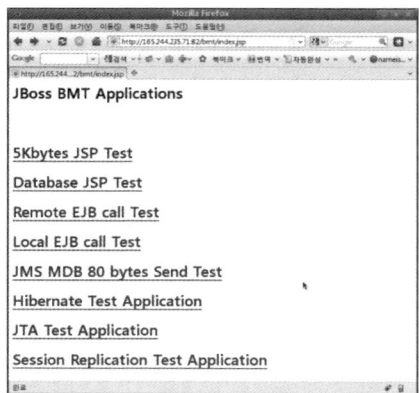

그림 G-2 | 초기 페이지

테스트용 애플리케이션 구성은 다음과 같다.

그림 G-3 | 테스트 애플리케이션 구성

| 프로젝트명 | 내용 |
| --- | --- |
| HIBERNATE_EJB | 하이버네이트 테스트를 위한 빈 |
| HIBERNATE_EJBCLIENT | 하이버네이트 테스트 클라이언트 |
| HIBERNATE_WebApp | 하이버네이트 테스트 웹 애플리케이션 |
| JBOSSBMT | BMT 메인 EAR 프로젝트 |

| | |
|---|---|
| JBOSSBMTEJB | EJB3 프로젝트 |
| JBOSSBMTEJBClient | EJB3 클라이언트 |
| JBOSSBMTMDB | MDB(EJB3) 프로젝트 |
| JBOSSBMTMDBClient | MDB 클라이언트 |
| JBOSSBMTWeb | BMT 메인 웹 애플리케이션 |
| JBossJMSPool | JMS Pool 라이브러리 모듈 |
| JTA-TEST-EJB | 분산 트랜잭션 테스트 EJB |
| JTA-TEST-WEB | 분산 트랜잭션 테스트 웹 애플리케이션 |
| session | 세션 복제 테스트 웹 애플리케이션 |

## EJB3 기능 테스트

EJB3 기능 테스트를 위해 CUSTOMER 테이블의 값을 EJB3를 이용해서 표시하는 애플리케이션을 작성했다. 테스트 결과, 정상 동작했다.

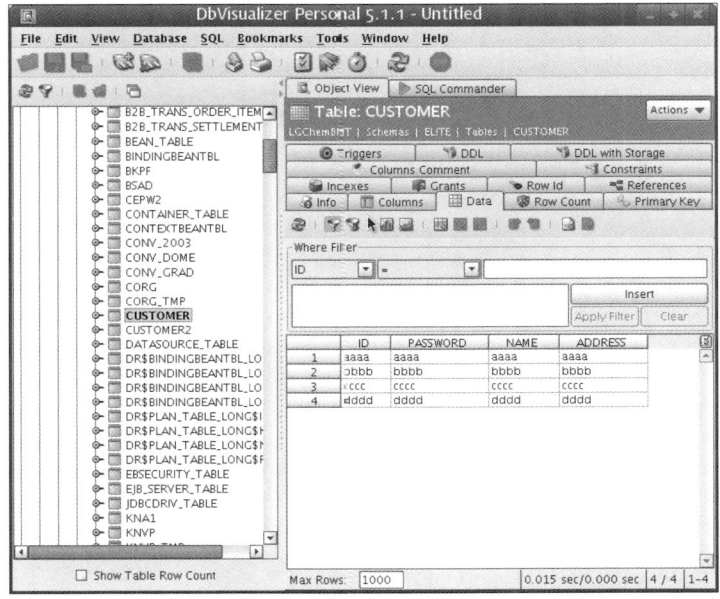

그림 G-4 | Customer 테이블 구성

### 무상태 세션 빈인 S2의 EJB3 코드

```java
package bmt;

import java.sql.Connection;
import java.sql.PreparedStatement;
import java.sql.ResultSet;
import java.util.ArrayList;

import javax.annotation.Resource;
import javax.ejb.Stateless;
import javax.sql.DataSource;

@Stateless
public class S2 {
    @Resource(mappedName="java:jdbc/myoracle")
    DataSource ds;

    public S2(){
    }

    public ArrayList<Customer> getCustomers() {
        ArrayList<Customer> list = new ArrayList<Customer>();
        Connection conn = null;
        PreparedStatement pstmt = null;
        ResultSet rs = null;

        try {
            conn = ds.getConnection();
            pstmt = conn.prepareStatement("select * from customer");
            rs = pstmt.executeQuery();
            while (rs.next()){
                list.add(new Customer(rs.getString("id"),rs.getString("name"),rs.getString("address")));
            }
        } catch (Exception e){
            e.printStackTrace();
        } finally {
            try {
                if (rs != null)
                    rs.close();
                if (pstmt != null)
```

```
                pstmt.close();
            if (conn != null)
                conn.close();
        } catch (Exception x){
            x.printStackTrace();
        }
    }

    return list;
    }
}
```

## S2 EJB를 호출하는 JSP 코드

```
<%@ page language="java" contentType="text/html; charset=UTF-8"
    pageEncoding="UTF-8"%>
<!DOCTYPE html PUBLIC "-//W3C//DTD HTML 4.01 Transitional//EN" "http://www.
w3.org/TR/html4/loose.dtd">

<%@page import="bmt.S2Local"%>
<%@page import="bmt.Customer"%>
<%@page import="bmt.ServiceLocator"%>
<%@page import="java.util.Iterator"%>
<html>
<head>
<meta http-equiv="Content-Type" content="text/html; charset=EUC-KR">
<title>32.jsp</title>
</head>
<body>
<%
    out.println("32.jsp");
    S2Local s2bean = null;
    s2bean = (S2Local) ServiceLocator.getLocalHome("JBOSSBMT/S2/local");

    Iterator<Customer> i = s2bean.getCustomers().iterator();

    while (i.hasNext()) {
        Customer c = i.next();
        out.println(c.getUserid() + " ");
        out.println(c.getName() + " ");
        out.println(c.getAddress() + "<br>");
    }
```

```
            %>
        </body>
    </html>
```

## JMS 기능 테스트

JMS의 기능을 테스트하기 위해 "queue/testQueue"에 80바이트짜리 메시지를 전송하고, 전송된 메시지를 메시지 드리븐 빈으로 받아 출력하는 애플리케이션을 작성해서 테스트했다. 테스트 결과, 정상 동작했다.

### JMS 큐에 메시지를 전송하는 JSP

```
<%@ page language="java" contentType="text/html; charset=UTF-8"
    pageEncoding="UTF-8"%>
<!DOCTYPE html PUBLIC "-//W3C//DTD HTML 4.01 Transitional//EN" "http://www.
w3.org/TR/html4/loose.dtd">

<%@page import="bmt.ServiceLocator"%>
<%@page import="bmt.QueueSessionPool"%>
<%@page import="javax.jms.Queue"%>
<%@page import="javax.jms.QueueSession"%>
<%@page import="javax.jms.MessageProducer"%>
<%@page import="javax.jms.TextMessage"%><html>
<head>
<meta http-equiv="Content-Type" content="text/html; charset=EUC-KR">
<title>4.jsp</title>
</head>
<body>
<%
    out.println("4.jsp");

    String destinationName = "queue/testQueue";

    Queue queue = (Queue) ServiceLocator.getQueue(destinationName);

    QueueSession qsession = null;
    QueueSessionPool pool = null;
    MessageProducer sender = null;

    try {
```

```
        pool = new QueueSessionPool();
        qsession = pool.getQueueSession();
        sender = qsession.createProducer(queue);
        TextMessage message = qsession.createTextMessage
("12345678901234567890");
        sender.send(message);
      } catch (Exception e) {
        e.printStackTrace();
      } finally {
        if (pool != null)
           pool.returnSession(qsession);
      }
%>
</body>
</html>
```

## JMS 큐에서 메시지를 가져와 출력하는 메시지 드리븐 빈

```
package bmt;

import javax.ejb.ActivationConfigProperty;
import javax.ejb.MessageDriven;
import javax.jms.JMSException;
import javax.jms.Message;
import javax.jms.MessageListener;
import javax.jms.TextMessage;

import org.jboss.logging.Logger;

@MessageDriven(activationConfig =
{
    @ActivationConfigProperty(propertyName="destinationType",
propertyValue="javax.jms.Queue"),
    @ActivationConfigProperty(propertyName="destination",
propertyValue="queue/testQueue"),
    @ActivationConfigProperty(propertyName="maxSession",
propertyValue="200")
})
public class MDB implements MessageListener {

    private static Logger log = Logger.getLogger(MDB.class);
```

```
    private static int count = 0;

    public MDB() {
        System.out.println("MDB " + ++count);
    }

    public void onMessage(Message message) {
        try {
            System.out.println(((TextMessage)message).getText());
        } catch (JMSException e) {
            log.error("ERR=" + e.getErrorCode());
        }
    }

}
```

## 하이버네이트 기능 테스트

JBoss에 포함된 ORM 프레임워크인 하이버네이트를 이용한 애플리케이션을 테스트했다. 성능을 향상시키고자 하이버네이트의 데이터베이스 캐시를 이용해 테스트를 수행했다. 테스트 결과, 정상적으로 동작했다.

### Customer2 테이블에 대한 하이버네이트 엔티티 객체

```
package bmt;

import javax.persistence.Entity;
import javax.persistence.Table;

import org.hibernate.annotations.Cache;
import org.hibernate.annotations.CacheConcurrencyStrategy;

@Entity
@Table(name="customer2")
@Cache(usage=CacheConcurrencyStrategy.TRANSACTIONAL)
public class Customer {

    private Integer cid;
    private String userid;
    private String name;
```

```java
   private String address;

   public Customer() {
   }

   public Customer(Integer id, String userid, String name, String address) {
      this.setCid(id);
      this.setUserid(userid);
      this.setName(name);
      this.setAddress(address);
   }

   public Customer(String userid, String name, String address) {
      this.setUserid(userid);
      this.setName(name);
      this.setAddress(address);
   }

   public void setCid(Integer cid) {
      this.cid = cid;
   }

   public Integer getCid() {
      return cid;
   }

   public void setUserid(String userid) {
      this.userid = userid;
   }

   public String getUserid() {
      return userid;
   }

   public void setName(String name) {
      this.name = name;
   }

   public String getName() {
      return name;
   }
```

```java
    public void setAddress(String address) {
        this.address = address;
    }

    public String getAddress() {
        return address;
    }
}
```

## EJB3 무상태 세션 빈

```java
package bmt;

import java.util.List;

import javax.ejb.Stateless;
import javax.persistence.EntityManager;
import javax.persistence.PersistenceContext;

import org.hibernate.Query;
import org.hibernate.Session;

@Stateless
public class CustomerEJB3 implements CustomerEJB3Local {

    @PersistenceContext(unitName="jbossbmt")
    private EntityManager em;

    public CustomerEJB3() {

    }

    public List<Customer> getCustomers() {
        Session session = (Session) em.getDelegate();
        Query q = (Query)session.createQuery("select customer from Customer customer");
        q.setMaxResults(25);
        q.setCacheable(true);

        return q.list();
    }
```

```java
    public void addCustomer(String userid, String name, String address) {
        Session session = (Session) em.getDelegate();
        session.save(new Customer(userid, name, address));
    }
}
```

## 2차 캐시(Second Level Cache)를 위한 persistence.xml 설정

```xml
<?xml version="1.0" encoding="UTF-8"?>
<persistence version="1.0" xmlns="http://java.sun.com/xml/ns/persistence"
    xmlns:xsi="http://www.w3.org/2001/XMLSchema-instance"
    xsi:schemaLocation="http://java.sun.com/xml/ns/persistence http://java.sun.com/xml/ns/persistence/persistence_1_0.xsd">
    <persistence-unit name="jbossbmt" transaction-type="JTA">
        <provider>org.hibernate.ejb.HibernatePersistence</provider>
        <jta-data-source>java:jdbc/myoracle</jta-data-source>
        <properties>
            <property name="hibernate.cache.use_second_level_cache" value="true"/>
            <property name="hibernate.cache.use_query_cache" value="true"/>
            <property name="hibernate.cache.provider_class" value="org.hibernate.cache.TreeCacheProvider"/>

            <property name="hibernate.show_sql" value="false"/>
            <property name="hibernate.hbm2ddl.auto" value="create"/>

            <property name="hibernate.generate_statistics" value="true"/>
        </properties>
    </persistence-unit>
</persistence>
```

JCache로 2차 캐시를 사용하기 위한 treecache.xml 파일의 설정 내용은 다음과 같다.

```xml
$SERVER_HOME/conf/treecache.xml
<?xml version="1.0" encoding="UTF-8" ?>

<server>
<mbean code="org.jboss.cache.aop.PojoCache"
       name="jboss.cache:service=PojoCache">
<depends>jboss:service=TransactionManager</depends>
```

```xml
<!-- TransactionManager 설정 -->
<attribute name="TransactionManagerLookupClass">
    org.jboss.cache.DummyTransactionManagerLookup
</attribute>

<!--            고립화 수준 : SERIALIZABLE
                            REPEATABLE_READ (기본값)
                            READ_COMMITTED
                            READ_UNCOMMITTED
                            NONE
-->
<attribute name="IsolationLevel">REPEATABLE_READ</attribute>

<!-- 유효한 모드값은 LOCAL, REPL_ASYNC and REPL_SYNC -->
<attribute name="CacheMode">REPL_SYNC</attribute>
<!-- async repl에만 사용: 복제 큐의 사용 -->
<attribute name="UseReplQueue">false</attribute>
<!-- 복제 큐의 복제 시간 간격 (밀리초 단위) -->
<attribute name="ReplQueueInterval">0</attribute>

<!-- 복제를 시작시키는 최대 엘리먼트 수 -->
<attribute name="ReplQueueMaxElements">0</attribute>

<!-- 클러스터의 이름. 서로를 찾기 위해서는 동일한 이름이 사용되어야 함 -->
<attribute name="ClusterName">TreeCache-Cluster</attribute>

<!--  JGroups 프로토콜 스택의 속성. URL도 가능,
        예를 들어, file:/home/bela/default.xml
            <attribute name="ClusterProperties"></attribute>
-->
<attribute name="ClusterConfig">
   <config>
        <!-- UDP: 여러 개의 IP를 가진 서버라면 bind_addr 속성을
            적당한 NIC IP주소로 설정. 예를들어, bind_addr="192.168.0.2" -->

        <!-- UDP: 윈도우 장비에서는 멀티캐스트를 망가뜨리는
            미디어 센스 기능(심지어 이 미디어 센스 기능을 disable시켜도) 때문에
            loopback 속성을 true로 설정해야 함 -->
        <UDP mcast_addr="228.1.2.3"
            mcast_port="48866"
            ip_ttl="64"
            ip_mcast="true"
```

```
                mcast_send_buf_size="150000"
                mcast_recv_buf_size="80000"
                ucast_send_buf_size="150000"
                ucast_recv_buf_size="80000"
                loopback="false" />
            <PING timeout="2000"
                 num_initial_members="3"
                 up_thread="false" down_thread="false" />

            <MERGE2 min_interval="10000"
                   max_interval="20000" />
            <FD_SOCK />
            <VERIFY_SUSPECT timeout="1500"
                           up_thread="false"
                           down_thread="false" />
            <pbcast.NAKACK gc_lag="50"
                          retransmit_timeout="600,1200,2400,4800"
                          max_xmit_size="8192"
                          up_thread="false"
                          down_thread="false" />
            <UNICAST timeout="600,1200,2400"
                    window_size="100"
                    min_threshold="10" down_thread="false" />
            <pbcast.STABLE desired_avg_gossip="20000"
                          up_thread="false" down_thread="false" />
            <FRAG frag_size="8192"
                 down_thread="false"
                 up_thread="false" />
            <pbcast.GMS join_timeout="5000"
                       join_retry_timeout="2000"
                       shun="true"
                       print_local_addr="true" />
            <pbcast.STATE_TRANSFER up_thread="true"
                                  down_thread="true" />
        </config>
</attribute>

<!-- 클러스터에 참여하는 상태 정보의 수집 여부 -->
<attribute name="FetchStateOnStartup">true</attribute>

<!-- 클러스터에 참여하는 멤버의 초기 상태(즉, 캐시의 콘텐츠)를
```

```
                기다리는 최대 시간(밀리초 단위) -->
    <attribute name="InitialStateRetrievalTimeout">5000</attribute>

    <!-- 동기화 호출에 대해 모든 회신을 기다리는 시간(밀리초 단위)-->
    <attribute name="SyncReplTimeout">15000</attribute>

    <!-- Lock 획득 시간을 기다리는 최대 시간 (밀리초 단위) -->
    <attribute name="LockAcquisitionTimeout">10000</attribute>

    <!-- 축출 정책 클래스 이름 -->
    <attribute name="EvictionPolicyClass" />

  </mbean>
</server>
```

## 분산 트랜잭션 기능 테스트

오라클과 MySQL에 각각 테이블을 만들어 ID abc에 대해 동일하게 50,000이 입력되고, 오라클에서 Balance에 -1000을 MySQL에서 +1000을 실행하는 것을 하나의 분산 트랜잭션으로 묶어서 처리하게 했다. MySQL 데이터베이스 UPDATE 문을 수행한 후 예외를 발생시켜 두 개의 데이터베이스가 모두 롤백되는지 검증했다.

테스트를 위한 데이터베이스 설정은 다음과 같다.

> Oracle 데이터베이스의 accounts1 테이블
>> ID : varchar2(10)
>> BALANCE : decimal(10,2)

> MySQL 데이터베이스의 accounts2 테이블
>> ID : varchar(10)
>> BALANCE : decimal(10,2)

분산 트랜잭션을 위한 XA 데이터소스 설정은 다음과 같다.

`JTATEST1-ds.xml`

```xml
<?xml version="1.0" encoding="UTF-8"?>
<datasources>
  <xa-datasource>
```

```xml
        <jndi-name>jdbc/ds1</jndi-name>
        <driver-class>oracle.jdbc.driver.OracleDriver</driver-class>
        <xa-datasource-class>oracle.jdbc.xa.client.OracleXADataSource</xa-datasource-class>
        <xa-datasource-property name="URL">jdbc:oracle:thin:@165.244.235.85:1521:JBSBMT</xa-datasource-property>
        <xa-datasource-property name="User">elite</xa-datasource-property>
        <xa-datasource-property name="Password">elite</xa-datasource-property>

        <user-name>elite</user-name>
        <password>elite</password>
        <min-pool-size>5</min-pool-size>
        <max-pool-size>20</max-pool-size>
        <share-prepared-statements>true</share-prepared-statements>
        <prepared-statement-cache-size>100</prepared-statement-cache-size>
        <valid-connection-checker-class-name>org.jboss.resource.adapter.jdbc.vendor.OracleValidConnectionChecker</valid-connection-checker-class-name>
        <background-validation>true</background-validation>
        <background-validation-minutes>2</background-validation-minutes>
        <set-tx-query-timeout>true</set-tx-query-timeout>
        <query-timeout>300</query-timeout>
        <exception-sorter-class-name>org.jboss.resource.adapter.jdbc.vendor.OracleExceptionSorter</exception-sorter-class-name>
        <metadata>
           <type-mapping>Oracle9i</type-mapping>
        </metadata>
</xa-datasource>
<datasources>
JTATEST2-ds.xml
<?xml version="1.0" encoding="UTF-8"?>
<datasources>
    <local-tx-datasource>
        <jndi-name>jdbc/ds2</jndi-name>
        <connection-url>jdbc:mysql://165.244.228.245:3306/jta2</connection-url>
        <driver-class>com.mysql.jdbc.Driver</driver-class>
        <user-name>test</user-name>
        <password>test</password>

        <min-pool-size>2</min-pool-size>
        <max-pool-size>100</max-pool-size>
```

```xml
        <prepared-statement-cache-size>5</prepared-statement-cache-size>

        <valid-connection-checker-class-name>org.jboss.resource.adapter.jdbc.
vendor.MySQLValidConnectionChecker</valid-connection-checker-class-name>
        <background-validation>true</background-validation>
        <background-validation-minutes>2</background-validation-minutes>

        <exception-sorter-class-name>
           org.jboss.resource.adapter.jdbc.vendor.MySQLExceptionSorter
        </exception-sorter-class-name>
        <metadata>
           <type-mapping>mySQL</type-mapping>
        </metadata>
    </local-tx-datasource>
<datasources>
```

테스트 결과, 이상 없이 분산 트랜잭션이 처리됐다.

정상적으로 커밋할 때의 로그는 다음과 같다.

```
2009-10-16 13:56:15,296 INFO  [STDOUT] bean1=Tran1EJB
2009-10-16 13:56:15,296 INFO  [STDOUT] bean2=Tran2EJB
2009-10-16 13:56:15,297 INFO  [STDOUT] >>>>> begin testTransaction1
2009-10-16 13:56:15,299 INFO  [STDOUT] conn1=Oracle
2009-10-16 13:56:15,299 INFO  [STDOUT] conn1=10.2.0.4.0
2009-10-16 13:56:15,301 INFO  [STDOUT]  ***** update TABLE account1 - 1000 *****
2009-10-16 13:56:15,302 INFO  [STDOUT] >>>>> end testTransaction1
2009-10-16 13:56:15,302 INFO  [STDOUT] >>>>> begin testTransaction1
2009-10-16 13:56:15,312 INFO  [STDOUT] conn2=MySQL
2009-10-16 13:56:15,312 INFO  [STDOUT] conn2=mysql-connector-java-5.1.6 ( Revision: ${svn.Revision} )
2009-10-16 13:56:15,341 INFO  [STDOUT]  ***** update TABLE account2 - 1000 *****
2009-10-16 13:56:15,341 INFO  [STDOUT] >>>>> end testTransaction2
```

예외가 발생했을 때의 롤백 로그는 다음과 같다.

```
2009-10-16 13:56:15,296 INFO  [STDOUT] bean1=Tran1EJB
2009-10-16 13:56:15,296 INFO  [STDOUT] bean2=Tran2EJB
2009-10-16 13:56:15,297 INFO  [STDOUT] >>>>> begin testTransaction1
2009-10-16 13:56:15,299 INFO  [STDOUT] conn1=Oracle
```

```
2009-10-16 13:56:15,299 INFO  [STDOUT] conn1=10.2.0.4.0
2009-10-16 13:56:15,301 INFO  [STDOUT]  ***** update TABLE account1 - 1000 *****
2009-10-16 13:56:15,302 INFO  [STDOUT] >>>>> end testTransaction1
2009-10-16 13:56:15,302 INFO  [STDOUT] >>>>> begin testTransaction1
2009-10-16 13:56:15,312 INFO  [STDOUT] conn2=MySQL
2009-10-16 13:56:15,312 INFO  [STDOUT] conn2=mysql-connector-java-5.1.6 ( Revision: ${svn.Revision} )
2009-10-16 13:56:15,341 INFO  [STDOUT]  ***** update TABLE account2 - 1000 *****
2009-10-16 13:56:15,341 INFO  [STDOUT] >>>>> end testTransaction2
2009-10-16 13:56:37,845 INFO  [STDOUT] bean1=Tran1EJB
2009-10-16 13:56:37,845 INFO  [STDOUT] bean2=Tran2EJB
2009-10-16 13:56:37,845 INFO  [STDOUT] >>>>> begin testTransaction1
2009-10-16 13:56:37,848 INFO  [STDOUT] conn1=Oracle
2009-10-16 13:56:37,848 INFO  [STDOUT] conn1=10.2.0.4.0
2009-10-16 13:56:37,849 INFO  [STDOUT]  ***** update TABLE account1 - 1000 *****
2009-10-16 13:56:37,850 INFO  [STDOUT] >>>>> end testTransaction1
2009-10-16 13:56:37,851 INFO  [STDOUT] >>>>> begin testTransaction1
2009-10-16 13:56:37,855 INFO  [STDOUT] conn2=MySQL
2009-10-16 13:56:37,855 INFO  [STDOUT] conn2=mysql-connector-java-5.1.6 ( Revision: ${svn.Revision} )
2009-10-16 13:56:37,860 INFO  [STDOUT] =================== Exception ======================
2009-10-16 13:56:37,860 INFO  [STDOUT] >>>>> end testTransaction2
2009-10-16 13:56:37,860 ERROR [STDERR] java.lang.Exception: Force Rollback for Testing
2009-10-16 13:56:37,861 ERROR [STDERR]  at org.jboss.test.Tran2EJB.testTransaction2(Tran2EJB.java:158)
2009-10-16 13:56:37,861 ERROR [STDERR]  at sun.reflect.NativeMethodAccessorImpl.invoke0(Native Method)
2009-10-16 13:56:37,861 ERROR [STDERR]  at sun.reflect.NativeMethodAccessorImpl.invoke(NativeMethodAccessorImpl.java:79)
2009-10-16 13:56:37,861 ERROR [STDERR]  at sun.reflect.DelegatingMethodAccessorImpl.invoke(DelegatingMethodAccessorImpl.java:43)
2009-10-16 13:56:37,861 ERROR [STDERR]  at java.lang.reflect.Method.invoke(Method.java:618)
 ...
2009-10-16 13:56:37,875 ERROR [org.jboss.web.tomcat.service.jca.CachedConnectionValve] Application error: jsp did not complete its transaction
```

참고로 XA에 참여하는 리소스 중 하나를 non-XA 리소스로 추가할 수 있는데, JBoss에서는 내부적으로 XA Emulation을 사용해 하나의 non-XA 리소스를 처리할 수 있다. 그래서 MySQL JDBC 드라이버를 <local-tx-datasource>로 설정해 XA 테스트를 수행했다.

## 세션 클러스터링 테스트

세션 클러스터링 및 실패극복(Fail-Over) 기능 테스트는 다음과 같은 환경에서 JBoss의 인스턴스 중 하나를 임의로 종료했으며, 이때 사용자 세션이 정상적으로 다른 인스턴스에서 유지되는지 검증했다.

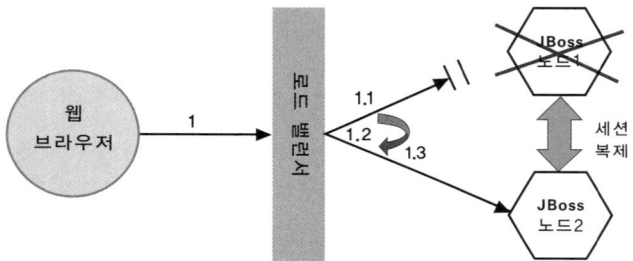

그림 G-5 | 세션 클러스터링 테스트

먼저 세션 테스트를 위한 애플리케이션을 모든 인스턴스에 배포했다. 세션 추적을 위한 JSP 파일은 모든 요청에 대해 카운터 숫자를 하나씩 증가시키며, 세션 ID를 웹 페이지와 콘솔 로그에 출력하도록 작성된 애플리케이션이다.

```
<html>
  <head><title>Session Tracking Test</title>
</head>
    <body>
    <h1>Session Tracking Test</h1>
    Session tracking with JSP is easy
    <P>
<%@ page session="true" %>
<%
    // 세션 데이터 값 추출
    Integer ival = (Integer) session.getValue ("counter");
if (ival == null) ival = new Integer (1);
else ival = new Integer (ival.intValue() + 1);
```

```
    session.putValue ("counter", ival);
%>
    You have hit this page <%= ival %> times.<br>
<%
    out.println("Your Session ID is " + session.getId() +  "<br>");
System.out.println("session=" + session.getId() + ", counter=" + ival);
%>
</body></html>
```

웹 애플리케이션의 HTTP 세션 복제를 설정하려면 web.xml 파일에 <distributable/>를 추가하면 된다.

```
<web-app  ...>
    <distributable/>
    <!-- ... -->
</web-app>
```

애플리케이션을 별도의 디렉터리에 배포하려면 jboss-service.xml 파일에 디렉터리를 추가하면 된다. 하위 디렉터리의 application을 찾아 배포되게 하려면 /으로 끝나도록 설정해야 한다. 각 인스턴스에는 별도의 Application 디렉터리가 설정돼 있다.

```
$SERVER_NAME/conf/jboss-service.xml
<attribute name="URLs">
    deploy/, /svc/bmt/was/app/pocWebApp/
</attribute>
```

다양한 배포 옵션에 대해서는 아래 URL을 참고한다.

http://www.redhat.com/docs/manuals/jboss/jboss-eap-4.3/doc/Server_Configuration_Guide/html/Deployment.html

로드 밸런싱을 설정하는 방법은 다음과 같다.

아파치 서버가 mod_jk를 사용하도록 설정하려면 $APACHE_HOME/conf/httpd.conf 파일에 설정항목을 추가하고, 관련 설정 파일들을 추가로 작성해야 한다. 다음과 같이 mod_jk.conf 파일과 workers.properties 파일을 /svc/bmt/web/apache/conf/extra 디렉터리에 추가했다.

mod_jk.conf 파일

```
# mod_jk 모듈의 적재
# 실제 모듈의 위치에 맞게 path를 조정할 것
LoadModule jk_module         modules/mod_jk.so

# workers.properties를 찾을 위치
# 실제 설정파일 디렉터리를 이 path에 설정(workers.properties은 httpd.conf 옆에 위치)
JkWorkersFile conf/workers.properties

# jk 로그를 둘 위치
# 실제 로그 디렉터리를 이 path에 설정(mod_jk.log는 access_log 옆에 위치)
JkLogFile       logs/mod_jk.log
JkShmFile       logs/mod_jk.shm

# jk 로깅 수준 설정 [debug/error/info]
JkLogLevel      info

# 로깅 포맷 설정
JkLogStampFormat "[%a %b %d %H:%M:%S %Y] "
# JkOptions은 SSL KEY SIZE 전송 등을 설정
JkOptions      +ForwardKeySize +ForwardURICompat -ForwardDirectories
+ForwardURICompatUnparsed

# JkRequestLogFormat은 요청 포맷을 설정
JkRequestLogFormat    "%w %V %T"

# 모든 요청을 loadbalancer라는 이름의 일꾼에게 전달 (ajp13)
JkMount   /*.jsp loadbalancer
JkMount   /servlet* loadbalancer
#JkMount  /*.do loadbalancer
JkMount   /jkstatus* jkstatus
```

workers.properties 파일

```
# ajp13을 이용하는 로드 밸런싱 일꾼을 정의
worker.list=loadbalancer,jkstatus

# bmtSrv11를 위한 속성 설정 (ajp13)
worker.bmtSrv11.type=ajp13
worker.bmtSrv11.maintain=60
worker.bmtSrv11.host=localhost
worker.bmtSrv11.port=8109
worker.bmtSrv11.lbfactor=1
```

```
worker.bmtSrv11.socket_timeout=60
worker.bmtSrv11.socket_keepalive=true
worker.bmtSrv11.connection_pool_timeout=60
worker.bmtSrv11.connect_timeout=10000
worker.bmtSrv11.recovery_options=7

# bmtSrv12를 위한 속성 설정 (ajp13)
worker.bmtSrv12.type=ajp13
worker.bmtSrv12.maintain=60
worker.bmtSrv12.host=localhost
worker.bmtSrv12.port=8209
worker.bmtSrv12.lbfactor=1
worker.bmtSrv12.socket_timeout=60
worker.bmtSrv12.socket_keepalive=true
worker.bmtSrv12.connection_pool_timeout=60
worker.bmtSrv12.connect_timeout=10000
worker.bmtSrv12.recovery_options=7

# bmtSrv21를 위한 속성 설정 (ajp13)
worker.bmtSrv21.type=ajp13
worker.bmtSrv21.maintain=60
worker.bmtSrv21.host=165.244.235.85
worker.bmtSrv21.port=8109
worker.bmtSrv21.lbfactor=1
worker.bmtSrv21.socket_timeout=60
worker.bmtSrv21.socket_keepalive=true
worker.bmtSrv21.connection_pool_timeout=60
worker.bmtSrv21.connect_timeout=10000
worker.bmtSrv21.recovery_options=7

# bmtSrv22를 위한 속성 설정 (ajp13)
worker.bmtSrv22.type=ajp13
worker.bmtSrv22.maintain=60
worker.bmtSrv22.host=165.244.235.85
worker.bmtSrv22.port=8209
worker.bmtSrv22.lbfactor=1
worker.bmtSrv22.socket_timeout=60
worker.bmtSrv22.socket_keepalive=true
worker.bmtSrv22.connection_pool_timeout=60
worker.bmtSrv22.connect_timeout=10000
worker.bmtSrv22.recovery_options=7
```

```
worker.loadbalancer.type=lb
worker.loadbalancer.balance_workers=bmtSrv11,bmtSrv21,bmtSrv12,bmtSrv22
worker.loadbalancer.method=Session
worker.loadbalancer.sticky_session=True

worker.jkstatus.type=status
```

아파치 벤치마크 툴을 이용하면 로드가 적절히 분배되는지 확인할 수 있다.

```
$ apache/bin/ab -n 1000 -c 10 http://localhost/session/index.jsp
```

각 JBoss 서버 인스턴스의 로그에는 다음과 같은 메시지가 출력된다.

```
16:30:55,052 INFO   [STDOUT] session=w-gQAUVT7tAucJuhMuj-uA**.bmtSrv11,
counter=1
16:30:55,053 INFO   [STDOUT] session=XnJVgkHZwT2qwd9imlgIug**.bmtSrv11,
counter=1
16:30:55,052 INFO   [STDOUT] session=rQPotX+WiuyiOH77v7xs3g**.bmtSrv11,
counter=1
```

세션 실패극복 테스트는 다음과 같이 수행했다.

웹 브라우저를 열고 세션 테스트 애플리케이션을 호출한 후, 접속된 서버 인스턴스의 프로세스를 kill.sh 명령으로 강제 종료하고 웹 페이지를 새로고침하면 인스턴스명이 바뀌는지를 확인하는 방식으로 테스트했다. 이때 페이지 호출 카운터가 증가되는지를 측정해 성공 여부를 가늠했다. 결과는 성공적이었다.

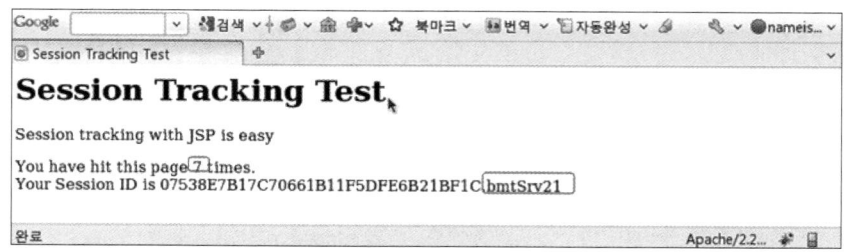

그림 G-6 | 세션 실패극복 테스트

## 실패극복 기능 테스트

실패극복 테스트는 부하 발생기를 통해 시스템에 부하를 준 상황에서 실시했는데, 동일 서버 내에 클러스터링되어 있는 2개의 인스턴스 중 하나에 장애가 발생한 경우와 2개의 서버에 클러스터링되어 있는 인스턴스 중 하나에 장애가 발생한 경우를 모두 검증했다.

### 인스턴스 실패극복

7개 업무 시나리오에 대해 50명의 동시 사용자가 10분간 부하를 발생시키는 상황에서 1개의 인스턴스를 강제로 종료했다. 인스턴스를 강제 종료한 후 정상적으로 실패극복이 이뤄졌으며 인스턴스가 다운되는 시점의 네트워크 단절에 의한 일부 트랜잭션 실패를 제외한 모든 사용자의 세션 및 트랜잭션이 정상적으로 동작했다.

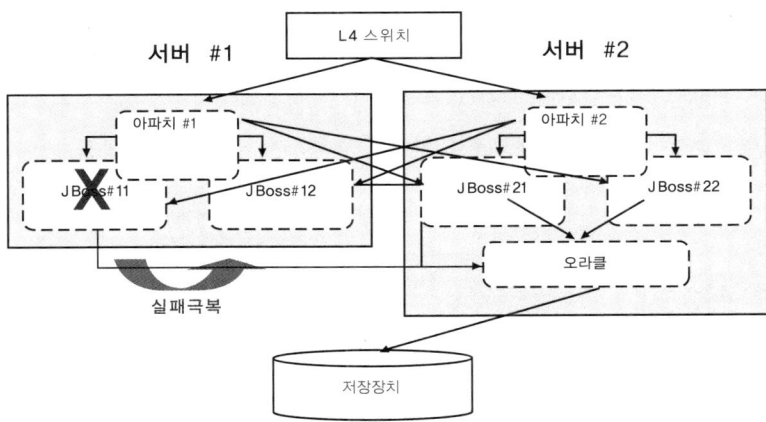

그림 G-7 | 인스턴스 실패극복 테스트

다음과 같이 인스턴스를 강제로 종료한 후에도 TPS(Transaction Per Second, 초당 트랜잭션 처리수)는 변하지 않으며, 순간적인 에러가 일부 발생했다.

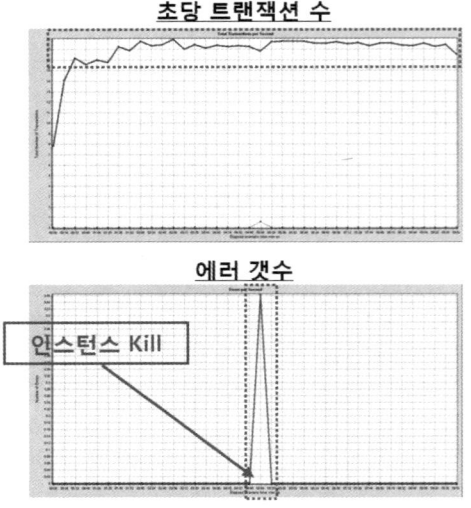

그림 G-8 | 인스턴스 실패극복 테스트 결과

## 서버 실패극복

인스턴스 실패극복과 동일한 방식으로 이번에는 다른 서버의 인스턴스 하나를 강제로 종료한 후 정상 동작 여부를 검증했다. 인스턴스 실패극복과 마찬가지로 정상적으로 동작했다.

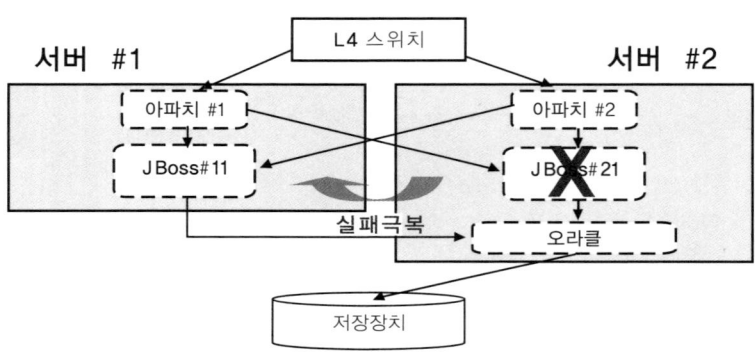

그림 G-9 | 서버 실패극복 테스트

# 찾아보기

### | 숫자 |
80번 포트 170
8080 포트 2

### | ㄱ |
가비지 컬렉션 145
갈릴레오 175
감사 데이터 127
게터 114
경고 150
경고 발생 시점 150
관계형 데이터베이스 53
관리 빈 5
권한부여 128
기본적인 엔티티 생성 커스터마이즈 196
긴급배포 20, 23

### | ㄴ |
네트워크 포트 설정 255

### | ㄷ |
다운로드 사이트 1
드라이버와 커넥션 상세정보 설정 194
드라이버 템플릿과 정의 이름의 설정 193

### | ㄹ |
롤백 267
리팩터링 133

### | ㅁ |
마이그레이션 249
마이크로커널 5
메시지 다이제스트 알고리즘 80
메시지-드리븐 빈 209
명령줄 애플리케이션 154

### | ㅂ |
배포서술자 21, 25
부하 분산기 169
분산 트랜잭션 기능 테스트 281
빈 17
빈 클래스 31

### | ㅅ |
사용자 인가 73
사용자 인증 73
사전공격 81
새 서버 등록 183
서버 구성 9
서버 런타임 환경 추가 183
서버 정보 확인 185
서블릿 17
세션 클러스터링 테스트 285
세터 114
셸 스크립트 설정 252
스냅샷 147
스레드 풀 257
스키마 111
스키마 관리 플래그 112
스택 트레이스 21
신규 메시지 드리븐 빈의 생성 212
실패극복 기능 테스트 290

### | ㅇ |
아카이브 25
어노테이션 31, 199, 213, 220
어펜더 93
오라클 데이터소스 설정 259
외래키 55
웹 서비스 올리기 221

웹 콘솔 138
　　AOP 139
　　J2EE Domains 139
　　Monitoring 139
　　System 139
웹 티어 32
이클립스 175
인증 128
인터셉터 161
일대다 관계 121

| ㅈ |

자동 생성된 로컬 인터페이스 38
자동커밋 267
장착형 인증 시스템 87
주키 제약조건 55
중복되는 JAR 파일들 245
중앙집중식 로그 관리 93

| ㅋ |

커넥션 풀 모니터링 70
커넥션 프로파일 193
커스텀 엔티티 생성 192
큐 209
크로스 플랫폼 툴 81
클래스로딩 우선순위 246

| ㅌ |

테스트 188, 207, 217, 229
테스트 환경 구성 250
테이블 관계 설정 195
테이블 선택 195
토픽 209
톰캣 2
톰캣의 기본 인코딩 231
트위들 154
트위들 애플리케이션 137

| ㅍ |

퍼사드 133

표준 WAR 파일 구조 15
필터링 96

| ㅎ |

하이버네이트 기능 테스트 276
하이퍼소닉 53, 121, 165
한글이 깨지는 문제 267
해쉬 비밀번호 79
헬리오스 175
확장 배포 26

| A |

Access 플래그 142
addDouble 메서드 227
AJP 커넥터 169
annotation 31
Ant 13
ANT_HOME 환경 변수 14
appender 93
appender-ref 엘리먼트 101
Association fetch 196
authentication 73, 128
authorization 73, 128
autocommit 267
auto-increment 필드 134

| B |

bean class 31
bin 디렉터리 3

| C |

Certificate Signing Request 92
ClassLoadingExampleWeb 화면 243
clearAlert 메서드 155
CMP 67
CMR 121
cmr-fk 125
Container-Managed Persistence 67
Container-Managed Relationship 121
CSR 92

## | D |

debug() 메서드 98
DefaultDS 63, 168
deployment descriptor 21
describe 명령어 69
dictionary attack 81
DLL 239
DROP 문 56
dsJndiName 어트리뷰트 78
Dynamic Linkage Library 239
Dynamic Web Project 182

## | E |

EJB3 Message Driven Bean 생성 마법사 211
EJB3 기능 테스트 271
ejbCreate() 메서드 98
EJB DEBUG 메시지 98
ejb-relation 123
Endpoint Address 222
EntityExampleWeb의 속성 192
EntityExampleWeb 화면 207
exampleQueue 210
exampleTopic 210
exploded deploy 26

## | F |

Free Memory 그래프 메뉴 145
Full Publish 187

## | G |

GET 234
getLoggerLevel 오퍼레이션 105
getMathWebServicePort 메서드 227
Get 명령어 154

## | H |

hashAlgorithm 80
hot deploy 20
hsqldb-fetch-key 134
HSQL 데이터베이스 관리자 54

## 

HTTP invocation 162
Hypersonic 53

## | I |

IDE 175
IIOP 10
Invocation 161
Invoker 161
Invoker Servlet 설정 263

## | J |

jar 명령어 26
javadoc 주석 34
JavaServer Faces 32
JAXR 10
JBossAdmin 권한 159
JBossAS Tools 설치 180
JBossMQ 209
JBoss Tools 페이지 176
jboss-web.xml 파일 설정 262
jbossws 애플리케이션 221
JK모듈 234
JMS 9
JMS 기능 테스트 274
JMS 로깅 109
JMS 행선지 209
JMX 콘솔 5, 6, 137
JNDI 216
JPQL 189
JSP 스크립틀릿 16
jUDDI 10

## | K |

key-fields 요소 124
keytool 명령어 90, 92

## | L |

LDAP 83
load balancer 169
log4j 로깅 프레임워크 93

| M |

managed beans 5
MathWebServie 클래스 220
MBeans 5
Mbean 어트리뷰트 72
MD5 80
Message-Driven Bean 209
microkernel 5
minimal 9
MySQL 62

| N |

NetBeans 175

| O |

OpenSSL 81
ORM 프레임워크 269
OR 매핑 189

| P |

password-stacking 옵션 89
POST 235
Primary key constraint 55

| Q |

Queue 209
Quote 소스 디렉터리 18

| R |

redirectPort 어트리뷰트 170
Remote Procedure Call 219
remove-table 플래그 112
RMI-IIOP 10
RollingFileAppender 103
RPC 219
run.sh 스크립트 3

| S |

SAR 139
SecurityConf 어트리뷰트 164

security-domain 엘리먼트 128
SecurityProxy 82
Self-signed 인증서 91
ServerInfo JMX 콘솔 뷰 7
SHA 80
SMS 메시지 102
SMTP 로깅 109
stack trace 21

| T |

TaskUtil 클래스 42
Tattletale 244
testUTF8.jsp 233
threshold 96
Tomcat 2
twiddle 154
t% 옵션 100

| U |

UDP Network 오류 266
undeploy 타깃 29
UUID 132

| V |

VARCHAR(32) 121
VARCHAR(256) 121

| W |

WARN 레벨 114
WEB-INF/lib 264
web-security.xml 파일 46
web.xml 설정 변경 260
workspace 177
WSDL 219

| X |

XA 데이터소스는 어떨까? 66
XDoclet 31